■ 本书是"全国高校思政课建设项目：全国高校思政课名（21SZJS50010652）的阶段性成果

■ 本书是重庆市高校思想政治理论课"商爱玲名师工作室"阶段性成果

■ 本书是重庆市高校一流本科课程"中国近现代史纲要"（线下课程）阶段性成果

"中国近现代史纲要"教学方法论

主 编 / 付 敏

重庆大学出版社

图书在版编目（CIP）数据

"中国近现代史纲要"教学方法论 / 付敏主编. --
重庆：重庆大学出版社，2023.6
ISBN 978-7-5689-3905-8

Ⅰ.①中… Ⅱ.①付… Ⅲ.①中国历史—近现代—教
学研究—高等学校 Ⅳ.①K25

中国国家版本馆CIP数据核字（2023）第093470号

"中国近现代史纲要"教学方法论

主 编 付 敏

策划编辑：唐启秀

责任编辑：陈 力　　版式设计：唐启秀
责任校对：邹 忌　　责任印制：张 策

*

重庆大学出版社出版发行
出版人：饶帮华
社址：重庆市沙坪坝区大学城西路21号
邮编：401331
电话：（023）88617190　88617185（中小学）
传真：（023）88617186　88617166
网址：http://www.cqup.com.cn
邮箱：fxk@cqup.com.cn（营销中心）
全国新华书店经销
POD：重庆新生代彩印技术有限公司

*

开本：787mm×1092mm　1/16　印张：12.5　字数：232千
2023年6月第1版　2023年6月第1次印刷
ISBN 978-7-5689-3905-8　定价：68.00元

西南政法大学思想政治理论课教学方法研究丛书

丛书委员会

主　编　樊　伟　项久雨
副主编　文学平　邓　斌

编委会（排名不分先后）

钟曼娟　商爱玲　耿　密

陈青山　陈　进

总　序

提升思想政治理论课教学质量的新思路

项久雨[1]

中共十八大以来，以习近平同志为核心的党中央高度重视高校思想政治工作，强调"要坚持在改进中加强"思想政治理论课（简称思政课）。2019 年 3 月 18 日，习近平总书记亲自主持召开学校思想政治理论课教师座谈会，再次突出了思政课的重要性。习近平总书记的系列讲话和重要举措，开启了高校思政课教学改革的新时代，为新时代思政课教学改革指明了新的方向与思路。

可见，深化思政课教学改革，是贯彻落实党和国家加强思政课建设精神的必然要求，是适应时代环境变化和思想政治教育新形势的客观需要，是针对思政课课程教学改革出现的偏差和困扰以及教学实效性提升等问题的必然选择。思政课课程教学改革要以"立德树人""铸魂育人"为根本指导原则，以"八个相统一"为守正创新的指针。

为贯彻习近平总书记系列重要讲话和落实中共中央办公厅、国务院办公厅印发的《关于深化新时代学校思想政治理论课改革创新的若干意见》精神，2019 年 4 月，西南政法大学樊书记在《中国高等教育》期刊上发表《学思践悟办好高校思想政治理论课》一文，为学校的思政课教育教学改革提出了具体思路和举措。

西南政法大学思政课的一线教师在认真学习领会习近平总书记对思政课教学的一系列重要讲话精神的基础上，结合西南政法大学的具体情况，深入调研学情，深入钻研现代教育理论，针对课程面临的教学困境，抓住新时代思政课教学改革的机遇，坚持守正创新，积极探索思政课程教学改革，切实推动习近平总书记系列重要讲话精神进教材、进课堂、进头脑，创新教学模式。

西南政法大学坚持把加强思政课教学方法改革放在工作首位，推出以"'马克思主义基本原理'教学方法论""'毛泽东思想和中国特色社会主义理论体系'教学方法论""'中国近现代史纲要'教学方法论""'思想道德与法治'教学方法论""'形势与政策'教学方法论"为主的"思想政治理论课教学方法研究丛书"，切实提升思政课的思想性、理论性和亲和力、针对性，打造学生真心喜爱、终身受益、毕生难忘的"金课"，落实立德树人的根本任务。

"思想政治理论课教学方法研究丛书"的编写具有政治性、教育性与实践性三

1　"长江学者"特聘教授、西南政法大学马克思主义学院名誉院长。

大特色。首先，本丛书具有鲜明的政治性。本丛书编写始终把政治性与意识形态性放在首位，突出思政课教学方法的功能属性，把落实"立德树人""铸魂育人"作为根本指导原则，回答好培养什么人、怎样培养人、为谁培养人这些根本问题。其次，本丛书强调教育性。"思想政治理论课教学方法研究丛书"的编写把"八个相统一"作为守正创新的指针贯穿思政课教学方法的始终，坚持把学生作为教育主体，以社会主义核心价值观为灵魂和主线，坚持价值引领，通过恰当的思政课教学方法来解答学生的困惑，回应学生的切实需求。再次，本丛书突出实践性。本丛书的编写是针对性解决思政课程教学改革出现的偏差和困扰及教学实效性提升等问题的必然选择，是以实践为导向的思政课教学方法改革。因此本丛书在编写过程中，特别注重提升教学方法的实效性，通过对以往多年教学方法的提炼、教学经验的总结，探寻最佳的教学方法。

"思想政治理论课教学方法研究丛书"编写突出了思政课教学方法的多维性。思政课教学方法的开展受到教学内容、教学目标、教学对象、教学条件等诸多条件的限制，因此增加了思政课教学方法开展的难度。本丛书的编写强调从联系、发展的观点出发，突出思政课教学方法的多维性，从而增强思政课教学方法的有效性与科学性。具体来说，本丛书的编写坚持从学生与教师两大主体着手，将实践贯穿思政课教学方法改革始终，强调多种教学方法同时进行，凸显思政课教学方法的多维性。在教师方面，强调启发式教学与因材施教法，增强教学的启发性、说服力和感染力，改变以往的满堂灌与填鸭式教学。在学生方面，强调科研育人，在解决科研问题的实践中培养学生的问题意识，激发学生学习的内在动力，动员学生在自主学习中不断思考，提高学生自身的思维能力。在实践方面，主要是突出社会实践的教育价值，通过开展社会实践，增强学生的思想政治素质与科学文化素质。

十八大以来，西南政法大学马克思主义学院的思政课教师在教学理念、教学模式、教学方法和手段、成绩评价等方面的改革均取得了一定成效。"思想政治理论课教学方法研究丛书"便是西南政法大学马克思主义学院思政课教师在多项课题研究的基础上，立足于多年的教学实践，汇集长期从事一线教学的思政课教师承担的多个省部级和校级课题研究成果以及取得的多个省部级和校级优秀教学成果而成。这批丛书是西南政法大学思政课教学改革探索成果的集中呈现。这些有益的探索，必将为深化新时代思政课教学改革提供经验，为推动思政课教学改革创新贡献力量。

是为序。

前言

　　提升思想政治理论课的思想性、理论性和亲和力、针对性，打造大学生真心喜爱、终身受益、毕生难忘的思政"金课"，这既是启动思想政治理论课改革，实施05方案的初衷和目的，也是党和国家对思想政治理论课教师提出的目标和任务。党的十八大以来，以习近平同志为核心的党中央高度重视高校思想政治工作，强调"要坚持在改进中加强"思想政治理论课，开启了高校思想政治理论课教学改革的新时代。为此，我们西南政法大学"中国近现代史纲要"教学团队，遵循习近平总书记提出的思政课守正创新的"八个相统一"，针对"中国近现代史纲要"课程教学面临的困境，结合精品课建设、网络课程中心建设、优秀教学团队建设、一流课程建设、名师工作室建设，将教学与科研协同起来、课内与课外联动起来、线上与线下结合起来，积极探索课程教学的有效路径，取得了一定成效。本书汇集了近年来我们承担的多个省部级和校级课题研究成果，以及取得的多个省部级和校级的优秀教学成果，均是实践探索的经验总结。主要包括：有关"中国近现代史纲要"课程教学改革的理论研究、现状调研报告、具有创新性的教学模式，以及提升课堂教学质量和实践教学活动等一系列行之有效的方法、手段。希望这些探索能为深化新时代思想政治理论课教学改革出一份力，同时，也希望以文会友，增进与市内外的"中国近现代史纲要"课程教学同行的交流合作。

本书的编写及汇集的研究成果,对相关学者的研究成果多有学习和借鉴,也包含张谦、胡如葵教授的悉心指教,在此深表谢意!

本书是"全国高校思政课建设项目:全国高校思政课名师工作室(西南政法大学)"(21SZJS50010652)的阶段性成果;重庆市高校思想政治理论课"商爱玲名师工作室"阶段性成果;重庆市高校一流本科课程"中国近现代史纲要"(线下课程)阶段性成果。

本书的执笔人分别是:

付敏:绪论;第二章第二节、第三节、附件;第五章第一节、附件。

商爱玲:绪论附件;第二章第一节、第二节。

谢亮:第一章第一节;第三章第一节。

曹茂春:第四章第二节。

刘熠:第一章第二节。

程文标:第四章第一节。

王瑞庆:第一章第三节;第三章第二节。

梁勇、曾晓雪:第五章第二节。

编者

2022 年 5 月

目 录
Contents

绪 论

　　思想政治理论课是落实立德树人根本任务的关键课程，党的十八大以来，以习近平同志为核心的党中央高度重视高校思想政治工作，强调"要坚持在改进中加强"思想政治理论课，开启了高校思想政治理论课教学改革的新时代。"中国近现代史纲要"（以下简称"纲要"）作为一门以历史教育为载体，实现思想政治教育目标的思想政治理论课，是高校思想政治理论课的重要组成部分。课程自2006年开设以来，经过十多年的建设取得了明显成效。但是，如何进一步深化"纲要"课程改革，顺应时代要求，努力培养担当民族复兴大任的时代新人，培养德智体美劳全面发展的社会主义建设者和接班人，则是"纲要"课程教师当下面临的重要课题和责无旁贷的神圣使命。

一、深化"中国近现代史纲要"课程教学改革的时代背景

党的十八大以来，中国特色社会主义进入新时代。在新的历史条件下，我国思想战线和意识形态方面出现了大量新变化、新挑战，社会主义人才培养工作的现实背景和实践基础也发生了深刻变化，因而对思想政治理论课改革提出了新的要求。深化"纲要"课程教学改革，打造高质量思政"金课"，正是在这一时代背景下，贯彻落实党和国家要求，适应时代环境变化和思想政治教育新形势，针对课程教学改革和解决困扰教学实效性等问题的必然产物。

（一）贯彻落实党和国家加强思想政治理论课建设精神的必然要求

党的十八大以来，党和国家高度重视思想政治教育工作，对高校思想政治教育主渠道、主阵地的思想政治理论课，提出了进一步加强的任务。2016 年 12 月，习近平总书记出席全国高校思想政治工作会议并发表重要讲话，强调："要坚持把立德树人作为中心环节，把思想政治工作贯穿教育教学全过程，实现全程育人、全方位育人，努力开创我国高等教育事业发展新局面。"并且专门指出"要用好课堂教学这个主渠道，思想政治理论课要坚持在改进中加强，提升思想政治教育亲和力和针对性，满足学生成长发展需求和期待"。[1] 2017 年的"高校思政课教学质量年"活动将提高思想政治理论课吸引力放在了极其重要的地位上。2018 年 3 月 16 日，在十三届全国人大一次会议记者会上，教育部原部长陈宝生指出，在进一步加强和巩固提高高校思想政治理论课质量和水平的攻坚战取得初步成绩的基础上，下一步首先要转变观念，树立正确思政观，把彻底改变思想政治理论课的被动局面作为当前思想政治理论课建设的重要任务。2018 年 4 月，为了更好地推进高校思想政治理论课建设，教育部公布了《教育部关于印发〈新时代高校思想政治理论课教学工作基本要求〉

1　习近平. 习近平谈治国理政：第二卷 [M]. 北京：外文出版社，2017：376.

的通知》（教社科〔2018〕2 号）。2018 年 9 月，习近平总书记在全国教育大会上强调"思想政治工作是学校各项工作的生命线"，指出"要精心培养和组织一支会做思想政治工作的政工队伍，把思想政治工作做在日常、做到个人"。[1]2019 年 3 月 18 日，习近平总书记亲自主持召开学校思想政治理论课教师座谈会，明确指出："办好思想政治理论课，最根本的是要全面贯彻党的教育方针，解决好培养什么人、怎样培养人、为谁培养人这个根本问题。新时代贯彻党的教育方针，要坚持马克思主义指导地位，贯彻新时代中国特色社会主义思想，坚持社会主义办学方向，落实立德树人的根本任务，坚持教育为人民服务、为中国共产党治国理政服务、为巩固和发展中国特色社会主义制度服务、为改革开放和社会主义现代化建设服务，扎根中国大地办教育，同生产劳动和社会实践相结合，加快推进教育现代化、建设教育强国、办好人民满意的教育，努力培养担当民族复兴大任的时代新人，培养德智体美劳全面发展的社会主义建设者和接班人。"强调："思想政治理论课是落实立德树人根本任务的关键课程。……我们办中国特色社会主义教育，就是要理直气壮开好思政课，用新时代中国特色社会主义思想铸魂育人，引导学生增强中国特色社会主义道路自信、理论自信、制度自信、文化自信，厚植爱国主义情怀，把爱国情、强国志、报国行自觉融入坚持和发展中国特色社会主义事业、建设社会主义现代化强国、实现中华民族伟大复兴的奋斗之中。"[2]这一系列谈话和重要举措，既充分显示了党和国家对思想政治工作的高度重视，也为新时代思想政治理论课教学改革指明了新的方向与思路。

"纲要"课程作为全国高校本科生必修的思想政治理论课之一，其教学目的在于使学生认识近现代中国社会发展和革命、建设、改革的历史进程及其内在规律性；深刻领会"四个选择"，即历史和人民怎样选择了马克思主义、选择了中国共产党、选择了社会主义道路、选择了改革开放；深刻领会"三个为什么"，即中国共产党为什么能、马克思主义为什么行、中国特色社会主义为什么好，更加坚定地在中国共产党的坚强领导下为实现中华民族的伟大复兴而不懈奋斗。党的十八大以来，该课程在高校思想政治理论课程体系中的地位进一步凸显。2013 年，习近平总书记在主持中央政治局第七次集体学习时强调指出"历史是最好的教科书"，"学习党史、国史，是坚持和发展中国特色社会主义、把党和国家各项事业继续推向前进的必修

1　吴晶，胡浩 . 习近平在全国教育大会上强调　坚持中国特色社会主义教育发展道路　培养德智体美劳全面发展的社会主义建设者和接班人 ［J］. 人民教育，2018（18）：6-9.

2　习近平 . 习近平谈治国理政：第三卷 ［M］. 北京：外文出版社，2020：329.

课",[1] 充分体现了党中央对历史教育尤其是党史、国史教育的高度关注。2019年1月，习近平总书记在致中国社会科学院中国历史研究院成立的贺信中指出："新时代坚持和发展中国特色社会主义，更加需要系统研究中国历史和文化，更加需要深刻把握人类发展历史规律，在对历史的深入思考中汲取智慧、走向未来。"[2] 2018年，在《教育部关于印发〈新时代高校思想政治理论课教学工作基本要求〉的通知》（教社科〔2018〕2号）中，教育部将"纲要"课程学分由2分调整为3分。课程学分的增加，充分体现了党和国家对"纲要"课程的重视。"纲要"课程在面临发展机遇的同时，也面临着如何提高教学质量、增强教学实效性，通过充分发挥历史教育作用，完成培养担当民族复兴大任的时代新人的教学改革责任和使命。

（二）适应时代环境变化和思想政治教育新形势的客观需要

伴随着移动互联网发展和世界发生百年未有之大变局，思想政治教育面临的时代环境发生了巨大变化，既为"纲要"课程教学改革提供了新的机遇，也给"纲要"课程教学带来了新的挑战，形成推进课程改革的倒逼机制。

一方面，在移动互联网迅猛发展的背景下，随着校园网络的全方位覆盖，智能手机的普及，大学生已经成为手机终端的重要群体，使"纲要"课程的教育教学环境发生变化，无论是教育的主客体，还是教育内容、教学方式方法都面临着严峻的挑战。

第一，在"纲要"课程传统教学中的教师主体话语权受到削弱。由于网络的普及，信息来源呈现出多样性、海量性、即时性、开放性等特点，大大弱化了教育者话语的权威性、主体性，"我说，你听"的权威式话语权受到冲击，教师难以启用以往的"一言堂"手段实现其教育功能。

第二，"纲要"课程教学目标的伟大性、理性化以及价值的一元化与受教育者认识的碎片化、感性化和价值的多元化之间的矛盾。"纲要"课程作为一门以历史教育为底色，政治教育为本色的思想政治理论课，其教学目标是通过对学生开展中国近现代革命、建设和改革的历史学习，学生了解国情、国史，深刻领会近代以来中国人民在抵御外侮，争取民族独立和人民解放，实现国家富强和人民幸福的历史进程中的"四个选择"是历史的必然。因此，"纲要"课程教学目标，具有伟大性，极为理性化。但是，现实中的受教育者往往更多地关注自己的情感体悟、切身利益

1　习近平. 论中国共产党的历史 [M]. 北京：中央文献出版社，2020：15-16.

2　习近平致信祝贺中国社会科学院中国历史研究院成立强调总结历史经验揭示历史规律把握历史趋势 加快构建中国特色历史学学科体系学术体系话语体系 [N]. 人民日报，2019-1-4 (1).

能否实现等琐碎问题，而网络恰好能为其提供这样的关注点，表现为网络上多元的、开放的个人价值观与传统的、单一的社会价值观的日益冲突。而网络场域中的价值认知每时每刻都在潜移默化受教育者，这样的价值认知与教学场域中灌输的价值认知既有交集，更有距离。

另一方面，随着经济全球化、世界多极化趋势，世界正在发生百年未有之大变局。价值多元化、多种社会思潮的冲击、美国及西方国家对中国所谓"民主化"的"软颠覆"，使中国的意识形态安全形势始终面临复杂的挑战和困难。在此背景下，青少年学生成为不同意识形态和价值观争夺的主要对象，学校成为意识形态安全的前沿阵地，因此，思想政治教育作为意识形态的主体基础、知识基础和教育设施基础，对稳筑思想根基、守住安全防线的重要性进一步凸显。但是，在"祛魅化"的时代场域下、多元思潮的激荡下、西方话语的冲击下，实用主义和功利主义的价值观正日益消解着主流价值观存在的土壤。与此同时，传统思想政治教育存在与现实生活脱节、与外在环境及教育对象互动不足等问题，使其权威性弱化，认同度不高，吸引力不够，实效性不强，陷入不能有效满足人们现实和心理需要的当代性"失语"困境。而在史学界泛起的历史虚无主义思潮，也通过网络、影视剧等大众传媒给青年大学生造成了严重的思想混乱，冲击着"纲要"课程的教学。

总之，为了适应时代环境变化和思想政治教育面临的新形势、新挑战，必须通过改革创新，优化教育环境，拓展教育资源，革新灌输手段，优化话语结构，增强课程的思想构建力、理论吸引力、内在亲和力，突出育人的针对性，有效地完成课程内容向教育对象的传输，实现教学目标。

（三）针对"纲要"课程教学改革出现的偏差和解决困扰教学实效性等问题的必然选择

2005 年出台的《〈中共中央宣传部、教育部关于进一步加强和改进高等学校思想政治理论课的意见〉实施方案》（以下简称"05 方案"）全面实施，带来了高校思想政治理论课新一轮的教学改革创新热潮。在这一热潮中，"纲要"课程教师针对时代特点、大学生的思想实际与心理特点等，对原有教学内容、教学方法和模式等进行了一系列改革与创新，使课程教学效果得到了明显提高。但是在此过程中，部分教师由于对课程理念、标准和方法的理解有偏差，在教学改革过程中走入了误区，出现了偏差，妨害了课程的教学实效性，因此必须通过深化改革纠正这些误区和偏差。

在高校"纲要"课程教学改革中一度出现的误区和偏差主要如下。

第一，课程性质认识模糊化，致使教学内容或重知识化弱政治化，或重政治说教化弱学理化。在既有的"纲要"课程教学改革中，一些教师由于对课程性质特点认识模糊，难以把握"纲要"课究竟是历史课还是政治课，将该课程应有的历史逻辑与理论逻辑的统一恣意割裂，导致对教学内容的改革出现两种极端。有的教师将思想政治理论课的"纲要"课视为历史课，侧重历史事实的叙述，单纯进行知识性传播，缺乏对相关理论的应有阐释，更有甚者借"纯粹学术""历史的客观性"之名鼓吹"价值中立"或"不谈政治"，缺乏对学生理论思维的培养，对政治认同的教育，偏离课程所承担的思想政治教育任务。有的教师则把"纲要"课理解为纯粹的政治课，忽视"纲要"课以史育人的学理性，弄成简单、空洞的政治说教，经不起学生各种"为什么"的追问。

第二，教材体系向教学体系转化呈形式化，致使专题式教学体系刻板化、随意化。"纲要"课程教材是由高等教育出版社出版，列入国家马克思主义研究和建设工程的重点教材。该教材是在反复广泛征求各方面意见、建议的基础上，由该学科领域十几位知名专家学者精心编写，经中共中央审定后出版的。其规范性、权威性和适用性前所未有。但是，由于教材内容丰富，涉及 1840 年鸦片战争至今长达 180 多年的中国近现代革命、建设和改革的历史，而课时又有限；教材内容又与中学历史课程存在一定重复；加之面临的社会现实复杂多变，教学对象又具有多样性、个性化，因此，能否有效地实现教材体系向教学体系的转化，直接影响着"纲要"课程的教学针对性、实效性，成为"纲要"课程教学改革的一大着力点。在教学实践中，广大教师以专题式教学为中心的改革创新，为实现教材体系向教学体系的转化提供了有效路径。但是，就目前的专题化教学而言，存在着两种偏差，即刻板化和随意化，从而使教材体系向教学体系的转化多停留于表面，即形式上的转化。具体来讲，有的高校在实施专题教学的过程中，把教材体系当成教学体系，严格遵循教材的基本框架、内容体系，仅对讲授的知识点有所调整。事实上，这种刻板化的改革，仅是教学方法形式上的调整。而有的高校在实施专题教学过程中，则把教材抛在一边，完全脱离教材，也不考虑课程性质、任务，仅从如何吸引学生眼球出发，选取一些历史人物和事件为线索加以阐述，具有极强的随意性，根本不能实现教材体系向教学体系转化的目标。因此，必须通过深化改革纠正各种误区和偏差，真正实现教材体系向教学体系的转化，进而实现知识体系向信仰体系的转化，提高课程教学实效性。

第三，教学改革创新标签化，致使教学模式改革掀起"跟风潮""技术热"，终归于机械化简单化。现代信息技术的迅猛发展为教学改革提供了平台和载体，将现代信息技术运用于课堂教学中，并由此形成了基于互联网、不同于传统教学的教育理念，催生了诸如"微课""慕课""翻转课堂"以及各种基于移动信息技术的 App 教学应用等多种创新性教学模式，并在全国范围内掀起了基于现代信息技术的改革热，推进了教育的现代化、时代化。如今，基于现代信息技术的教学创新模式，也进入了高校思想政治理论课教学领域，成为改革的重要推手。在强调扩大现代信息技术运用的潮流中，高校思想政治理论课也开始尝试诸如"微课""慕课""SPOC"和"翻转课堂"等新的教学方式，为思想政治理论课教学改革注入了新的活力，使思想政治理论课教学变得更生动、更形象，增强了教学的亲和力、感染力、吸引力。但是，在欣喜之余我们也注意到，在这股思想政治理论课改革潮流中，一些教师把应用现代技术手段简单地等同于教学现代化，等同于改革创新，将"微课""慕课""翻转课堂"以及各种基于移动信息技术的 App 教学应用，一概贴上"现代化"标签，一味地机械套用，完全不顾思想政治理论课的性质、特点。更有甚者认为谁不搞"微课""慕课""翻转课堂"之类的形式，谁就不具有现代观念，谁就跟不上时代潮流。"微课""慕课""翻转课堂"与特定的关键词相联系，成为教育改革与创新的"热词"，不知不觉间成为改革的风向标，变成竞相追逐的改革标签。

在这股标签化改革热潮中，现代信息技术在思想政治理论课教学改革中的作用被夸大了，甚至有人认为，现代信息技术的运用能够彻底解决传统思想政治教育模式的困境，能够达到"药到病除"的疗效，不切实际地拔高其功效，误将其视为"理念创新"。有的教师误将其视为全新的教学模式，有的教师则误将其视为灵丹妙药，由此陷入盲目的迷信与追捧之中。这种带有标签化的改革所掀起的"跟风潮""技术热"，使得一些教师在课程的改革中往往更注重课程教学的技术、手段和形式，却忽视了教学内容的理论性和思想性、系统性，不再潜心钻研如何发挥教学内容的内在吸引力，将不可避免地导致喧宾夺主、自贬身价和短视行为等不良后果，势必弱化思想政治理论课应有的意识形态性。事实上，就本质而言，"微课""慕课"和"翻转课堂"等仅仅是教学方法上的创新，而方法仅仅是传播思想价值的手段，并不能取代思想价值本身。这种"技术热"使得"纲要"课程改革违背了教学相长的基本规律，它仅仅改变了学生接触知识的方式，并不能解答学生对这些知识所产生的思想困惑，而后者恰恰是"纲要"课程教学的使命和价值所在，因此在"纲要"

课程教学改革中出现的"技术热"现象,其实是一定程度的弃本逐末。

第四,课堂娱乐化,教学庸俗化。为了提升"纲要"课程的吸引力、感染力和亲和力,教师们充分发挥主观能动性,锐意改革,对教学内容和教学方式进行了大量探索和创新,在一定程度上提升了"纲要"课程的教学实效性。但是,个别教师为了最大限度地追求课程吸引力,赢得学生评高分,刻意迎合学生的"泛娱乐化"口味,使"纲要"课程作为思想政治理论课应有的思想性、政治性和理论性在授课过程中被"泛娱乐化"的"流行标签"所弱化。

在"纲要"课程教学改革中出现的娱乐化现象,主要表现为:一是教学内容媚俗化。个别教师为取悦学生的娱乐化偏好,强化课堂的活跃气氛,专讲野史、情史,寻找逸闻趣事、花边新闻、政治八卦来吸引学生的眼球,制造"笑点"。二是教学形式视觉主义化。个别教师为了制造视觉冲击力,迎合学生追求感官刺激的喜好,穿龙袍、汉服,进行各种奇葩扮相;有的则把课堂变身为"影视剧场",不加选择地长时间播放热播剧、电影,各种戏说、神剧充斥课堂;或把课堂布置成"故事会""综艺大观",随意神聊、胡侃,又唱又跳。三是教学语言非主流化。为了满足学生的"猎奇""游戏"心理,个别教师变身段子手,用麻辣新奇的解说,现代化的网络语言,甚至用灰色的网络段子对历史事件、历史人物随意添油加醋地进行加工改造。

总之,在"纲要"课程教学改革中,过分重视学生的表面兴趣,逢迎学生"泛娱乐化"心理而出现的各种具有泛娱乐化倾向的趋势,以肤浅搞笑的言行,戏说、鬼化的历史,过度的图像消费,泛滥的感官享受,排斥理性思考,追求感官刺激,导致学生历史认知消解、历史记忆淡化,难以形成正确的历史观、历史思维。同时,这种以娱乐化为目的的教学,将历史和思想完全当作一种"游戏"或"消遣",全然关注形式、技巧和观赏的需要,弱化了课程的思想导向性以及价值观的培养,严重消解了思想政治理论课程的政治性、科学性和严肃性,使教学变得无思想、无立场、无观念,与课程的教学宗旨背道而驰,从而成为困扰"纲要"课程教学实效性的一大障碍。因此"纲要"课程教学改革亟待进一步深化,回归其教育本真,做到守正创新。

此外,当下"纲要"课程教学改革,从实践教学来看,有的学校虽然增强了实践教学的比重,但实际上却存在着"口里重视、心里轻视、行动甚少"的敷衍现象。有的仅仅停留于教学计划,有的则是走马观花或者变成娱乐性活动等。因此,有待深化改革,将之落实做细。从课程质量评价体系来看,在评教机制中,有的学校虽然改变了传统的单一评教机制，实行多方评教，但实际上却偏重学生评教，导致有的教师的教学被学生绑架，存在刻意讨好、迎合学生的现象；在成绩评价机制中，有的学校虽然改变了传统一考定成绩的状态，注重过程考核、注重多维评定，但是，却过度加大平时成绩比例，而任课教师对平时成绩的评分也存在很大的随意性，甚至为了讨好学生随意送高分。因此，构建合理的课程质量评价体系也是当下深化"纲要"课程教学改革的迫切需要。

二、深化"中国近现代史纲要"课程教学改革的根本遵循与基本原则

2018 年 12 月在全国思想政治教育大会上，习近平总书记从党和国家事业发展的全局和战略制高点出发，立足于办好社会主义大学、开创我国高等教育新局面，对高校思想政治工作的重要性、根本要求、中心环节、实践路径等作了系统论述。他明确指出，高校思想政治工作关系高校培养什么样的人、如何培养人以及为谁培养人这个根本问题，要坚持把立德树人作为中心环节。强调要用好课堂教学这个主渠道，思想政治理论课要坚持在改进中加强，提升思想政治教育亲和力和针对性，满足学生成长发展需求和期待。在 2019 年 3 月 18 日召开的学校思想政治理论课教师座谈会上，习近平总书记再次强调，推动思想政治理论课改革创新，要不断增强思想政治理论课的思想性、理论性和亲和力、针对性。要求思想政治理论课要坚持守正创新，做到"八个相统一"，即坚持政治性和学理性相统一，坚持价值性和知识性相统一，坚持建设性和批判性相统一，坚持理论性和实践性相统一，坚持统一性和多样性相统一，坚持主导性和主体性相统一，坚持灌输性和启发性相统一，坚持显性教育和隐性教育相统一。[1]习近平总书记的系列讲话，为新时代思想政治理论课教学改革指明了方向，是思想政治理论课教学在深化改革中提升实效性的理论指南，成为新时代"纲要"课程深化教学改革的根本遵循和基本原则。

（一）以"立德树人""铸魂育人"为根本遵循

"育才造士，为国之本。"思想政治理论课是落实"立德树人"根本任务的关键课程。在学校思想政治理论课教师座谈会的重要讲话中，习近平总书记明确指出："办好思想政治理论课，最根本的是要全面贯彻党的教育方针，解决好培养什么人、怎样培养人、为谁培养人这个根本问题"，新时代贯彻党的教育方针，就是要落实"立德树人"的根本任务，努力培养担当民族复兴大任的时代新人，培养德智体美劳全

1　习近平. 习近平谈治国理政：第三卷 [M]. 北京：外文出版社，2020：330-331.

面发展的社会主义建设者和接班人。强调"我们办中国特色社会主义教育，就是要理直气壮开好思政课，用新时代中国特色社会主义思想铸魂育人"。[1]

"纲要"课程作为我国高校思想政治理论课的重要组成部分，承担着通过历史教育达到思想政治教育目的的独特使命，肩负着培养大学生形成科学的历史观、坚定的政治信仰、强烈的民族文化认同感、正确的人生价值观的重要任务。近年来我国思想意识形态领域出现的泛娱乐化、非主流的错误的社会思潮，导致"纲要"课程教学改革出现了某些偏差和失误，影响了教学实效性。因此，推进新时代"纲要"课程教学改革，必须拨乱反正，守正创新，牢牢把握"立德树人""铸魂育人"这一中心环节，依据课程特点，秉承以史育人宗旨，从实际出发，理论联系实际，解放思想，突破陈规，从教学内容、教学方法和教学实践多角度进行建构和创新，追求"立德树人"的实效性。

（二）以"八个相统一"为守正创新的基本遵循和原则

习近平总书记在学校思想政治理论课教师座谈会的重要讲话中指出：利用课堂主渠道立德树人、铸魂育人，根本在于"推动思想政治理论课改革创新，要不断增强思政课的思想性、理论性和亲和力、针对性。"[2]对如何推动思想政治理论课改革创新，习近平总书记在讲话中作出了具体部署，这就是守正创新，坚持"八个相统一"，即坚持政治性和学理性相统一；坚持价值性和知识性相统一；坚持建设性和批判性相统一；坚持理论性和实践性相统一；坚持统一性和多样性相统一；坚持主导性和主体性相统一；坚持灌输性和启发性相统一；坚持显性教育和隐性教育相统一。[3]"八个相统一"体现着新时代思想政治理论课教学的本质属性、教育的价值、理念和教学方法、手段的高度融合与辩证统一，为推动新时代思想政治理论课守正创新，不断增强课程思想性、理论性和亲和力、针对性，提供了基本遵循，也成为新时代"纲要"课程深化改革的基本原则。

第一，坚持"政治性和学理性相统一""价值性和知识性相统一"。

从课程定位、价值功能来看，"纲要"课程改革必须坚持"政治性和学理性相统一""价值性和知识性相统一"的原则。就课程性质而言，"纲要"课本是一门思想政治理论课，具有鲜明的意识形态性、价值判断，通过教学达到使学生深刻领会"四个选择""三个为什么"，实现"内化于心、外化于行、固化于制"的目标。与中国

1 习近平．习近平谈治国理政：第三卷 [M]．北京：外文出版社，2020：329.

2 习近平．习近平谈治国理政：第三卷 [M]．北京：外文出版社，2020：330.

3 习近平．习近平谈治国理政：第三卷 [M]．北京：外文出版社，2020：330-331.

近现代史等历史课相比较，最显著的区别在于，"纲要"课是以历史教育为载体，由此达到思想政治教育的目的。这门课虽然要讲授历史线索、历史事件、历史人物，但目的是学生在经过中学学习已经具有一定中国近现代历史知识的基础上，把握近现代中国革命、建设和改革的内在规律和基本经验，从而坚定"四个自信"，做担负民族复兴大任的时代新人。与大学开设的其他必修课程相比较，虽然都具有传授知识、培养能力、提升素质的价值和功能，但传授的不是一般的知识，而是从盘根错节的历史进程中，摸索出近代以来中国社会形成发展、革命运动发生发展的规律性认识、历史性结论、历史性成就，是历史发展的规律，反映的是历史的本质真实；培养的也不是一般的能力，培养的主要是运用马克思主义的历史唯物主义的立场、观点和方法，站在人类历史发展的高度，用辩证的、理性的、发展的思维把握历史，分析认识重大历史问题、理论问题和现实问题的能力；提升的素质也不是一般的素质，主要是思想政治素质和道德素质，这是人的核心素质。作为一门思想政治理论课，它不能是简单的空洞的政治说教，它有自己的学科归属和学理支撑，要用史实、史观讲政治，用真理、逻辑、规律宣讲坚定共产主义理想、中国特色社会主义信念、实现中华民族伟大复兴中国梦的信心。历史知识是载体，构建历史记忆，树立正确的历史观，增进政治认同，以塑造价值观为目的。因此，对"纲要"课程的改革既不能弱化它的思想性、政治性、理论性，讲成中国近现代历史课，也不能将之简单化为政治说教，缺乏史料的支撑、严密的历史逻辑。"纲要"课的改革必须坚持既具有鲜明的政治性、价值观引导，又具有深厚的学术性、学理性。既用政治统率学术，把价值观引领、塑造渗透于知识传授之中，又用学理支撑政治，在知识传授中发掘正确的价值观内涵，使"纲要"课程充分发挥以史育人的功能和价值。应该坚持从表面的、纷乱的历史活动中去粗取精、去伪存真，厘清历史转折的前因后果；从盘根错节的历史进程中，摸索历史发展的规律，反映历史的真实本质。

总之，"纲要"课程改革必须坚持"政治性和学理性相统一""价值性和知识性相统一"的原则，要使其思想政治教育功能和价值，通过历史的学理性、知识性展现，而历史的学理性、知识性必须具有表达思想政治教育的功能。"纲要"课程教学必须在充分尊重思想政治教育客观规律的基础上，把道理讲清讲透，以理服人。注重讲理论，而不是轻易下结论；注重讲原理，而不是注重讲故事；注重思想性，而不是注重戏剧性。要把中国近现代史放到中国5000多年的文明史中分析和研究历史演进的内在规律，要从1840年鸦片战争以来中华民族180多年的斗争史、中国共产党100多年的奋斗史中，认识和把握中国新时代党和国家事业发展新的历史方位，深刻领会"没有共产党就没有新中国""只有社会主义才能救中国""只有坚持和发展中国特色社会主义才能实现中华民族伟大复兴"这些被实践证明了的历史和现实逻辑，教育引导学生厚植爱国主义情怀，把爱国情、强国志、报国行自觉融入坚持和发展中国特色社会主义事业、建设社会主义现代化强国、实现中华民族伟大复兴的奋斗之中。就是要在教学过程中以实现中华民族伟大复兴的中国梦为主线，用宽广的知识视野、历史视野和国际视野突出"站起来""富起来"和"强起来"的伟大飞跃，帮助学生在教学活动中从历史逻辑的角度了解国史、国情，认清近现代中国社会发展和革命、建设、改革的历史进程及其内在规律性，从理论逻辑的角度深刻领会历史和人民怎样选择了马克思主义、选择了中国共产党、选择了社会主义道路、选择了改革开放，从实践逻辑的角度深入理解当代中国为世界和平发展贡献的中国智慧和中国方案，培养学生的中国情怀、人类格局和全球视野，引导学生坚定对中国特色社会主义的道路自信、理论自信、制度自信和文化自信，努力做社会主义核心价值观的坚定信仰者、积极传播者和模范践行者，更加坚定地在中国共产党的坚强领导下为实现中华民族伟大复兴而不懈奋斗。

第二，坚持"建设性和批判性相统一""理论性和实践性相统一"。

从思想方法来看，"纲要"课程作为一门以历史教育为载体的思想政治理论课，其教学改革必须坚持历史唯物主义和辩证唯物主义，将"建设性和批判性相统一""理论性和实践性相统一"，这是增强课程说服力、亲和力和针对性、实效性的根本途径。

首先，"纲要"课程要应对各种社会思潮、错误观点的挑战，必须坚持"建设性和批判性相统一"的原则。一方面，必须以历史唯物主义和辩证唯物主义的世界观和方法论指导教学，从整体全局视角、民族精神视角、现代未来视角、全球国际视角审视1840年以来180多年的中国历史，坚持论从史出，运用历史唯物主义分析中国近现代史，认识历史规律，总结历史经验，汲取实现民族复兴伟业的强大力量。另一方面，在教学过程中，帮助学生牢固树立唯物史观，拿起历史唯物主义和辩证唯物主义的强大思想武器，敢于交锋、善于批判、勇于斗争，旗帜鲜明地同一切否定马克思主义指导地位、否定中国共产党领导、否定中国特色社会主义、否定改革开放的政治思潮作斗争，坚决反对和抵制历史虚无主义等错误思潮。同时，要有强烈的历史总结意识和反思意识，善于进行自我批判，敢于正视并正确认识党和国家在革命和建设中发生的挫折和失误，深刻总结经验教训。

只有这样，才能帮助学生提高明辨是非对错的能力和水平，自觉地坚守真理、忠于人民、追求光明。

其次，"纲要"课程要提升教学的感染力、吸引力、亲和力，必须坚持"理论性和实践性相统一"。"纲要"课程要用科学的理论培育人，增强理论的说服力，需要由历史认知推进到理论思维。首先，要从历史出发，讲清楚马克思主义理论的一些基本问题，这是从高校思政课教学体系整体角度讲好马克思主义的内在要求。其次，要从"四个选择"的角度，着重讲清楚人类社会发展规律理论、阶级斗争与无产阶级革命理论、政党与无产阶级政党理论、社会主义理论和改革开放理论，最终帮助学生提高理论思维能力，建立起对历史和人民选择马克思主义、中国共产党、社会主义和改革开放的基本理论认同。在此过程中，教师不仅要让学生掌握史实，还要以逻辑严密的思路阐释道理，因此，"纲要"课程教学改革应以丰富多彩的案例、贴近学生的话语体系感染学生，引导他们进行理性思考，而不是以肤浅的"故事会"、媚俗的娱乐化来吸引学生眼球，调动学生的学习兴趣。同时，实践性是马克思主义理论区别于其他理论的显著特征，这决定了作为思想政治理论课的"纲要"课，其理论性与实践性必须高度统一。坚持理论性和实践性相统一，就是拒绝空洞的说教，要用科学理论培养人，必须做到理论联系实际，即与历史实际相联系、与社会实际相联系、与学生自身的思想实际相联系；就是要重视实践教学，把思政小课堂同社会大课堂结合起来；就是要贴近现实、贴近生活、贴近学生思想实际，用生动具体的典型事例说明马克思主义的客观真理性和崇高价值性，对丰富生动的新时代中国特色社会主义实践做出深入的理论阐释和理论说明，对学生的思想迷茫、理论困惑、情感冲突、价值选择进行释疑解惑和引导；就是要对新时代中国特色社会主义实践经验进行理论总结和概括，深化对共产党执政规律、社会主义建设规律和人类社会发展规律的认识；就是要以史为鉴，以史育人，使学生知史爱国、爱党，坚定走中国特色社会主义道路的自觉性和自信心。只有这样才能使"纲要"课程，在历史与现实、历史与个人的相互观照中，调动学生的学习兴趣，激发学习的主动性，深刻领悟历史结论，感受历史跳动的脉搏，切实提高这门课程教学的针对性、亲和力。

第三，坚持"统一性和多样性相统一""主导性和主体性相统一"。

就教学理念而言，"纲要"课改革必须秉持"统一性和多样性相统一""主导性和主体性相统一"的原则。这既是马克思主义唯物辩证法关于矛盾的普遍性和特殊性辩证统一原理在"纲要"课程中的具体运用，又反映了党和国家的统一意志和学生的个性化发展需求的有机结合，反映在了"纲要"课程教学中教师与学生的角色定位及相互关系，是顺应时代潮流、适合青年学生心理特点和成长规律、调动教师和学生两方面积极性的教学要求。

"纲要"课程教学改革必须坚持"统一性和多样性相统一"的原则。因为作为一门思想政治理论课，它是培育社会主义核心价值观，塑造时代新人的关键课程，事关国家的政治和意识形态安全，事关中华民族前途命运，在教学目标、课程设置、教材使用、教学管理等方面必须有统一的要求，不能各行其是，"我的地盘我做主"。但在教学方法、教学手段、教学重点、考核方式等方面，又要因地制宜、因时制宜、因材施教，鼓励多样化探索，把统一的"漫灌"和精准的"滴灌"结合起来，满足不同学段、不同专业学生多方面的需求，促进学生个性化发展。

"纲要"课程教学改革必须坚持"主导性和主体性相统一"的原则。"纲要"课程的基本价值导向是通过讲授中国近代以来中华民族的奋斗历程，使大学生深刻认识近代以来中国社会的发展脉络，认识近代以来中国的历史进程，认清当代中国的大局，把握中国发展的大势。通过读懂自己的国家和民族，强化国情和责任意识，从而在当今和未来中国特色社会主义事业的建设过程中，理性地将个人的志向与国家民族的命运紧密联系起来，实现大学生成才与中华民族伟大复兴的有机结合。作为一门传道、授业、解惑的课程，"纲要"课离不开教师的主导。在知识传授、能力培养、价值观塑造方面，教师的教育和引导具有不可替代的作用。而作为一门使学生建构历史记忆，增强政治认同，认识规律，追求真理，认同价值观的课程，学生是认识主体和价值主体，必须把握学生的认知规律和接受特点，激发学生学习的积极性、主动性和创造性，发挥学生的主体性作用，学生从教学活动的客体变成教学活动的主体，变"要我学"为"我要学"。发挥学生的主体性作用并不意味着教师的责任减少、要求降低。学生主体作用发挥的程度和效果，在相当程度上取决于教师主导作用发挥的程度和效果。教师要对学生的自主学习提出要求、做出规划，进行画龙点睛、恰如其分的评价，鼓励和引导学生在观察问题、分析问题、解决问题中夯实理论基础、锻炼思维能力，树立正确的世界观、人生观、价值观。

第四，坚持"灌输性和启发性相统一""显性教育和隐性教育相统一"。

就教学方法而言，"纲要"课程教学改革必须坚持"灌输性和启发性相统一""显性教育和隐性教育相统一"。这既是"纲要"课遵循思想政治教育的基本规律，也是与时俱进、守正创新的重要原则。

"纲要"课程教学改革必须坚持"灌输性和启发性相统一"。灌输性教育是依据列宁的灌输理论而开展的思想政治教育，是学校思想政治教育的基本方法。它重视发挥教师的主导作用，强调完整准确地讲授思想理论的重要性。启发性教育是思想政治教育的重要方法，它重视发挥学生的主体作用，强调通过教师的疏通、引导，培养学生自主选择、内化于心、外化于行的能力。思想政治教育在本质上是理论灌输，是教育者将先进的思想、科学的理论、正确的价值观传授给教育对象并内化为教育对象的知识、能力和素养的过程。但理论灌输不等于填鸭式灌输，更不是简单生硬地进行强迫，而是依据教育的规律和学生的特点，运用理论讲授、问题研讨、主题活动、参观考察、现场体验等多种方式，激发学生的积极性、主动性、创造性，引导学生发现问题、分析问题、解决问题，在不断启发中水到渠成地得出结论。因此，科学的灌输性教育不仅不排斥启发性教育，而且把启发性教育看作实现理论灌输的目的，即"灌中有启"；同样地，启发性教育注重引导、转化、发挥学生的主体能动性，但其目的仍然是把知识、方法、价值观等灌输到学生头脑中，即"启中有灌"。

"纲要"课程教学改革必须坚持"显性教育和隐性教育相统一"。在"纲要"课程教学中必须摒弃各自为政、闭门改革的现状。应将改革置于大思政的育人格局中，一方面在思想政治理论课体系中，"纲要"课程要与其他课程相配合，充分发挥思想政治理论课在高校育人体系中的主阵地、主渠道作用，卓有成效地开展显性思想政治教育；另一方面，要发挥"纲要"课程显性作用，带动隐性思想政治教育。一是与发掘其他课程与教育方式中的思想政治教育资源相结合，如"中国传统文化""世界文明史"等具有特色的素质教育公共选修课，"法理学""政治学"等包含相关思政元素的专业课，实现课程思政与思政课程同向同行，产生协同效应，形成符合人才培养目标的思想政治教育课程体系；二是将"纲要"课程教学融入学校教学管理、学生工作、校园文化、社会实践等各项工作中，实现互联互通，相互衔接，形成融合高校各方面工作，贯穿大学生成长全过程的高校育人系统，实现全程全方位育人。

三、西南政法大学"中国近现代史纲要"课程教学改革的新探索

如何提升"纲要"课程的思想性、理论性和亲和力、针对性，打造学生真心喜爱、终身受益、毕生难忘的"金课"，落实"立德树人"根本任务，努力实现党和国家的期待和要求呢？西南政法大学马克思主义学院中国近现代史纲要教研室全

体教师，在认真学习领会以习近平同志为核心的党中央对思想政治理论课教学的一系列重要讲话精神的基础上，深入调研学情，深入钻研现代教育理论，针对课程面临的教学困境，抓住新时代思想政治理论课教学改革的机遇，坚持守正创新，积极探索"纲要"课程教学改革。党的十八大以来，教研室各位教师先后申报省部级、校级教研教改项目15项，在教学理念、教学模式、教学方法和手段、成绩评价等方面的改革均取得了一定成效，先后获得重庆市第四、五届优秀教学成果二等奖一项、三等奖一项，获得西南政法大学优秀教学成果一等奖一项、二等奖两项、三等奖一项，本书便是教研室全体教师探索成果的集中呈现。

（一）实现教材体系向教学体系转化的"三化"协同联动模式

自"05方案"出台以来，本教研室结合精品课建设、网络课程中心建设，以教材体系向教学体系转换作为教育教学改革的切入点，作为有效完成教学任务的切入点、基础工作，着力解决"纲要"课程教学中普遍存在的抬头率不高、亲和力不够、针对性不强等问题，形成了一套行之有效的教材体系向教学体系转换的"三化"协同联动模式，即课题研究常态化、课堂教学专题化、社会实践教学制度化协同联动。具体做法：将教学与科研协同起来、课内与课外联动起来、线上与线下结合起来，以课题研究常态化为抓手，以课堂教学专题化为主渠道，以社会实践教学制度化为拓展渠道，三位一体协同联动。

（二）"中华民族共同体意识"融入"中国近现代史纲要"课程的三维多元模块化教学模式

该模式是以教育部央地共建项目"思想政治理论课课堂教学质量提升"、高校示范优秀教学科研团队建设项目"培养大学生中华民族共同体意识的教学体系研究"和校级精品课"纲要"课程为依托，并在全球化、信息化和网络化时代大背景下，结合当前高校大学生的时代特点、思维习惯，针对以往高校思想政治理论课存在的问题，运用现代教育教学理念、方法，依据"纲要"课程的特点和优势，力图有效提升"纲要"课程的吸引力、感染力，增强教学实效性而提出的一种教学模式。即在"纲要"课的教学活动中，以培育大学生中华民族共同体意识为主题、主线，以问题为导向，以课堂教学创新为中心，结合网上课程网站的开发利用、实践教学活动的有效开展，发挥教师、学生双主体作用，强调课堂教学、网络互动、实践教学三个维度，以及多种教学形式、方法和手段的融合，通过"8+4+4"模块多元化实施教学活动，完成思想政治理论课认知目标与情感目标相统一的教学模式。它既是对"纲要"课程教学模式的创新，也是对思想政治理论课教学模式创新的积极探索。该教学模式旨在寻求实现两个转变，解决两方面突出问题：

一是努力实现"纲要"课从教材体系向教学体系的转化，有效突破当前制约"纲要"课实效性发挥的主要障碍。

二是努力实现"纲要"课由知识体系向价值体系、信仰体系转换，解决如何发挥思想政治理论课的思想政治教育主渠道作用的问题。

所谓"三维"，即在"纲要"课的教学过程中，以课堂教学为中心，实现课堂教学、网络互动和实践教学三个维度的有机联动。

所谓"多元"，即在课堂教学、网络互动和实践教学三个维度的教学活动中，均采用多种教学方法和手段的相互配合；学生的成绩评定主体和方法多元化。

所谓"模块化"，即将课堂教学、网络互动、实践教学有机划分为"8+4+4"模块。其中，在课堂教学中以培育"中华民族共同体"意识为主题，将课程教材体系转化为教学体系，设置8个专题。在网络互动中，设置4个模块，即①专题资料库；②论坛互动；③成果展示；④网上考试。在实践教学中，设置4个模块，即①微视频拍摄；②专题征文；③案例制作；④实地考察。

（三）以中国梦为主题主线的专题教学

为了有效实现"纲要"课程从教材体系向教学体系的有机转化，推进课程教学由知识体系向价值体系、信仰体系转换，提升教育教学实效性，我们依据中国梦与中国近现代史纲要课程主题主线的一致性，实施专题教学。具体做法：以"中国梦"为主题、主线，围绕梦启—寻梦—筑梦三大篇章，讲授六大专题，每一专题针对学生思想上存在的疑惑，以及社会、学界存在的历史虚无主义等错误观点，重点回应两个问题。设置为三篇六个专题十二个小问题，即上篇：梦启　专题一，数千年未有之大变局——天朝梦碎与民族觉醒（重点问题：中国是如何进入近代社会的？如何看待殖民侵略？——评析"侵略有功"等错误观点），中篇：寻梦　专题二，雄关漫道真如铁——自强求变与铁血共和（重点问题：晚清为何实行改良？改良为何被革命取代？——评析"告别革命"等错误观点），下篇：筑梦　专题三，开天辟地大事变——选择马克思主义和中共成立（重点问题：历史和人民为什么选择了马克思主义？——评析"马克思主义只是一个学派""马克思主义过时"等错误观点。历史和人民为什么选择了中国共产党？——评析"共产党的产生是共产国际的'移植'"等错误观点）；专题四，亿兆一心战必胜——抗日战争与中华民族新起点（重点问题：

日本为什么发动侵华战争？抗战胜利是谁之力？）；专题五：人间正道是沧桑——命运大决战与新中国诞生（重点问题：抗日战争胜利后，国民党政府为什么会陷入全民包围中并迅速走向崩溃？中共为什么能赢得胜利建立新中国？）；专题六：长风破浪会有时——历史新纪元与走向伟大复兴（重点问题：20世纪50年代中国为什么选择社会主义？——评析社会主义改造"搞早了搞糟了""补资本主义课""改革开放是倒退"等错误观点；如何看待改革开放前后两个历史时期？）。

（四）以史料为核心的教学法

"纲要"课程作为一门思想政治理论课，关键在于它是从历史的角度阐述问题，历史性是其基本特性。忽略了历史性，"纲要"课必然失去作为思想政治理论课的价值和基础。因此，"纲要"课程从性质来看属于思想政治理论课，但是从教学实践来看，必须以历史教学为基础和载体，将历史规律、历史观有效地传递给学生，是大学"纲要"课程教学的重点。强调问题意识，如何有效说明问题是关键。在这一过程中史料的价值被凸显出来，如何寻找和发掘史料，如何有效地运用史料，面对不同的史料如何处理，如何根据史料有逻辑地说明问题等，这些能力的培养是教学的关键所在。正是基于上述认识，我们构建了以史料为核心的"纲要"课程教学法。该教学法着眼于教师引导学生通过对史料的解读，达到分析问题的目的，继而提升学生的认知能力，形成合理的历史观。主要包括以下形式：第一，以教师为主导的史料论证式讲授；第二，以学生为主导、以论题为中心的正反史料举证式讨论；第三，史料阅读式教学；第四，口述史的实践教学。

（五）探讨式教学法

课程教学是学生学习知识、获取能力的主要途径，教师则是课程教学的主导因素。但是在目前"纲要"课程教学中，相当一部分教师仍然照本宣科，依旧给学生灌输教条思维，课堂气氛压抑而没有活力，教学成了程式化知识灌输、机械式记住结论，而不是智慧的启迪、创新性的开发。这对提升大学生的素质、培养他们的自主学习能力产生了一定的负面作用。为此，我们将探讨式教学法运用于"纲要"课程教学中，将学生置于教学过程的中心，以教师的研究性教学和学生的研究性学习结合为平台，注重在教学过程中融合学科知识与研究方法，指导学生围绕某一科学问题进行发现问题、分析问题和解决问题的能力训练，强调学生对所学知识的实际应用，注重学生参与学习的过程和亲身体验与实践，充分发挥教师的主导地位和学生的主体地位。

（六）基于"课堂派"教学管理互动平台的大班教学互动法

"课堂派"是专注于高等、职业教育领域的多资源混合式教学的互动平台。通过教学多媒体和学生微信，以课堂互动、测试、话题、资料等方式加强课堂内外的师生课前、课中、课后的联系，同时以抢答、考勤、奖励星星等方式记录学生的学习表现。通过大数据驱动的课堂教学使大学生的学习状态、学习行为、学习结果等数据可视化呈现、可量化测量、可传递记录，以此提升课堂教学的配置效率与精准力度，提高课堂教学的有效性。在"纲要"课程大班教学中，我们用"课堂派"进行教学管理，从价值观教育的特殊性出发，主动契合当代大学生的思维特点及成长规律，优化教学过程，提高教学效率，聚焦实现马克思主义价值引领的教学目标。在教学实践中，有效地融合了现代信息技术与课堂教学、融合了课堂知识教育和价值观教育、融合了教学情景和教学内容、融合了课堂和教学管理、融合了教学过程和教学评价。

（七）依托本土爱国主义资源的体验式情景教学法

针对"纲要"课教学中存在的以封闭式、单纯灌输式为特征的说教型传统教学方法，难以实现知识体系向情感、信仰体系转化的现实，我们通过总结多年来的教学经验，在深入调研教学现状及其成因，深入分析课程性质、特点，深入研究学生心理特点的基础上，依据理论性与实践性相统一的原则，将遵循"以人为本"教育思想构建的"体验式情景教学法"运用于"纲要"课程教学中，形成了"一个依托""两个主体""四种体验式情景教学方式"教学法。即"一个依托"：就是依托红岩联线爱国主义本土资源；"两个主体"：就是充分发挥教学中教师的主导地位和学生的主体地位；"四种体验式情景教学方式"：包括实境体验式、情景剧再现体验式、案例—情感体验式、角色转换体验式。具体做法：以教育部颁发的教学基本要求为依据，深入挖掘本土爱国主义资源与教学重难点的内在关联性，以"体验情景"为核心，灵活运用多种体验式情景教学法，增强教学的感染力、吸引力、亲和力，提升教学实效性。

（八）以家国情怀培育为中心的"五个一"参与—体验式主题实践教学模式

该实践教学模式旨在实现从认知目标到情感目标的升华，以家国情怀培育为中心，通过引导学生从书本走向生活、从思政小课堂走向社会大课堂；从感知走向体验、从理论走向实践，做到知行合一。在共情上，涵育爱党爱国爱社会主义的真挚情感；在弘文上，加强爱国主义教育的氛围营造和文化浸润；在力行上，推动爱国精神转化为强国报国的自觉行动，全方位实现传承优秀传统文化，弘扬民族精神，厚植家国情怀，激爱国情、强报国志、促报国行。每学期结合党和国家在该年度举行的重大纪念、庆祝活动，开展由"听""讲""读""创""行"五个模块组成的"五个一"参与—体验式主题实践教学活动，期末举行全校性成果展评。"听"，即聆听一个家国情怀口述史；"讲"，即举办讲传家国情怀故事汇；"读"，即研读一份家国情怀人物志；"创"，即创作拍摄一部家国情怀主题微视频；"行"，即开展一次家国情怀系列实践调研活动。自 2017 年以来，我们先后开展了由这五大模块组成的八大主题实践教学活动，如"中国梦·民族魂·新时代激扬青春跟党走"主题实践活动、"追寻筑梦中国足迹　昂扬奋进新时代"——纪念改革开放 40 周年主题实践活动、"爱国·铸魂·筑梦，做时代新人"——纪念五四运动 100 周年暨新中国诞生 70 周年主题实践活动、"我和我的祖国"——庆祝新中国成立 70 周年主题实践活动、"2020 我和我的家乡"——记录不平凡的 2020 年主题实践活动、"百年恰风华，青春正当时"——庆祝中国共产党百年华诞主题实践活动等。先后举办了 8 次展评活动。所有作品，在本班级展示，经学生自主评选和任课教师推荐选出优秀作品；优秀作品全校集中展示，由专家评委、学生代表评选出获奖等次。

附: 打造学生终身受益的思政"金课"
——对话西南政法大学马克思主义学院商爱玲教授

《重庆日报》记者　侯金亮

商爱玲，西南政法大学教授、博士生导师。首届全国高校思想政治理论课教学展示活动主讲老师、教育部高校思想政治理论课教师 2017 年度影响力提名人物。

核心提示：9 月 27 日，我市召开的全市加强学校思想政治理论课工作座谈会强调，要打造学生真心喜爱、终身受益、毕生难忘的思政"金课"。如何推动思政课改革创新，提高思政课含金量？重庆日报与西南政法大学马克思主义学院商爱玲教授展开了对话。

"教师投入真情实感，情真意切地讲，引导学生动手、动脑、动心，真参与真体验真感悟，学生自然就会爱你没商量。"

重庆日报：您认为什么样的思政课才能让学生真心喜爱、终身受益、毕生难忘？

商爱玲：我的理解是，让学生终身受益的思政课需要做到以下几点：一是在思想上要有高度。思政课是触及灵魂深处的课程，不只是知识的传授，更是思想的引领。在课堂上，亲近经典、走进经典、品读经典，向学生充分展现马克思主义的思想魅力。直面各种错误观点和思潮，运用马克思主义的立场、观点和方法分析问题解决问题。二是在理论上要有深度。我们讲理论，不仅要讲清楚理论的内在逻辑关系和科学必然性，还要立足中国近代以来的斗争史、近百年党的奋斗史、新中国的发展史、改革开放的探索史，植根中国大地，勇于回答时代课题，善于运用不断发展的开放的马克思主义理论，真正讲清楚"三个为什么"。三是在情感上要有温度。讲授的内容要有血有肉、深入浅出，面对生活、解释现实、解决问题，做到从生活中来到生活中去。教师投入真情实感，情真意切地讲，引导学生动手、动脑、动心，真参与真体验真感悟，学生自然就会爱你没商量。

重庆日报：如何把深刻的思想、深奥的道理讲生动、讲透彻，提高思政课的启发性？

商爱玲：结合教学和实践经历，我想讲几点：一是展示极具冲击力的资料。包括直观的图像、数据、视频、文物、遗迹遗存等，有助于更好地把深奥的道理讲得通俗易懂。二是运用富有感染力的语言。或幽默风趣、或气势磅礴、或浅唱低吟。把课程语言转化为教学语言，既要注重语言的准确性和逻辑性，又要提升语言的趣味性和感染力。坚持用健康的、有益的、流行的生活话语讲理论，使学生喜闻乐见。三是采取多样性的互动。我会组织学生翻转课堂，和他们互换师生角色，了解学生对思政课的真实需求；组织学生参加社会调研，带领他们体察社会百态，把目光投向人群，投向现实，寻求新的获得真知的途径；指导学生拍摄微视频微电影，深入挖掘普通百姓和国家同成长、共命运的情感脉络和生动故事。四是透析现实性的问题。紧扣问题，导入兼具前沿性和经典性的案例，表达新颖活泼的思想。这是最高级的生动性。要讲好中国故事，讲清中国道路；有的放矢，回应社会热点问题；关注国际形势新动向，如中美贸易摩擦；解决学生现实的困惑等。但需要注意的是，提升教学艺术、改进方式方法、增强教学亲和力和生动性，并不意味着课堂娱乐化甚至庸俗化。思政课的生动性要以内容的准确性和立场的鲜明性为前提，传播真理和传递正能量的目的不可动摇。

"只有精通'十八般武艺'，才能在三尺讲台上挥洒自如。"

重庆日报：打造让学生终身受益的思政"金课"，对思政课教师提出了哪些更高要求？

商爱玲：要给学生一碗水，教师要有一潭水。首先，政治要强。坚定对马克思主义的信仰、对中国特色社会主义的信念、对实现中华民族伟大复兴中国梦的信心。在大是大非面前保持政治清醒，把稳方向盘。其次，本领过硬。只有精通"十八般武艺"，才能在三尺讲台上挥洒自如。要把知识的视野和思想的引领、国际的视野和中国的立场、历史的视野和现实的关切三者紧密结合起来。坚持理论学习和实践体验相统一，做到以研促教、以教促研、教研相长。做到赛训结合，在不断打磨中提升自己。最后，情怀要深。敬畏职责，把讲好思政课当作真正的事业来做。只有自己先有情怀，才能让学生有情怀。以深沉的家国情怀、传道情怀、仁爱情怀，塑造学生的品格、品行、品位。要充满爱，即对国家的爱、对事业的爱、对学生的爱。特别是要不断修身修德、敢于自我革新，以理服人、以文化人、以情感人，乐为、敢为、有为。

重庆日报：您认为如何运用现代科学技术推动思政课教学改革？

商爱玲：我们要积极运用各种现代科学技术辅助教学，打造智慧课堂、智能教学、智识教育。第一，运用大数据促进教学供给侧改革，精准把握学生思想、心态与行为的变化情况，设计个性化培养方案，实施个性化教育，提升思政课堂教学的针对性。第二，通过名师工作室、虚拟工厂、抖音平台、学习共同体等，开展跨班级、学校、区域的开放式资源共享服务。我校积极创建了微课案例库，为师生提供更多的教学素材。第三，充分运用智能设计、虚拟仿真、三维建模等技术，开展跨媒体交互体验式教学，实现大学生对历史场域、革命文化遗址、遗迹等爱国主义信息资源的实时感知。

"带学生去博物馆展览馆、文化遗址和教育基地、城镇社区、田间地头。"

重庆日报：中华优秀传统文化为思政课建设提供了深厚力量。我们应该如何把中华优秀传统文化融入思政课教学？

商爱玲：首先，有针对性地开设中华优秀传统文化课程模块。在本专科阶段着重开展理论性学习，如阐述崇仁爱、守诚信、讲辩证等思想，传承自强不息、见义勇为、孝老爱亲等美德。在研究生阶段重点开展探究性学习，如通过解读"先天下之忧而忧""位卑未敢忘忧国""苟利国家生死以"等承载的价值取向，分析社会主义核心价值观与中华优秀传统文化的契合性。其次，创新中华优秀传统文化主题教育方式。我们每学期都会组织学生开展"中华文化符号大家谈"主题活动，学生围绕自己心仪的中华文化符号展开讨论。比如，故宫、长城、孔子、汉字、五星红旗等往往是高频词。分析这些符号背后体现的价值观，以自然生发中华优秀传统文化传承创新的必要性。我们还会让学生围绕"我为家乡文化建言献策""文旅融合·我们在行动"等主题开展系列实践活动。最后，充分利用线上线下、校内校外多方资源。发挥线上资源优势，加强中华优秀传统文化互动学习，实现课上课下、线上线下相统一。带学生去博物馆展览馆、文化遗址和教育基地、城镇社区、田间地头，使他们更好地感知历史与民俗、文化与思想、传统与现代，践行人文关怀，提升思想认识。

重庆日报：有人说，家国情怀是思政课堂的灵魂。如何把家国情怀融入思政课教学？

商爱玲：培育大学生的家国情怀是高校思政课的重要任务。要以高校思政课为抓手，构建学校、家庭、政府、社会合力联动协同育人体制。一是在课堂上采取案例教学，讲述颜氏家训、曾国藩家风、江姐托孤遗书、钱学森毅然回国、邓稼先不辞而别隐姓埋名28载等典型感人事迹。二是推动家庭教育与学校教育同频共振。我曾发起过"家国情怀故事汇"活动，组织学生和家长共同讲述"我家我国的过去、现在和未来"，培育优良家风，提升大学生的家庭责任观和国家认同感。三是充分运用政府和社会组织提供的各种资源。2021年暑假，我院师生开展"追寻壮丽70年伟大成就"大调研，分赴巫溪、彭水、梁平、合川等地，深入乡村，了解国情、社情、民情，感受70年沧桑巨变，爱家、爱国、爱党、爱社会主义情怀油然而生，不可阻挡。

第一章

"中国近现代史纲要"
课程教学改革的出发点检视

第一节　"中国近现代史纲要"课堂教学方法改革研究综述

自 2005 年中共中央宣传部、教育部联合发布《关于进一步加强和改进高等学校思想政治理论课的意见》并实施以来，"中国近现代史纲要"（以下简称"纲要"）被列为本科生思想政治理论课必修课已有十余年历史。其间，自沙健孙教授发表《关于"中国近现代史纲要"课程教学的若干问题》一文以来，如何正确把握"纲要"课程教学目的、要求、原则、体例以及主题和主线，推进教学模式和课堂教学方法改革，实现教材体系向教学体系转化等，已成为"纲要"课程教学研究和实践领域中的热点、难点问题。鉴于此，现将近年来"纲要"课程课堂教学方法改革研究作一下扼要综述，以期为致力于从事这方面研究和教学的同仁提供借鉴。

引言：总体现状描述及问题提出

就"纲要"课程课堂教学方法改革及其实效提升而言，诸多学者从不同角度进行了思考。若以沙健孙教授此前论述为此类研究的时间分界点——截至目前，通过检索 CNKI 文献，笔者发现学界围绕"纲要"课堂教学方法改革已发表各类论著 200 余篇——以核心期刊论文和 CSSCI 期刊论文为主（见图 1.1）。而且，以"中国近现代史纲要"为主题则搜索到 318 篇文献，并显示出学界研究"纲要"课程教学方法改革在经历了 2007—2009 年、2010—2013 年高峰段后，从 2014 年至今，学界研究此类命题的热度又呈下降趋势（见图1.2）。据统计，2006—2016年，核心期刊各年度发表有关"纲要"教学改革的论文数分别是10、90、135、180、183、243、238、248、244、224、139篇。其中，经历了2007—2015年高峰段后，学界对此类问题关注度则明显下降——重点高校或一般高校对"纲要"课程教学改革的关注变化趋势也与此前描述类似（见图1.2、表1.1）。

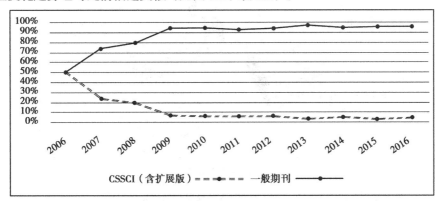

图 1.1 近年来"纲要"教学论文发表刊物比重统计（2006—2016）

资料来源及说明：此图系表1.1数据引用。

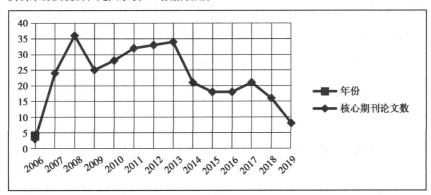

图 1.2 "纲要"主题研究核心期刊论文统计（单位：篇）

资料来源及说明：此图系笔者搜索CNKI文献的数据整理所得。

表 1.1 2006—2016"纲要"教学研究论文作者单位高校分布（单位：篇）

	2006	2007	2008	2009	2010	2011	2012	2013	2014	2015	2016
"985"高校	5	20	15	16	15	15	14	12	14	12	7
"211"高校	1	9	16	14	16	17	13	14	16	17	7
一般高校	4	61	104	150	152	211	210	222	214	195	125

资料来源：李学涛."中国近现代史纲要"教学研究现状及发展展望［J］.思想教育研究，2017（12）：81.

综上，学界此类研究为何出现此前变化？它反映何种趋势？于此，相对细分此类教研论文或可为原因探寻提供管中窥豹式的线索指引，如图1.3所示。

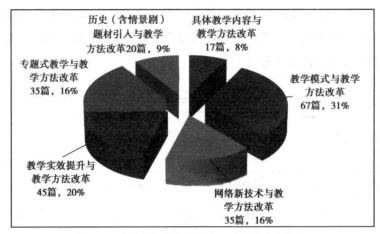

图 1.3 　"纲要"课堂教学方法改革篇论文统计

资料来源及说明：此图系笔者搜索 CNKI 文献的数据整理所得。

图 1.3 显示，学界研究"纲要"课程课堂教学方法改革的问题关注点变化与前述所论变化对应。其中，教学模式、专题式教学、网络新技术、教学实效提升是与"纲要"课堂教学方法改革关联性较高的主要因素。换言之，此前四者已成为当下"纲要"课程课堂教学方法改革创新的主要依赖路径和诱发因素。其中，前三者可视为现代教育技术促进课堂教学方法改革；"教学实效"则折射出目前学界、业界和社会，要求加速推进"纲要"课教学方法改革创新的现实紧迫性。

一、教学模式演进与"纲要"课程课堂教学方法改革

教学模式演进常因应于教育教学理念变化并能促进课堂教学方法改革。当前，受"灌输论"的影响，传统课堂教学模式仍主导"纲要"课堂教学，但其实效却正在受到广泛质疑。这是推动"纲要"课程课堂教学方法改革的重要"背景"。

（一）"翻转课堂"与课堂教学方法改革

在传统教学模式下，教学活动常是教师课前布置，课堂主讲；学生在课堂主听主记。其教学实效检查主要依赖于学生完成课后作业和参加各类考试。"知识信息"在师生中多是单向传递，反应时效不高。但是在网络时代，"翻转课堂"——译自"Flipped Classroom"或"Inverted Classroom"，也可译为"颠倒课堂"——此教学模式被大量引入课堂教学。它使学生主动地更专注于学习专题化知识并获得更深度

理解。"翻转课堂"实现了对基于印刷术的传统课堂教学结构与教学流程的颠覆，引发了教师角色、课程模式、管理模式等一系列变革。其中，课堂"讲授"活动由师生共同承担，他们成为完成课堂教学活动的"协作者"。受此影响，混合式教学法、探究式教学法、参与式或体验式教学法等被大量引入"纲要"课堂教学方法改革中。学界基于此前"问题意识"的相关研究或实践也可作如下区分。

1.混合式教学法与"纲要"课堂教学方法改革

基于CNKI的文献搜索，笔者发现谢毓洁、李肖人发表《〈中国近现代史纲要〉"整合式"教学模式初探》[1] 一文，或应是学界近年来关注混合式教学法在"纲要"课堂教学方法改革中的较早者。他们将"混合式"教学法理解为教学资源、手段在"纲要"课堂教学中的整合及运用。但是，他们并未从教学模式与课堂教学方法改革的角度深度论述此前"初探"对"纲要"课堂教学方法改革产生的重大影响。此后，学界开始较系统地讨论此教学模式下的"纲要"课堂教学方法改革的实践问题。其中，清华大学"纲要"课堂教学方法改革似可堪称此种尝试的关键代表者。他们要求做到，"以教师为主导，以学生为主体，讲授与提问讨论相结合，教师与学生双向互动"。[2]他们突出"在讲授的同时进行提问、留白，给予学生发散思维的空间，并引导学生树立正确的历史观和价值观；"强调"讨论的目的不在于说服学生，而是为学生提供史实史料的来源和思考问题的新角度，循循善诱。"[3]清华大学的实践，将传统线下课堂的"面对面"教授同慕课等线上课堂的"点对点"讲授进行了有机结合，产生了对教与学的三重激励效应。即激励教师主动营造更加平等的师生关系，优化教学内容和课堂形式，完善自身知识体系；激励助教团队协助教师、团结协作，实现教学相长和能力提升；激励学生自主学习、更开放自信，多维化评价体系激发学生潜能。此外，一些研究更关注此类课堂教学方法改革的形式多样化问题，以及由此衍生的新旧教学模式的实效对比。如有学者强调，与"专题教学"相结合的"混合式"教学方法改革——如"专题教学"与"混合式"小组讨论、学生课堂展示相结合，有助于"纲要"课堂教学实现以问题为导向、以点带面，多线条、多角度展现中国近现代史。[4]有学者虽赞同将"混合式"教学引入"纲要"课堂教学方法改革实践，但更强调要重视在"纲要"课堂教学中"讲授"环节的根基作用，指出此种教学方法改革的重点应突出专题教学

1　谢毓洁，李肖人.《中国近现代史纲要》"整合式"教学模式初探 [J].青海民族大学学报（教育科学版），2010，30（6）：84-87.

2，3　翁贺凯，李璎珞.思想政治理论课慕课混合式教学模式的三重激励效应：以清华大学"中国近现代史纲要"课程为例 [J].高校马克思主义理论研究，2019，5（2）：122-129.

4　余燕飞.《中国近现代史纲要》混合式教学实践与评估 [J].教育现代化，2019，6（26）：168-172.

与研讨式讲授结合。[1]而且，将"混合式"教学引入"纲要"课堂教学方法改革实践，应注重"课堂教学"与其他教学环节的特殊化功能区分。例如，他们强调："网络教学"引入"课堂讲授"，应突出网络资源库和移动网络平台的相关内容与课堂教学的契合性；因时因地并与时俱进地利用"地方文化"丰富实践教学案例或资源，需注重与"纲要"课堂教学内容的契合性。

2. 参与式教学法与"纲要"课堂教学方法改革

"灌输式"的课堂讲授常使学生对"纲要"课态度较为淡漠，而且教师工作动力也不足。但是，通过"参与式"教学，可促使师生共同建立民主、和谐、热烈的教学氛围，并通过"合作"的方式让不同层次的学生拥有参与和发展机会。据笔者目前眼界所及，王宇英、毛明华合著的《"中国近现代史纲要"课程参与式教学探索》，或是学界近年来较早关注"参与式"课堂教学的专题性论述。他们认为，将"参与式"教学法引入"纲要"课堂教学，首先要求师生皆需更新学习理念。因为参与式教学法"是追求以知识为载体、能力为核心、素质为目标的一体化、多样化教学模式"。[2]他们强调：课堂教学方法设计的多样化应当基于尊重学生个体差异。同时，教师应以启发式、研讨式、换位式、对话式、体验式等教学法的运用增强在课堂教学中的师生互动。他们的实践更表明，"实施参与式教学法，学生的积极性、主动性被充分调动起来，其知识结构、价值观念、性格能力等各项特点得以充分展开。"[3]此后，随着实践和研究的深入，一些学者更注重对"纲要"课堂教学方法改革关涉的"参与主体""参与方式或形式""参与内容"等问题的深度讨论。例如，田仁来在《"主体参与式教学"在中国近现代史纲要课教学改革中的应用研究》中，将师生皆定义为参与主体，强调教师在课堂教学中发挥主导作用的同时，认为课堂教学还应当以学生为本、为主体，师生间的教与学需建立有机交互且平衡的关系。他还提出了"纲要"课堂实施参与式教学的理念路径、方法路径、内容路径、平台路径等问题。[4]其中，他强调应基于利用现代信息技术——如虚拟课堂、微课、私播课等——创新主体的参与方式和形式；通过交互式研讨、情景创建、探究式合作、专题研讨、问题导向式等方法的应用，促进师生在课堂教学中建立有机交互且平衡的关系。再如，有些学者强调应根据不同教学内容或对象确定参与的方式、形式。如或应基于教材内容

---

1 张倩，刘琨."中国近现代史纲要"课程混合式教学方法的实践与探索：以新疆地区应用型本科院校为例 [J].江苏理工学院学报，2019，25（4）：95-98.

2，3 王宇英，毛明华."中国近现代史纲要"课程参与式教学探索 [J].教育评论，2011（1）：100-102.

4 田仁来."主体参与式教学"在中国近现代史纲要课教学改革中的应用研究 [J].教育现代化，2019，6（84）：66-67.

确定学生参与课堂教学的不同主题切入点，[1]或应基于"专题"内容进行"参与式"教学并改变教师"独白"式讲授。[2]还有学者提出应将学生"课外实地调研"和"课内专题演讲"等相结合，学生由"教学活动的被动者"变成"教学活动的主动者"，由"历史知识的接受者"变成"历史知识的探寻者。"[3]而且，"在操作原则上，参与—体验式教学法体现'学生自愿原则''因材施教原则''双重互动原则''规范性和灵活性相结合原则''多种教学方法功能互补原则'。"[4]

3. 体验式教学法与"纲要"课堂教学方法改革

针对一本教材、一份讲稿和一支粉笔的"满堂灌"课堂教学模式的缺陷，一些教师在"纲要"课程课堂教学方法改革实践中，曾大量使用多媒体进行课堂教学。这"与传统教学方法相比，只是少了板书，多了图片，抽象性和思辨性仍然太强，缺乏感染力"。有鉴于此，近年来，"体验式"教学遂被大量引入"纲要"课堂教学方法改革实践。

"体验式"教学注重根据学生的认知特点和规律，通过创造相应"情境"，呈现或再现、还原教学内容，使其在"亲历"中理解并建构知识、发展能力、产生情感、生成意义。除关心人经由"教学"获得知识、认识事物外，"体验式"教学还因蕴含着高度认可人的生命价值之教育理念，而更强调人的生命意义可经由教学而获得彰显和扩展。有的学者较早地提出"体验式"教学法在"纲要"课堂教学方法改革实践中应注意的基本原则问题，尽管他们更多地从"参与式"教学的角度去讨论问题。有的学者将二者作适当区分，并以个案应用为基础专门论述"体验式"教学的内涵、特点及其展现原则和方式。有的学者强调应将案例教学式体验教学、情景模式体验教学、社会调查式体验教学、项目式体验教学、专业技能实训式体验教学、竞赛式体验教学等——前述体验式教学也被分为社会实践体验法、课堂情景体验法、日常生活体验法[5]——融入课堂教学方法改革实践。唯此，才能凸显"体验式"教学法具有启发性、感悟性、参与性等特点。[6]而且，"创设课堂教学情境""开展课堂辩论和讨论""进行课堂阅读感悟""运用多

1　陈发水，王倩，张玲玲. 爱国主义教育基地引入学生团队参与式教学的思考：基于"中国近现代史纲要"课实践教学的研究 [C] // 当代中国马克思主义评论（第1辑）. 沈阳，2017：187-194.

2　古红梅. 理工类独立学院《中国近现代史纲要》课教学新模式：历史人物专题参与式教学的设计与实践 [J] 老区建设，2008（12）：87-89.

3　徐奉臻. 参与—体验式教学法：中国近现代史纲要教学模式构建 [J]. 黑龙江高教研究，2009，27（12）：168-170.

4，5　沈艳华，任国升. 试论体验式教学法在"两课"教学中的应用 [J]. 河北师范大学学报（教育科学版），2010，12（4）：103-105.

6　范晓梅，李艳，杨会娟. 体验教学在课堂上运用方式的探讨 [J]. 科教文汇（上旬刊），2010（2）：60.

媒体与互联网技术"则被一些学者较明确地概述为"纲要"课堂教学实施"体验式"教学法应注意的基本策略和实施方法。[1]

承续这一思路，有学者提出将"角色扮演"理念融入"纲要"课堂体验式教学方法改革实践。如有学者认为，"角色扮演"教学是将舞台剧的艺术形式运用于"纲要"课堂教学改革，以改变传统教学之弊端。因为，此形式易为当下大学生所接受，故"角色扮演"能有效地激发大学生体验历史故事，使其在参与创作表演之间、互动之中对历史有所思、有所悟。[2]具体建议：将学生合理分组，选择具有代表性的历史故事情节编写剧本，评估历史情景剧的表演，处理反馈信息。[3]而且，他们也试图将"预先告知""事前指导""激励""奖励""讨论与评估"等确立为此类教学方法运用的基本原则。[4]就此而论，在当下"纲要"课堂教学中广泛出现的"主题表演"——如诗朗诵、主题演讲、微视频录制、小话剧等皆是此种"实践"的展现或深度拓展。有学者指出，"纲要"课堂教学方法改革引入"体验式"教学应注意如下问题，即教师应完善自身知识结构并转换教师角色定位，改革评价体系，注重"体验式"教学与其他教学模式的结合。[5]有学者提出将地方文化资源——如红色资源或乡土历史——融入体验式教学的方式、路径问题，如运用案例式、专题式教学与调查地方文化资源、观看影视作品等实践相结合。[6]还有学者指出，应注意"体验式"教学法在不同地区或不同教学（层次）的对象适用性，如通过"实境、拟境和途径"在"纲要"课堂实施体验式教学时，应根据参与对象的不同，注重体现规范与灵活相结合、必做与自愿相结合、组织与自主相结合、主法与他法互补等原则。唯此，才能促进学生在课堂教学中获得真实体验，引导学生表达出真实体验，从而实现教学过程和教学效果的双重最优化。[7]

总之，基于现代教育技术的运用而催生的"翻转课堂"和"慕课"教学模式，使"纲要"课的课堂教学方法改革成为当下"教育改革运动"的一部分。混合式教

1　曹景文，任倩琳．"中国近现代史纲要"课实施体验式教学的若干思考 [J]．思想政治课研究，2014（2）：10-13.

2　阮晓莺．体验式教学法在"思想道德修养与法律基础"课教学中的探究与运用 [J]．思想理论教育导刊，2009（1）：70-74.

3, 4　贾秀堂．体验式教学在"中国近现代史纲要"课上的应用：以"角色扮演"为研究个案 [J]．思想政治课研究，2016（2）：23-27.

5　陈超．"中国近现代史纲要"课的体验式教学模式探索 [J]．中国劳动关系学院学报，2012，26（6）：95-98.

6　王妍．"红色遗迹"在"中国近现代史纲要"体验式教学中的功能及应用 [J]．新西部，2019（2）：150-151；秦海燕，韦建益．广西红色资源融入《中国近现代史纲要》体验式教学探究 [J]．新西部，2017（8）：27-28.

7　魏芳，詹全友，黄萍．民族高校"中国近现代史纲要"体验式教学现状及思考 [J]．学校党建与思想教育，2014（6）：46-48；王姗萍，詹全友．民族高校"中国近现代史纲要"课体验式教学模式建构 [J]．学校党建与思想教育，2013（3）：48-50.

学法、探究式教学法、参与式或体验式教学法等已大量出现在课堂教学方法改革的实践中。尽管体验式教学法与其他教学方法和工具在定义构成和功能展现方面或有重叠，以及仍有许多尚需改进和完善之处，但是在体验式课堂教学中，"讲授"由师生共同承担，师生相互成为课堂教学活动的"协作者"，从而实现教与学的双重优化。

（二）传统课堂教学的"扬"与"弃"：以专题式教学为中心

"纲要"课的传统课堂教学主要是以教师、书本和课堂为中心，以教师单向灌输和学生被动接受为主要特征，"激发学习动机—复习旧课—讲授新课—巩固运用—检查评价"为基本教学程序。近年来，其教学实效受到广泛质疑。忽视学生作为认知主体在教学过程中的学习主动性，被认为是此教学模式的最大弊端。但是，就思政课程教学的特殊性和规律性而言，且"纲要"课的课堂教学方法改革实践也表明，传统课堂教学模式的优点仍值得肯定。例如，这种投入成本低且较经济的教学模式，有利于教师主导作用的发挥，学科知识的系统讲授，师生间的情感交流和灵感、思想的相互碰撞。这也是国家一再强调课堂教学是思政课教学的主阵地、主渠道、主平台的重要原因之一。因此，如何既能促进传统教学模式优缺点的"扬"与"弃"，又能借助新技术、新理念的引入推进课堂教学方法的改革，就成为"纲要"课的课堂教学方法改革的重要课题。于是，"专题式"教学遂被广泛引入"纲要"课的课堂教学方法改革实践。"专题式"教学——或称"主题式"教学——的教学目标清晰。它以专题形式展现教学内容，注重知识点之间的联系、整合，使"教"与"学"实现知识逻辑、认知逻辑、教学逻辑与学习逻辑的有机统一。而且，它常从纵、横两方面将知识点进行整理、归并、提炼与升华，并以"专题"为单位为学生提供系统的"知识"梳理。

其中，北京大学"纲要"课教学团队或许是较早推行"专题式"教学法的实践者。他们通过科学设置专题组形式开展课堂教学，使"纲要"课堂"教学风格多样，增强课堂吸引力""教学内容充实且丰富，并能融集体智慧与个人专长为一体""课堂教学管理多管齐下并协调互补"。[1]有学者认为，将"专题式"教学引入"纲要"课堂教学能在"泛化"的中学历史课和"细化"的大学历史专业课之间实现平衡并鲜明地体现"纲要"的性质。它有助于解决课堂教学课时少却信息量大的矛盾，使

1　王久高."中国近现代史纲要"教学组专题教学模式探析：以北京大学为例 [J]．思想理论教育导刊，2009（3）：91-94.

学生在短时间内最大限度地认识和把握中国近现代史的重要历史现象与理论问题。[1]
教师依托专题内容进行课堂主题讲授或学生进行课堂主题展示是他们的具体做法。
而且，实践需遵循下列原则，即时段和主题内容选择的宏观与微观交织，讲授内容
的减法与加法相融；内容设计、主题讲授或展示须实现历史与逻辑相结合——揭示
历史事件之间的内在逻辑关系，在大史学框架中诠释大思想、大政治和大理论。他
们强调，上述原则彼此间的耦合作用，能使在课堂教学中预设的问题具有关联性、
灵活性、针对性、发散性和张力感。[2]有学者强调，"纲要"课堂实行"专题式"教
学应依据大纲，将一些重大的历史问题、历史事件、历史现象和历史线索作为专题
相对集中地进行教学。它既避免了"纲要"课时间跨度大、内容多、课时少的矛盾，
也增强了教学的针对性，突出思想政治理论课的导向功能。[3]与之类似，有学者强调，
在"纲要"课堂教学中引入专题式教学，就要紧扣"讲什么"，建构"问题导向"
的教学内容体系。这要求教师以集中攻关的方式深度解析教材内容，确立教材体系
的关键点群和疑难点群，并把学生的关注点、困惑点渗透到专题设计中，形成课堂
教学所需的相对稳定的教学专题。[4]

此外，有学者对"纲要"课的具体章节引入"专题式"教学进行了个案研究。
例如，有学者就"抗战"一章应如何进行"专题式"教学就有专著论述。[5]他们依
托问题导入式专题教学改革，构建了"课堂讲授体系、教学考核体系和社会实践体
系"相统一的专题教学模式。他们认为，将"专题式"教学引入"纲要"课堂教学
首先需要教师明确教学目标任务，思考学生的关注点。为此，他们基于教学大纲并
遵循体现"精要""易懂""前沿""有效"四个原则进行专题讲授内容设计，以
教学示范和集体研讨完善讲授方案，并以讲授结合课堂讨论、主题展示、报告等手
段开展课堂教学。[6]

此外，"纲要"课堂教学方法改革实践还表明，"专题式"教学虽仍然注重
课堂讲授、讨论这类关键环节，但它更强调在课堂教学中将此教学方法与其他教
学手段相结合。例如，北京大学"纲要"课专题教学实践，就突出将课堂主题讲

1，2　徐奉臻.基础课专题化："中国近现代史纲要"教学改革尝试 [J].教育探索，2009（5）：18-19.

3　李元鹏.专题式教学在《中国近现代史纲要》中的运用：基于六个"为什么"进课堂的探讨 [J].贵州师范大学学报（社会科学版），2010（6）：63-66.

4　李忠军.夯实专题教学环节在思政课教学中的基础地位 [J].中国高等教育，2015（21）：21-23.

5，6　韩强."中国近现代史纲要"课抗战专题的凝练 [J].思想理论教育导刊，2016（10）：124-126.

授与影视资料播放,课堂讨论及主题参观与网络平台讨论相结合。[1]而且,该实践还强调将"专题式"教学引入"纲要"课堂教学实践,仍需以教学评价方式改革等为支撑。

综上我们发现,学界就"专题式教学"引入"纲要"课堂教学方法改革实践的必要性、重要性及基本专题设置等,取得了较多研究成果。就必要性和重要性而言,多数研究认为,"专题式教学"有利于推进教材体系向教学体系转化,"能使重点更突出、目标更集中、针对性更强、效果更好";[2]"由专题内容决定教材内容的取舍",能"有效地提高教师处理教材的灵活性,从而解决'纲要'课程相对于教学任务和教学内容而存在的课时少的矛盾"。[3]就专题设置而言,有学者主张,"以现行教材为依据,并根据本门课的教学时数来确定",认为"不适当地、过分地打乱教材的内容,不但没有必要,而且会造成教师教学的困难和学生理解的困难";[4]有学者主张突破教材章节界限,"《纲要》课的专题内容应概括而精练,更加侧重于讲授中国近现代史的重大历史事件、人物及社会发展状况,而非全面深入的学术性探讨",并提出"从政治、经济、国防军事、外交、历史人物等角度设置了五个专题"。[5]但是,既有研究却缺乏"对具体教学方法、教学与科研关系、课堂教学与课外拓展等实践层面问题的系统研究,尤其是缺乏对专题式教学中问题导向的深入探讨"。[6]于是,有学者认为,除遵循"历史解释与现实语境相结合,历史叙述与理论阐释相结合,教学需求与学生需求相结合"[7]的基本原则外,专题式教学还"应紧紧围绕中国近现代史的主题和主线,强化问题导向,科学设计各专题下的问题体系,从问题设计、问题阐释、问题拓展和问题扩充四个方面,积极探索完善'纲要'课专题式教学的方法与机制"。[8]

二、教学内容更新、拓展与"纲要"课程课堂教学方法改革

提升课堂教学实效和学生学习能力是"纲要"课堂教学方法改革的重要目标。同时,无论课堂教学方法作何种改革,都应与教学内容实现有机统一。这也意味着

1 王久高."中国近现代史纲要"教学组专题教学模式探析:以北京大学为例 [J].思想理论教育导刊,2009(3):91-94.

2,4 阎治才.对"中国近现代史纲要"专题教学内容体系的思考 [J].思想理论教育导刊,2010(9):74-76.

3 高瑞,王金龙.对《中国近现代史纲要》课程专题教学的探索 [J].辽宁教育行政学院学报,2010,27(11):45-47.

5 田革.《中国近现代史纲要》专题教学模式探讨 [J].教育教学论坛,2016(29):205-206.

6,7,8 盛林.《中国近现代史纲要》专题式教学思考 [J].历史教学(下半月刊),2017(12):8-11.

及时更新、拓展教学内容是推动"纲要"课堂教学方法改革的重要条件之一，也要求"纲要"课堂教学方法改革首先应当思考"什么知识最有价值，教师应该教什么"的问题。因为，除追求以知识的掌握、记忆、理解和应用为标志的"外在发展"外，学习和教学的目的还更应当追求促进学生的知识鉴赏能力、判断能力和批判能力为标志的"内在发展"。如此，教学内容拓展或更新不仅是教学改革所需，而且必也会促进课堂教学方法改革。

同时，受现代知识观念[1]的影响，人们越来越崇尚用实用、自然、科学的眼光看待事物。由此，高校教师在知识传授中也易忽视对受教育者成长为一个"人"的关注。在此境遇下，高校思政课程的知识量仅占高等教育知识总量的极微小部分，也常被一般人"忽视"甚至"轻慢"——尽管高校思政课程一再强调自身坚守"培养什么人"和"为谁培养人"的根本价值判断。加之，在传统课堂教学中，教师常奉教材为经典，惯于把教学内容"窄"化为静态的、规则的、客观的、确定的和可操作的知识，然后遵循教材的逻辑，"告诉"学生。导致的后果就是教师不能将自己对课程的独到见解和学科的前沿知识"传授"给学生，师生间思想交流及情感的体验是一种规定性的"窄化"，教学内容应有的人文内涵由此也被"窄化"甚至"遗失"。教学内容的固定、僵化、陈旧和机械导致师生思维的惰性、单向，也不能促进思政课程教学改革、课堂教学方法改革的实效提升。因此，思政课程教学内容更新、拓展虽有自身的特殊性和规律性，但这也是近年来"纲要"课堂教学方法改革在研究和实践中被重点关注的问题。

在内容更新方面：有学者将"六个为什么"融入"纲要"课程教学进行个案研究并探讨课堂教学方法改革问题。他们认为需要统筹考虑，找准切入点，重点突破。[2]在实践中，他们坚持应正确理解"理论灌输"——思政课教学的基本原则和方法，注重将"理论灌输"与引入更多教学内容的"历史论证"相结合，反对教师单纯地"满堂讲"，推行"讲—看—论"三位一体的教学方式。[3]其中，侧重于理论灌输的"讲"是指精讲理论、重点、难点、热点，要讲清问题，讲出新意、特色、深度；注重突出历史事实的"看"是指看教学图片、影视资料、案例、相关评论和言论；侧重于历史论证的"论"是指课堂讨论、课堂问答、课堂交流。

---

1 按：有学人曾从发展阶段形态的角度将人类历史上的知识类型分为原始知识、古代知识、现代知识和后现代知识。其中，客观性、确定性、实证性的科学知识是现代知识中价值相对最高者，而突出文化性、相对性和多样性的文化知识是后现代知识型中相对价值最高者。

2 杨近平. "六个为什么"融入《中国近现代史纲要》教学的方法与途径探讨 [J]. 贵州师范大学学报（社会科学版），2010（6）：67-72.

3 杨近平. "六个为什么"融入《中国近现代史纲要》教学的方法与途径探讨 [J]. 贵州师范大学学报（社会科学版），2010（6）：71.

又如，有学者以深化"中国梦""四个选择"融入"纲要"课程教学进行个案研究，探讨如何以"中国梦""四个选择"重塑历史脉络、主题、精髓并据此将其融入"纲要"课堂的专题式教学实践。[1]同时，他们不仅将"专题"教学与"以论带史式""互动参与式""情感体验式"课堂教学法相融合，还注重将上述实践与实践教学相衔接。[2]此外，他们还尝试构建师生间的双主体教学模式，以"研讨式教学、价值澄清法、朋辈教学等教学方法发挥学生的主体能动性，学生在参与教学过程中增强对'四个选择'的认同。"[3]

在内容拓展方面：刘进教授发表的《地域历史文化在〈中国近现代史纲要〉中的价值与运用》一文或可视为此类实践和研究的早期代表作。文中，他不仅论述了"纲要"课教学引入"地域历史文化"的重要价值，也介绍了在课堂教学中的具体做法，即基于研究型教学所需，"确定研究型学习目标"，帮助"学生选题"，以"教师指导"的方式帮助学生实现"经验分享与总结"，并与课堂学习考核评价改革相结合。[4]例如，有学者曾撰文论述"纲要"课教学应当如何引入多样化历史文化资源并与课程教学方法改革有机结合。其中，有教师尝试将"茶叶历史与文化"与"纲要"课程相关内容的讲授相结合。具体方法：将此项内容与讲授"纲要"教材"中国灿烂的古代文明"中涉及的科技、文学、艺术等成就及对世界的影响相结合；将其与讲授"鸦片战争""帝国主义对中国农业经济的严重破坏""以科学发展观作为我国经济社会发展的重要指导方针"等及课后相结合布置相关作业。[5]此类探索，有学者更注重从机制完善视角加以讨论。他们"充分利用'活着'的历史"来整合"教育平台"和打造历史景观课堂，并将其与课程实践教学改革相结合。[6]再如，有学者在"纲要"课堂教学中引入"红色文化"资源，突出"实践教学"与"理论教学"相结合，通过组织课堂讨论、辩论、演讲等突出对"红色文化"和"教材内容"的双重理解与认同。[7]

总之，"教学方法的全部内涵，就是能自如地把教材与学生创造性地结合起来，也是教学内容与教学对象相结合的产物。离开内容讲方法，方法是低效的；

1 张菊香."中国近现代史纲要"教学中深化中国梦教育探析 [J].学校党建与思想教育，2013（22）：47-48.

2 石碧球.中国梦融入"中国近现代史纲要"课的教学路径探究 [J].思想理论教育，2013（9）：53-57.

3 张树焕."中国近现代史纲要"课程教学贯穿"四个选择"的再思考 [J].思想教育研究，2018（5）：90-93.

4 刘进.地域历史文化在《中国近现代史纲要》中的价值与运用 [J].思想教育研究，2008（10）：73-75.

5 蔡定益.茶叶历史与文化融入《中国近现代史纲要》教学刍议 [J].农业考古，2010（5）：15-18.

6 徐德莉.地方优秀传统文化融入"中国近现代史纲要"课程教学机制研究 [J].思想理论教育导刊，2017（12）：114-117.

7 尹君.红色是文化资源利用与《中国近现代史纲要》课程实践教学探索 [J].中华文化论坛，2011（4）：173-177.

离开学生讲方法，方法是盲目的。"[1]综上所述，教学内容更新、拓展与课堂教学方法改革紧密相连，是因时、因地、因人施教原则的再现，也是"纲要"课堂教学方法改革和创新应坚持的基本原则，唯此，"纲要"课教学才能真正实现"实效"提升。

三、现代教育新技术、新理念与"纲要"课程课堂教学方法改革

因对"现代"一词的理解不同导致人们对"现代教育技术"的理解也不同。中国学者多认为现代教育技术是指现代教育理论应用于教育、教学实践的教育手段和方法体系。此外，一些学者认为现代教育技术是指现代教育媒体、现代教育理论以及现代科学方法论等。一些学者认为现代教育技术是指运用现代教育理论和现代信息技术，设计、开发、利用、评价和管理"教"与"学"，以实现教学优化的理论和实践。基于上述认知，"纲要"课堂教学方法改革也不外乎关涉下列内容：即物化的手段，如从最基本的黑板、粉笔、文字教材、教具、投影仪等演进到多媒体、网络信息技术等"硬件"；精心选择和合理组织学习材料、教辅材料等"软件"；设计、实施和评价教育、教学过程的方法，如夸美纽斯的直观教学法、赫尔巴特的四段教学法及孔子提倡的因材施教法则。

思政课程的特殊性决定了教材、教辅资料的选择必须遵循相应规范，但是，多媒体、网络信息技术、新教学法或理念的大量引入，则是学界近年来以现代教育技术推动"纲要"课堂教学方法改革的关键举措。

其中，就引入新教学法或理念而言，有学者认为，"纲要"课程作为思想政治理论课应在保持基本观点不变的同时，其课堂教学语言需随时代发展做出适当的改变，如结合非专人专题讲座的形式，在思维创新、专题设置、课堂语言表达上进行教学新话语探索。[2]具体做法：基于创新思维进行"多维解史""穿越解史""史外解史"；以非专人专题讲座的形式并结合师生互动创新课堂讲授话语；突出导入语的出人意料、过程语的形象生动、结束语的令人回味。[3]有学者则从方法论出发将"大历史视野"理念、"现代化"理念和"比较方法"引入"纲要"课堂教学方法改革实践，强调引导学生全面地、整体地、连续地理解历史，总结历史规律和历史经验，并以"比较方法"设计教学内容，综合运用多种教学手段，吸引师生互动参与。例如，在"大历史"视野下以民族复兴为主题，围绕"两个了解""四

1　董菊初.名师成功论 [M].北京：科学出版社，2003：20.

2，3　叶明华."中国近现代史纲要"课教学话语创新探讨 [J].教育与职业，2013（17）：156-157.

个选择""历史任务"主线设计比较内容——如中西比较、主义和思想比较、不同政党或派别及其阶级本质比较、发展道路比较。[1]有学者甚至超越学科视野,将在国际上广泛应用于自然科学或工科课程的教学方法引入"纲要"课堂教学方法改革实践。具体做法:以学生为中心,在课前引导学生围绕教学内容提出多元性问题,课堂讲授以解决问题为出发点和归属,并以讲授、讨论、提问、辩论等方式,引导和鼓励学生以团队合作方式自主解决问题。[2]与此类似,有学者则撰文论述"案例式教学法""情感教学法""诗词教学法""历史情景剧表演"等在"纲要"课堂教学方法改革中的实践问题。[3]

须要指出,新教学法或理念的引入都突出了对多媒体和信息技术的运用。这说明多媒体、信息技术与新教学法或理念的交相为用是"纲要"课堂教学方法改革实践中的新特色。例如,为创设特定历史教学情境,增强学生对历史的直观认识和体验感,调动学生的参与热情,激发学生的课堂学习兴奋点,教师常运用多媒体技术把数字、文字、图形、图像、声音、动画、视频等资料进行"媒体"集成后运用于课堂教学,并与课堂讲授、讨论、辩论、展示等教学手段相结合。[4]事实上,如仅就教学内容呈现手段的演变而言,包括"纲要"课在内的思政课堂教学方法改革实践,其教学内容呈现已从简单的 PPT 课件展示发展为立体化、多样化的网络技术的运用——如 QQ、微信、各种在线课堂平台的利用。

因此,有学者开始系统讨论建设数字化教学环境的意义、基本思路及内容设计,并探索该环境下的课程教学新方法。[5]因此,在实施课堂教学时,他们借助网络信息技术构建数字化环境,以人本主义教育思想为指导,融合现代学习理论——混合式学习之精髓,强调教学方式的灵活性和综合运用,使教学技术(如视频、CD-ROM、基于 Web 的培训和电影)与面对面课堂讲授相结合。其间,他们运用数字技术构建功能各异的模块——教师、学生、公共模块,教师根据学生的特点和需求

1 李爽."中国近现代史纲要"课教学中大历史视野的定位与比较方法运用[J].东北师范大学学报(哲学社会科学版),2014(5):234-237;陈亚萍.现代化视域下的《中国近现代史纲要》教学[J].中国成人教育,2010(15):184-185.

2 杜志章.论PBL教学法在思想政治理论课教学中的应用:以"中国近现代史纲要"课程为例[J].学校党建与思想教育,2013(7):44-46.

3 张树焕,王妍.案例教学法在"中国近现代史纲要"课中的运用探析[J].思想教育研究,2015(11):77-80;张晓丽,张志梅.论情感教学法在"中国近现代史纲要"课程教学中的运用[J].思想理论教育导刊,2011(12):76-78;胡俊修,匡南檐.诗词教学法在"中国近现代史纲要"课教学中的运用探析[J].思想教育研究,2013(2):65-68;谢菲,张帅."历史情景剧"教学法在高校思政课教学中的实效性分析:以"中国近现代史纲要"课为例[J].思想教育研究,2016(10):77-81.

4 孙建波.谈现代信息技术在"中国近现代史纲要"课教学中的应用[J].教育与职业,2008(8):162-163.

5 屠静芬,夏欣.网络课程数字化环境建设及教学新方法:以"中国近现代史纲要"课程为例[J].中国电化教育,2010(7):82-85.

选择、设计特定的教学内容、教学媒体、学习活动和交流方式，其扮演的"角色"由知识传授者转变为学生学习的指导者、教学内容的设计者、开发者以及信息资源的管理者，甚至与学生形成学伴关系。与此同时，学生扮演的角色也发生转变。[1]与之相应，有学者强调，"纲要"课程课堂教学方法改革应注意在数字技术条件下诸如"案例教学法""基于问题学习法""研讨式教学法""实践教学法"等教学方法的利弊，应根据不同教学对象各有取舍，不可偏颇。[2]有学者基于"互联网+"思维尝试以教材内容为纲，整合文字、视频等资料将"微思政"课引入"纲要"课程的课堂教学，并强调应当建立和完善"纲要"课教学的网络机制、育人环境。[3]有学者尝试基于互联网云平台技术推动"纲要"课教学理念、教学手段、课堂管理的改革创新。具体做法：对学生进行适当分组并通过项目制管理形式实现 ISAS、PBL、研练式、情景式等教学法融入课堂教学。这些学者认为，互联网云平台技术能为"纲要"课堂教学"建立功能强大的师生交互式教育学习平台，凸显学生的主体地位""构建功能强大的师生共享思政教学课程资源库""创设功能强大的集图、文、声、画于一体的声情并茂的思政教学体系"和课堂教学情境。[4]此外，随着"大数据"技术的兴起，有学者基于此技术研究"纲要"课程课堂教学方法改革问题。他们主张线下和线上教学相结合，强调基于"宏观讲解"与"微观论证"，"史料整理"与"数据分析"相结合的原则推进线下教学。[5]

更需指出的是，除关注新技术、新理念的引入产生的积极变化外，一些学者还注意到新技术、新理念引入"纲要"课堂教学方法改革存在的现实困境及面临的新挑战。例如，武汉大学"纲要"课教学方法改革实践表明，"翻转课堂"模式下的教学，教师备课量增大且备课难度增加；教师在课堂上"多听""少讲"却易"分神"。而且，面对千差万别的学生，教师何时说、如何说、说什么又难以把握。同时，教师的课堂组织工作量大且变得复杂。[6]又如，有学者指出，课程性质、可操作性和效果决定了"慕课"技术应用于"纲要"课程课堂教学方法改革面临着现实困境。因为，

1 屠静芬，夏欣．网络课程数字化环境建设及教学新方法：以"中国近现代史纲要"课程为例［J］．中国电化教育，2010（7）：82-85．

2 屠静芬，白莉莉．数字技术条件下"中国近现代史纲要"课程教学方法探讨［J］．思想理论教育导刊，2010（11）：72-75．

3 薛秀兰．"互联网+"下中国近现代史纲要的"微思政"教学改革方法［J］．北京印刷学院学报，2018，26（4）：166-168．

4 唐召云，蒋晓明，匡利民．基于互联网云平台空间的思政课教学方法创新及应用［J］．中国高等教育，2017（11）：56-58．

5 白文丽．大数据视野下《中国近现代史纲要》课程教学方法改革的探索［J］．课程教育研究，2019（11）：47．

6 孙康．基于在线开放课程的"翻转课堂"对高校思想政治理论课教师的新挑战：以武汉大学"中国近现代史纲要"课程教学改革为例［J］．思想理论教育导刊，2017（10）：111-115．

"纲要"课作为思政课程，有意识形态的规定性且内容更新快，引入"慕课"或"翻转课堂"易导致"纲要"课的课堂教学方法改革过于重视方法和手段，却忽略思政课的本质与性质。同时，"慕课"制作常需重新收集材料、组织素材、重新录制，并辅之以相应的互动与作业等，代价较大，无法适应思政课更新速度快的要求。再如，"慕课"制作成本高，教师积极性不高；师生互动效果及学生学习主动性也不及预期。[1]就挑战而言，更有学者指出，将"慕课""翻转课堂"等引入"纲要"课的课堂教学方法改革实践，势必对"课堂"转型、教学模式转向、教师专业发展等问题带来严峻挑战。[2]

综上，学界既有研究表明，尽管将现代教育技术应用于包括"纲要"课在内的思政课课堂教学方法改革仍面临诸多挑战，但是，它确实有助于克服传统教学模式课堂教学的一些弊端，使教学内容呈现多形式、非线性网络结构且符合现代教育认知规律。它既有助于满足学生差异化的自主性学习，又能创造师生间协作互动的课堂教学环境与系统。同时，它能使课堂教学集声、文、图、像于一体，知识来源丰富，形象生动且更具吸引力，从根本上改变传统教学模式教师、教材、学生三点一线的格局。

四、"纲要"课程课堂教学方法改革探索的特点及启示

综上所述，以目前眼力所及，笔者认为近年来学界有关"纲要"课的课堂教学方法改革主要呈现下述特点。

（一）顺应变革，关注"教"与"学"的平衡

包括"纲要"课程在内，学界、业界言及思政课课堂教学方法改革，无外乎讨论"教""学"两类问题。"教什么""如何教"曾一度是思政课课堂教学改革研究的重点、难点，对研究学生"如何学"却着力较少。近年来，学界、业界除一如既往地关注前者，他们对思政课课堂教学方法改革的探索还更多地转向了对"后者"的审视。他们或关注"网络+"时代青年学生在思政课程学习中的习惯、行为、心理等变化及影响，或更多地基于"网络+"时代经由新媒介技术运用重塑的课堂环境，探讨教学模式和多样化教学方法的优化和改进，课堂空间和教学内容的拓展。上述探讨也是近年来思政课堂教学方法改革的新路径。

---

1 张静. 慕课在思想政治理论课改革中持续发展的困境思考 [J]. 思想政治教育研究, 2017, 33 (4): 82-86.

2 李梁. "慕课"视域下深化思想政治理论课教学改革的若干思考 [J]. 思想理论教育导刊, 2014 (12): 68-71.

（二）既尊重思政课教学规律，又突出引入新理念和运用新教育技术

技术进步必将对知识、信息传播产生重大影响。近年来，学界、业界坦然面对在新媒介环境中思政课堂教学改革面临的机遇与挑战。他们强调新教育理念和新教育技术融入思政课课堂教学必须尊重思政课程教学规律，不能以手段代替目的本身。他们认为，引入新理念和运用新技术——"翻转课堂""慕课"等，既能适应网络时代大学生的学习习惯、行为等，又有助于加速教学模式转换和课堂教学方法改革创新，并提升学生课堂学习的参与度和主动性。但是，思政教育应坚持的党性、客观性、稳定性、针对性、系统性、有效性、正面教育、自我教育和引导等原则仍需坚持。为此，一些学者还撰文论述在思政课课堂教学改革中新媒介技术运用的基本原则和方法论问题。

（三）以专题式、混合式教学推进传统课堂教学方法的"扬"与"弃"，理性审视新媒介技术的运用

学界从不否认传统课堂教学模式的显性缺陷，并认为其在思政课教学中仍有积极意义。因此，近年来，学界、业界为实现传统课堂教学方法与新媒介技术运用相结合，积极推行各类专题式教学或混合式教学。同时，学界又理性审视在思政课课堂教学方法改革中新媒介技术运用所产生的新问题。例如，有学者反思它的"异化"会导致课堂教学娱乐化；[1] 又如，有学者从"教学初衷""教师角色""话题选择""教学环节设计"等方面对基于新媒介技术的"热运用"而生的互动式课堂教学进行了理性的"冷思考"。[2]

总之，学界近年来有关"纲要"课程课堂教学方法改革的研究和实践既有对"理念"的深度思考，也有从方法论角度并以个案分析为依托，试图抽象出可复制的经验和可能的"模式化"路径。关键启示：思政课教学改革在尊重自身规律的同时，应主动拥抱时代和技术发展的变化，从"新理念""新技术"视角不断地审视既有教学模式、方法的优劣，并探究其成因。必须指出，"新理念""新技术"引入包括"纲要"在内的思政课堂教学，确实在深度重塑课堂环境，也仅作为"手段"服务于思政课教学，并非取代"目的"。否则，就是本末倒置。

1　肖健，邓线平. 教学娱乐化与高校思想政治理论课教学改革 [J]. 思想政治教育研究，2014，30（2）：58-60.

2　庄三红. 互动式教学在思想政治理论课中的热运用与冷思考 [J]. 思想理论教育导刊，2019（3）：85-88.

第二节 "中国近现代史纲要"课程与高中历史课程的教学衔接问题及对策分析

引 言

2004年3月，教育部颁布实施《普通高中历史课程标准（实验）》（以下简称《2003版课程标准》），拉开了普通高中课程改革的大幕。课改实施以来，突破了人教版教材"一统天下"的局面。全国共推出四套历史教材，包括人教版、人民版、岳麓版和北师大版（原为大象版）。不仅全国各地使用不同的教材，即使同一个省区市，使用的教材版本也不尽相同。如广东省，广州、东莞等市使用人教版历史课本，深圳、汕头、惠州、佛山等市使用岳麓版历史课本。又如，北京、重庆，既有使用人教版历史课本的学校，也有使用岳麓版历史课本的学校。

在高校方面，根据中共中央宣传部、教育部有关文件的精神，从2006级学生开始，全国普通高等学校普遍实施新的思想政治理论课教学方案，新方案增加了"中国近现代史纲要"（以下简称"纲要"）课程。因此，高校"纲要"教学与新课标下高中历史教学如何科学衔接，成为亟须解决的问题。

2013年，我国全面启动了对2003版《普通高中历史课程标准（实验）》的修订工作，至2018年3月，教育部正式颁布了2017版《普通高中历史课程标准》。根据2017版新课标，教育部组织专家对高中历史教材进行统一编修。经过两年的反复修改，

2019年6月，统编高中历史教材出台（以下简称"部编教材"）。从2019年秋季学期起，部编教材在北京、上海、天津、山东、海南、辽宁等6个省市率先使用，其他省（自治区、直辖市）根据高考综合改革的推进和各自实际情况陆续推进，2022年前全国各普通高中统一使用该教材。

由上可知，从2007年开始，实施实验版课程方案的高中毕业生在高考后进入各高校就读。而从2020年9月开始，实施修订后新课标的高中毕业生高考后将陆续进入各高校就读。就目前而言，进入高校就读的学生，在历史课程的学习上，既有实施2003版课程标准的学生，也有实施2017版新课标的学生。学生使用的教材包括人教版、人民版、岳麓版、北师大版和部编教材五个版本。随着时间的推移，将逐渐趋同于使用2017新课标以及部编教材。这就使高校的"纲要"教学与高中历史课的衔接问题变得更加复杂，也更为迫切。这需要把握各个版本的高中历史教材，并把握对应的课程标准。

大学生进入高校开始学习"纲要"课，首先产生的一大疑惑就是："高中时期学了中国近现代史，为什么还要学？这门课与高中教学有什么不同？"请跟随本研究的展开论述，其不仅可以解答学生的上述困惑，还可以避免教学重复，提高学生的抬头率，让"纲要"课的教学更具针对性、实效性。

目前学界对这个问题的探讨并不多见。大体上，相关研究都指出"纲要"课与高中历史课在教学目标上有明显不同。学者们认为高中历史课主要陈述历史"是什么"；而"纲要"课则重在阐述历史"为什么"，重在阐述历史的发展规律与经验，帮助学生认清近代中国的两大历史任务与四大历史选择，提高对马克思主义理论、中国共产党、社会主义道路的认同。

在高校"纲要"课如何与高中历史教学衔接方面，学者们各抒己见。有些学者主张，"纲要"课教学应当观照现实问题，回应偏颇的历史认知，在教学中应当强化理论思维，注重价值导向。[1]此外，袁尔纯提出"纲要"课教学应注意区分学生的文理科以及高中学生使用何种历史课本，并将近代重大事件放在世界史的角度去分析，对学生避免灌输式教学，并应当加强与学生的互动，[2]张春波、石璐璐主张按高

1 袁尔纯.《中国近现代史纲要》教学与新课标下高中历史教学的衔接 [J].历史教学（高校版），2008（1）：91-94；宋进.大学和中学衔接视域下的"中国近现代史纲要"课教学 [J].思想政治理论教育，2012（7）：20-23, 39；李方祥，郑秦岭."中国近现代史纲要"课与高中历史教学内容的衔接——基于教学设计的创新视角 [J].思想教育研究，2013（2）：55-59；王瑞平.本科中国近现代史纲要课与高中历史课衔接问题研讨 [J].广东职业技术教育与研究，2014（12）：186-188；章云峰.基于《中国近现代史纲要》课程教学中相关问题的思考与辩驳 [J].亚太教育，2016（12）：89-92.

2 袁尔纯.《中国近现代史纲要》教学与新课标下高中历史教学的衔接 [J].历史教学（高校版），2008（1）：91-94.

中历史课本的结构,把史实划分为政治、经济、文化三个模块来设计"纲要"课的专题。[1] 张枝叶认为"纲要"教学应结合高中历史教学,整合教学内容,在教学上巧用鲜活史料,突出典型事例,关照社会现实,提升"纲要"教学的吸引力。[2] 刘文丽认为应将"中国近现代史纲要"的教学重点放在重大历史问题的分析与研究上,并改变传统重灌输的教学模式,探索出适合大学生认知特点的教学方式。[3] 王万江认为,应积极开展研究性教学,建立高中与大学教师的互动交流机制。[4]

既有研究为本课题的研究提供了研究基础和有益借鉴,但尚感不足:

第一,讨论多囿于实施 2003 版课程标准的高中历史教学与"纲要"课衔接问题,对刚开始实施的 2017 版新课标及对应的高中历史教学如何与"纲要"课衔接问题,尚未进行研究。

第二,在教学内容的对比上,多依据章节标题进行大致对比,甚至仅大致对比教学目标的不同,缺乏更实在、细致的功夫——如对高中课程标准的详细解读,对每一章节具体内容进行细致的分析比较等。

第三,因缺乏对"纲要"课教材和高中历史教材的细致研读对比,故既有研究对两种教材的特点把握得不够深入。如高中历史教学更注重史学素养的培养,更注重引入学界研究成果等方面,学界少有研究者提及。

第四,在如何处理好高中历史课与"纲要"课的衔接方面、如何提升"纲要"课的吸引力方面,尚有进一步探讨提升的余地。此外,在这个问题上有些研究者的论述也较为空泛,往往指出应当探索什么方法但缺乏具体内容,有待具体例证的充实。

本书从教学目标、教学内容、教材特色三个方面,将高校 "纲要"教学与高中历史课程进行对比,分析出现的新情况、面临的新问题, 并探讨两者有效衔接的对策。

1 张春波,石璐璐. 高校中国近现代史教育的演进及历史教育的衔接——基于《中国近现代史纲要》课程授课逻辑的思考 [J]. 齐齐哈尔大学学报(哲学社会科学版),2012(2):169-171;张春波,石璐璐. 教学衔接视角下"中国近现代史纲要"课专题设置的思考 [J]. 齐齐哈尔大学学报(哲学社会科学版),2016(5):183-185;张春波,石璐璐. 基于教学递进视角下高校"中国近现代史纲要"课专题设置探悉 [J]. 齐齐哈尔大学学报(哲学社会科学版),2017(5):186-188.

2 张枝叶. 提高"中国近现代史纲要"课教学实效性的思考:基于"中国近现代史纲要"课教学与高中历史课教学的衔接视角 [J]. 高教学刊,2019(16):108-110.

3 刘文丽. 关于"中国近现代史纲要"教学内容重复问题的思考 [J]. 北京教育(德育),2009(2):53-55.

4 王万江.《中国近现代史纲要》与高中历史教材衔接探索 [J]. 大学教育,2014,3(17):135-136.

一、"纲要"课程与高中历史课程教学目标的区别

大学阶段的历史学习，应建立在高中阶段历史学习的基础上并有所提高。但是，由于教师对新课标下高中历史教学缺乏了解，在实际教学过程中，教学脱节现象比较严重，主要原因在于高校教师不了解高中历史教学与"纲要"教学之间的区别和联系。

2017版《普通高中历史课程标准》明确指出：历史课程以立德树人为根本任务，具体落实在以培养和提高学生的历史学科核心素养为目标。历史学科核心素养包括"唯物史观、时空观念、史料实证、历史解释、家国情怀"五个方面。具体而言：

1. 唯物史观

"唯物史观是揭示人类社会历史客观基础及发展规律的科学的历史观和方法论。人类对历史的认识是由表及里、逐渐深化的，要透过历史纷繁复杂的表象认识历史的本质，科学的历史观和方法论是非常重要的。唯物史观使历史学成为一门科学，只有运用唯物史观的立场、观点和方法，才能对历史有全面、客观的认识。"

2. 时空观念

"时空观念是在特定的时间联系和空间联系中对事物进行观察、分析的意识和思维方式。任何历史事物都是在特定的、具体的时间和空间条件下发生的，只有在特定的时空框架当中，才可能对史实有准确的理解。"

3. 史料实证

"史料实证是指对获取的史料进行辨析，并运用可信的史料努力重现历史真实的态度与方法。历史过程是不可逆的，认识历史只能通过现存的史料。要形成对历史的正确、客观的认识，必须重视史料的搜集、整理和辨析，去伪存真。"

4. 历史解释

"历史解释是指以史料为依据，对历史事物进行理性分析和客观评判的态度、能力与方法。所有历史叙述在本质上都是对历史的解释，即便是对基本事实的陈述也包含了陈述者的主观认识。人们通过多种不同的方式描述和解释过去，通过对史料的搜集、整理和辨析，辩证、客观地理解历史事物，不仅要将其描述出来，还要揭示其表象背后的深层因果关系。通过对历史的解释，不断接近历史真实。"

5. 家国情怀

"家国情怀是学习和探究历史应具有的人文追求，体现了对国家富强、人民幸福的情感，以及对国家的高度认同感、归属感、责任感和使命感。学习和探究历史应具有价值关怀，要充满人文情怀并关注现实问题，以服务于国家强盛、民族自强

和人类社会的进步为使命。"

由上可知，高中历史课程标准明确指出，高中历史教学重在追求历史的客观与真实，重在培养学生对历史的探究能力。通过培养学生运用唯物史观，抓住时空联系，搜集、整理、辨别史料，解释历史，并在此基础上形成家国情怀，树立正确的文化观、世界观、人生观。

"纲要"课是高校的一门思想政治理论课，其教学目标与历史专业的中国近现代史有所区别，并不是一门单纯的历史课。其目的在于帮助学生正确地了解国史、国情，通过讲述近代史的"四个选择"，大学生确立并增强对中国共产党、马克思主义、社会主义、改革开放的信念，引导他们树立科学的世界观、人生观和价值观，最终把他们培养成为中国特色社会主义事业的建设者和接班人。这体现出"纲要"课教学的鲜明"思想政治性"。

二、"纲要"课程与高中历史课程主要知识点的异同

目前高中阶段的历史课程有两套模式，一是按照 2003 版课程标准，实行专题教学：必修模块三册，分为政治、经济、文化科技 3 个领域，各模块又打破中外历史的区隔，把中外历史相关内容编排在同一时段（单元）中。现在通行的教材有岳麓书社和人民教育出版社两个版本，在内容上差别不大，本研究采用在重庆地区通行的岳麓书社版历史教材。

另一种逐渐普及的模式，按照 2017 版课程标准调整了课程结构。新的高中历史课程由必修课程、选择性必修课程和选修课程三类课程构成。必修课程《中外历史纲要》对史实呈现方式由原来专题史改为通史方式，旨在让学生掌握中外历史发展的大势和脉络；选择性必修课程和选修课程仍采取专题史的方式，学生了解人类历史在政治、经济与社会生活以及文化等领域的发展。

大学《中国近现代史纲要》基本按时间顺序编排各历史大事。从第一章进入近代后中华民族的磨难与抗争至第七章为建立新中国而奋斗，以鸦片战争为开端，通过史实的讲解，比较分析各阶级、各阶层为救亡图存进行的努力，阐明历史为什么会最终选择马克思主义和中国共产党。从第八章中华人民共和国的成立与中国社会主义建设道路的探索至第十章中国特色社会主义进入新时代，这三章主要讲述新中国成立后，向社会主义社会过渡、探索社会主义道路的成就与挫折、迎来改革开放、中国特色社会主义进入新时代、中华民族走向复兴之路的历程。

以下为高中新旧必修课程与高校"纲要"课程内容对照表。

2003 版《普通高中历史课程标准（实验）》	2017 版《普通高中历史课程标准》	《中国近现代史纲要》2021 版
必修Ⅰ 1. 古代中国的政治制度 2. 列强侵略与中国人民的反抗斗争 3. 近代中国的民主革命 4. 现代中国的政治建设与祖国统一 5. 现代中国的对外关系 6. 古代希腊罗马的政治制度 7. 欧美资产阶级代议制的确立与发展 8. 从科学社会主义理论到社会主义制度的建立 9. 当今世界政治格局的多极化趋势 **必修Ⅱ** 1. 古代中国经济的基本结构与特点 2. 近代中国经济结构的变动与资本主义的曲折发展 3. 中国特色社会主义建设的道路 4. 中国近现代社会生活的变迁 5. 新航路的开辟、殖民扩张与资本主义世界市场的形成和发展 6. 罗斯福新政与资本主义运行机制的调节 7. 苏联社会主义建设的经验与教训 8. 当今世界经济的全球化趋势 **必修Ⅲ** 1. 中国传统文化主流思想的演变 2. 古代中国的科学技术与文化 3. 近代中国的思想解放潮流 4. 20 世纪以来中国重大思想理论成果 5. 现代中国的科学技术与文化 6. 西方人文精神的起源及其发展 7. 近代以来世界科学技术的历史足迹 8. 19 世纪以来的世界文学艺术	《中外历史纲要》部分 （中国历史） 1. 早期中华文明 2. 春秋战国的政治、社会及思想变动 3. 秦汉大一统国家的建立与巩固 4. 三国两晋南北朝的民族交融与隋唐大一统的发展 5. 辽宋夏金多民族政权并立与元朝的统一 6. 明至清中叶中国版图的奠定、封建专制的发展与社会变动 7. 晚清时期的内忧外患与救亡图存 8. 辛亥革命与中华民国的建立 9. 中国共产党成立与新民主主义革命的兴起 10. 中华民族的抗日战争 11. 人民解放战争 12. 中华人民共和国的成立与向社会主义过渡 13. 社会主义建设道路的探索 14. 改革开放新时期与中国特色社会主义进入新时代 （世界历史） ……	导言 第一章 进入近代后中华民族的磨难与抗争 第二章 不同社会力量对国家出路的早期探索 第三章 辛亥革命与君主专制制度的终结 第四章 中国共产党成立和中国革命新局面 第五章 中国革命的新道路 第六章 中华民族的抗日战争 第七章 为建立新中国而奋斗 第八章 中华人民共和国的成立与中国社会主义道路的探索 第九章 改革开放与中国特色社会主义的开创和发展 第十章 中国特色社会主义进入新时代

以下按史实发展的脉络，比较遵循 2003 版课标的《高中历史》必修Ⅰ、Ⅱ、Ⅲ（岳麓版教材）、遵循 2017 版课标的高中《中外历史纲要》（部编教材）与大学《中国近现代史纲要》（2021 版）各知识点的异同。由于《中国近现代史纲要》中华人

民共和国成立后的部分与《毛泽东思想和中国特色社会主义理论体系概论》课程重复较多，多数高校"纲要"课并未详细讲授，本研究姑且从略。

（一）鸦片战争

1. 涉及章节

（1）《高中历史》必修（Ⅰ）《政治文明历程》第四单元"内忧外患与中华民族的奋起"第12课 "鸦片战争"、《高中历史》必修（Ⅲ）《文明发展历程》第20课"西学东渐"中"开眼看世界"一节。

（2）高中《中外历史纲要》第16课"鸦片战争的冲击与因应"。

（3）《中国近现代史纲要》第一章第一节"鸦片战争的爆发"。

2. 相同

背景、导火索（虎门销烟）、结果（《南京条约》等条约及其影响）、林则徐及魏源的思想。

3. 不同

（1）高中《中外历史纲要》对战争过程从略，加入了第二次鸦片战争及《天津条约》《北京条约》的内容。

（2）对鸦片战争影响的评价。《中国近现代史纲要》强调鸦片战争是中国近代史的起点：中国社会性质的转变，中国人民反帝反封建的资产阶级民主革命的开端。《高中历史》则强调中国历史进程的重大转变：主权领土完整遭到破坏，独立发展的道路被迫中断，被迫卷入资本主义世界市场。高中《中外历史纲要》也提及，鸦片战争是中国近代史的开端，中国的独立、主权和领土完整受到了严重侵犯而演变为半殖民地半封建社会。此外，这部教材还用了较多笔墨强调鸦片战争在思想文化领域的影响，林则徐、魏源等近代中国最早睁眼看世界的人初步提出了向西方学习的主张。

（二）太平天国运动

1. 涉及章节

（1）《高中历史》必修（Ⅰ）《政治文明历程》第四单元"内忧外患与中华民族的奋起"第13课"太平天国运动"。

（2）《中外历史纲要》第17课"寻求国家出路的探索和列强侵略的加剧"之第一节"太平天国运动"。

（3）《中国近现代史纲要》第二章"不同社会力量对国家出路的早期探索"第一节"太平天国运动的起落"。

2. 相同

背景、金田起义、太平天国运动的经过《天朝田亩制度》及《资政新编》的内容、性质（部编教材未言明其性质）及其评价。

3. 不同

（1）太平天国运动的历史意义。《中国近现代史纲要》所述更为详尽，尤其是打击了外国侵略势力、冲击西方殖民者在亚洲统治这一点，《高中历史》没有提及。《中外历史纲要》仅言其沉重打击了清王朝的统治，而且还强调太平天国运动对晚清政治的影响——引起政治和权力结构的变化，湘淮系官僚集团形成，汉人权力增长，中央权力下移。

（2）太平天国运动失败的原因和教训。《高中历史》和《中外历史纲要》对此毫无论述，但却是《中国近现代史纲要》论述的重点。其原因归结为农民阶级不可能完成争取民族独立和人民解放的历史任务。

（三）洋务运动

1. 涉及章节

（1）《高中历史》必修（Ⅰ）《政治文明历程》第53页、《高中历史》必修（Ⅲ）《文明发展历程》第20课"西学东渐"中"体用之争"一节。

（2）《中外历史纲要》第17课"寻求国家出路的探索和列强侵略的加剧"之第二节"洋务运动"。

（3）《中国近现代史纲要》第二章"不同社会力量对国家出路的早期探索"第二节"洋务运动的兴衰"。

2. 不同

（1）《中国近现代史纲要》专门用一节论述洋务运动始末。而《高中历史》仅用了一段话一笔带过（提及洋务运动的内容——总理各国事务衙门、总税务司、同文馆）。《中外历史纲要》则用一节的篇幅较为详细地叙述了洋务运动的背景、代表人物、所办的事务、评价，并改称"洋务新政"。

（2）《中国近现代史纲要》详述了洋务运动的背景、内容（近代企业、新式海陆军、新学堂、留学生）。《高中历史》则重在思想层面讨论洋务运动时期的"体用之争"及早期维新派的思想。

（3）洋务运动的历史地位。《中国近现代史纲要》详述，《高中历史》未提及，《中外历史纲要》定位为中国早期现代化的尝试。

（4）洋务运动失败的原因。《中国近现代史纲要》重点详述，归结为地主阶级不可能为中国摆脱贫弱找到出路、洋务运动失败具有必然性。《高中历史》未提及。《中外历史纲要》仅指出洋务新政未能达到保障国家安全、抵抗外敌的目的，并未阐述原因。

（四）反对外国侵略的斗争

1. 涉及章节

（1）《中国近现代史纲要》第一章"进入近代后中华民族的磨难与抗争"、第二节"西方列强对中国的侵略"、第三节"反抗外国武装侵略的斗争"。

（2）《高中历史》必修（Ⅰ）《政治文明历程》第14课"从中日甲午战争到八国联军侵华"。

（3）《中外历史纲要》第17课"寻求国家出路的探索和列强侵略的加剧"之第三节"边疆危机与甲午中日战争"、第四节"瓜分中国的狂潮"，第18课"挽救民族危亡的斗争"之第二节"义和团运动"、第三节"八国联军侵华"、第四节"民族危机的加深"。

2. 相同

甲午战争、义和团运动、八国联军侵华、《马关条约》的内容及影响、《辛丑条约》的内容及影响。

3. 不同

（1）《高中历史》《中外历史纲要》较为详细地论述中日甲午战争和八国联军侵华的背景、经过、影响，《中国近现代史纲要》则以很少的篇幅叙述这两次战争。

（2）《中国近现代史纲要》《中外历史纲要》涉及的侵略战争还包括第二次鸦片战争、边疆危机、瓜分狂潮。《高中历史》几乎未涉及。

（3）《中国近现代史纲要》打破历史的线性发展脉络，详细论述了资本—帝国主义对中国各方面（军事、政治、经济、文化）的侵略、反抗外来斗争的历程与爱国精神、反侵略战争的失败与民族意识的觉醒，最后落实到历次反侵略战争失败的根源在于社会制度的腐败。《高中历史》《中外历史纲要》则更强调历史脉络及前后联系，按史实的发展阐述了中日甲午战争、八国联军侵华等事件。

（五）戊戌变法

1. 涉及章节

（1）《高中历史》必修（Ⅲ）《文明发展历程》第20课"西学东渐"中"维新思潮"一节。

（2）《中外历史纲要》第18课"挽救民族危亡的斗争"之第一节"戊戌维新运动"。

（3）《中国近现代史纲要》第二章"不同社会力量对国家出路的早期探索"第三节"维新运动兴起和夭折"。

2. 相同

（1）《高中历史》与《中国近现代史纲要》相同之处：维新人物的思想。

（2）《中外历史纲要》与《中国近现代史纲要》相同之处：背景、过程、戊戌政变、失败原因。

3. 不同

（1）《近现代史纲要》用专门一节论述维新变法的背景、具体过程、内容、意义、失败原因，《高中历史》则没有这方面的内容，仅讲述了维新变法的思想。

（2）《中外历史纲要》未详细讲述戊戌维新的具体政策。

（3）《中国近现代史纲要》强调"戊戌维新运动是一场资产阶级性质的政治改良运动"，《中外历史纲要》则没有提及戊戌维新的阶级性。

（4）在戊戌维新失败原因的分析上，《中外历史纲要》认为"由于守旧势力仍很强大，而维新派缺乏可靠的社会基础，没有严密的组织，又把希望寄托于并未完全掌握实权的皇帝身上，导致这场运动未能实现预期的目标，以失败告终"。《中国近现代史纲要》则更强调维新派本身的局限性——不敢否定封建主义、对帝国主义抱有幻想、惧怕人民群众，最终落实到维新派代表的资产阶级的软弱性，以及在半殖民地半封建的旧中国，企图通过统治者走自上而下的改良道路，是根本行不通的。

（5）《中外历史纲要》更注重吸收学界的最新观点，如茅海建有关"公车上书"的考证——"康有为组织的十八行省公车联名上书，并非都察院不收，而是康有为根本没有去送"。又如，有关义和团运动中"东南互保"的研究，"在清政府危亡之际，地方大员寻求'自保'，表明中央权威的式微与地方势力的扩张"。

（六）辛亥革命

1. 涉及章节

（1）《高中历史》必修（Ⅰ）《政治文明历程》第15课"辛亥革命"、《高中历史》必修（Ⅲ）第22课"孙中山的民主追求"之"三民主义的思想渊源"。

（2）《中外历史纲要》第19课"辛亥革命"，第20课"北洋军阀统治时期的政治、经济与文化"第一节"袁世凯复辟帝制与护国战争"、第二节"北洋时期的军阀割据"。

（3）《中国近现代史纲要》第三章"辛亥革命与君主专制制度的终结"。

2. 相同

辛亥革命的背景（民族危机、革命党的活动）、同盟会、三民主义，辛亥革命（从武昌起义到清帝退位），《中华民国临时约法》、袁世凯继任临时大总统、辛亥革命的历史意义。

3. 不同

（1）有关辛亥革命的背景，《中国近现代史纲要》增加了一小节讲述"清末'新政'及其破产"，《中外历史纲要》也用了两段文字提及清末新政的内容及评价，《高中历史》则无这方面的内容。

（2）《中国近现代史纲要》进一步详述了三民主义的内容（尤其是对民生主义即"平均地权"的解释，不同于《高中历史》），并对其进行了评价。

（3）《中国近现代史纲要》详述了革命派与改良派之间的论战。

（4）《中国近现代史纲要》增加了民国初年1912—1919年的一段史实，包括袁世凯窃国、北洋军阀专制统治、二次革命、洪宪帝制、护法运动。《高中历史》对这一段并未提及。《中外历史纲要》讲述了袁世凯复辟帝制、二次革命、北洋时期的军阀割据、府院之争、张勋复辟、护法运动、中国参加第一次世界大战的史实，还辟专节讲述民国初年的经济、社会新气象。

（5）有关辛亥革命的历史意义，《中国近现代史纲要》比《高中历史》阐释得更详尽。《高中历史》仅言推翻帝制、建立资产阶级民主共和国、民主共和观念深入人心。《中国近现代史纲要》则增加推动思想解放、推动社会变革、打击帝国主义侵略势力的论述。

（6）辛亥革命失败的原因和教训是《中国近现代史纲要》阐释的重点，落实到在半殖民地半封建的旧中国，资本主义的建国方案行不通以及资产阶级自身所具有的软弱性和妥协性。《高中历史》则无这方面的内容。

（七）新文化运动和五四运动

1. 涉及章节

（1）《高中历史》必修（Ⅰ）《政治文明历程》第16课"五四爱国运动"、《高中历史》必修（Ⅲ）第21课"新文化运动"、《高中历史》必修（Ⅲ）第23课"毛泽东马克思主义的中国化"之"马克思主义传入中国"。

（2）《中外历史纲要》第20课"北洋军阀统治时期的政治、经济与文化"第三节"新文化运动的开展"，第21课"五四运动与中国共产党的诞生"第一节"五四运动和马克思主义的传播"。

（3）《中国近现代史纲要》第四章"中国共产党成立和中国革命新局面"第一节"新文化运动和五四运动"。

2. 相同

新文化运动的背景、新文化运动的意义、十月革命与马克思主义的传播、五四运动的背景及经过结果、五四运动的特点（评价）。

3. 不同

（1）关于新文化运动的内容，《高中历史》作了更为全面、详细的论述，《中国近现代史纲要》仅言及民主、科学。《高中历史》还涉及白话文、打倒孔家店、文化平民化，《中外历史纲要》还涉及妇女解放、婚姻自由、家庭革命等口号的提出。

（2）《高中历史》《中外历史纲要》更强调新文化运动的正面意义，《中国近现代史纲要》论述了新文化运动的局限性。

（3）中国先进分子为什么选择了马克思主义这一问题，《高中历史》《中外历史纲要》并未提及，而《中国近现代史纲要》却作为重点论述。

（八）中国共产党的诞生与新民主主义革命

1. 涉及章节

（1）《高中历史》必修（Ⅰ）《政治文明历程》第20课"新民主主义革命与中国共产党"。

（2）《中外历史纲要》第21课"五四运动与中国共产党的诞生"第二节"中国共产党的诞生"、第三节"国共合作与国民革命"，第22课"南京国民政府的统治和中国共产党开辟革命新道路"。

（3）《中国近现代史纲要》第四章第二节"马克思主义广泛传播与中国共产党诞生"、第三节"中国革命的新局面"，第五章"中国革命的新道路"。

2. 相同

中共一大的召开及其内容，中共二大、三大，国共合作，国民大革命，国民党在全国统治的建立，南昌起义，八七会议，土地革命战争的兴起，红军长征，遵义会议。

3. 不同

（1）中国早期马克思主义思想运动、马克思主义与中国工人运动的结合。《中国近现代史纲要》作了详细的论述，《高中历史》则两段文字带过。

（2）中国共产党成立的历史特点和意义。《中国近现代史纲要》作为重点详述，《高中历史》未提及，《中外历史纲要》仅提及"中国共产党的成立，给灾难深重的中国人民带来了光明和希望，给中国革命指明了方向"，是"开天辟地的大事变"。

（3）大革命的意义、失败原因和教训。《中国近现代史纲要》重点详述，《高中历史》《中国历史纲要》未提及。

（4）土地革命战争的兴起、发展，以及对革命新道路的探索（走农村包围城市、武装夺取政权的道路）。《中国近现代史纲要》作了全面、详细的论述，而《高中历史》《中国历史纲要》较少涉及。

（5）《中外历史纲要》与《中国近现代史纲要》都注重结合时政，在课本中提及了"红船精神"以及习近平总书记在纪念红军长征胜利80周年的讲话中的"长征精神"。《高中历史》则无这方面的内容。

（九）抗日战争

1. 涉及章节

（1）《历史》必修（Ⅰ）《政治文明历程》第20课"新民主主义革命与中国共产党"中"红军长征与西安事变""抗日战争"两小节。

（2）《中外历史纲要》第23课"从局部抗战到全面抗战"，第24课"正面战场、敌后战场和抗日战争的胜利"。

（3）《中国近现代史纲要》第六章"中华民族的抗日战争"。

2. 相同

日本的侵华罪行、抗日战争的经过、正面战场与敌后战场、抗战胜利的意义。

3. 不同

（1）日本发动侵华战争的原因。《高中历史》未提及，《中外历史纲要》言及日本统治集团在经济危机的背景下为缓和国内矛盾，摆脱困境而侵华，《中国近现代史纲要》还提及日本国内军国主义势力的恶性膨胀。

（2）关于国共两党在抗战中的地位、作用。《高中历史》言及正面战场以国民党为主导，敌后战场以共产党为主导，两个战场相互配合。《中外历史纲要》描述了在抗战进入相持阶段后中国共产党的贡献，并提及"在全民族团结抗战中，中国共产党发挥了中流砥柱作用"，但未对此作深入阐述，在课后"问题探索"栏鼓励学生搜集材料和史实，进行思考。《中国近现代史纲要》则更加强调中国共产党在抗战中的中流砥柱作用，并以此为重要章节作全面、详细的论述。

（3）抗战胜利的原因及意义。《中国近现代史纲要》详细分析了抗战胜利的原因，《高中历史》《中外历史纲要》未提及。关于抗战胜利的意义，《高中历史》仅用两句话提及，一是中国近代第一次反侵略战争的胜利，二是对世界反法西斯战争的贡献。《中外历史纲要》还提及确立了中国在世界上的大国地位，为实现中华民族伟大复兴创造了根本社会条件。对抗战胜利的意义，《中国近现代史纲要》阐述得更为详尽、全面，还增加了对促进民族大团结的贡献。

（十）新民主主义革命的胜利、新中国的建立

1. 涉及章节

（1）《高中历史》必修（Ⅰ）《政治文明历程》第20课"新民主主义革命与中国共产党"之"新民主主义革命的胜利"。

（2）《中外历史纲要》第25课"人民解放战争"。

（3）《中国近现代史纲要》第七章"为建立新中国而奋斗"。

2. 相同

重庆谈判、旧政协、内战经过、国民党政权的统治危机、三大战役、七届二中全会、新中国成立的意义。

3. 不同

（1）内战的背景，《中国近现代史纲要》增加了国际国内局势，尤其是国际局势。

（2）土地改革与农民的广泛动员、第二条战线的形成和发展、中国共产党与民主党派的合作。《中国近现代史纲要》分章节作了全面、详细的阐述，《高中历史》没有提及，《中外历史纲要》只在正文提及了土改，用资料与思考题的形式提及了第二条战线、民主党派的作用。

（3）人民政协与共同纲领。《高中历史》《中外历史纲要》并未提及。

（4）中国革命胜利的原因和基本经验。这是《中国近现代史纲要》阐述的重点；《高中历史》未提及；《中外历史纲要》作了阐述，认为革命胜利的原因是"中国共产党能够始终顺应时代发展的潮流，代表了中国最广大人民的根本利益，得到了广大民众的支持，故能领导人民取得中国革命的胜利"，但未提及国际无产阶级的支持。《中国近现代史纲要》除了详细阐述中国革命胜利的原因，还阐述了革命胜利的经验——"三大法宝"。

（5）《中国近现代史纲要》提出中国革命的胜利和新中国的建立为实现中华民族伟大复兴创造了根本社会条件。

三、"纲要"课程与高中历史课程的教材特点比较

《中国近现代史纲要》更强调思想政治立场，《高中历史》更看重史学意义的阐述，《中外历史纲要》在坚持思想政治立场的基础上，更看重对学生历史素养的培养。《中国近现代史纲要》围绕一条主线，即回答中国共产党为什么能、马克思主义为什么行、中国特色社会主义为什么好。对各大历史事件的处理重在分析、评价、总结经验，而较少涉及过程的描述。《高中历史》重在回答中国如何走到了今天？注重从政治、文化、经济等方面呈现历史的真相，关注历史的过程及其影响，较少着墨于历史的评价。《中外历史纲要》紧密围绕2017版新课标，注重培养学生的"历史学科核心素养"（如建构历史事件在时间和空间上的联系，注重史料的呈现与解读，了解对同一事件不同的历史解释，形成对祖国、社会主义道路的认同感等），因此既注重对历史事件过程的叙述，也注重对历史事件的解析，更具特色的是，教材也多次通过呈现原始史料（如《清实录》《名山藏》《西台漫记》《肇域志》《义和团史料》《戊戌政变记》）、引申研究等形式培养学生的史学素养。

《中国近现代史纲要》主要关注政治层面，以重大政治事件为纲。《中外历史纲要》也更多地关注了政治层面。《高中历史》凸显了政治之外，思想、文化的作用与地位。例如，洋务运动、戊戌维新，《中国近现代史纲要》都重在事件及其评价，而《高中历史》则略论事件而重在阐述该事件在思想观念上的影响。

《高中历史》尤其是《中外历史纲要》更多地吸收了最新的学界研究成果，如"太平天国运动"一节，增加了对满汉关系、中央与地方关系的影响；"鸦片战争"一节，增加了茅海建《天朝的崩溃》有关战前兵力、运兵速度的研究；"戊戌变法"

一节增加了茅海建对"公车上书"是否真实的质疑；"义和团运动"一节增加了学界对"东南互保"的关注。《中国近现代史纲要》更多继承了此前革命史的叙述和研究范式。

四、解决好"纲要"课程与高中历史课程衔接问题的对策分析

从目前情况看，在教材编写上，《中国近现代史纲要》《高中历史》及《中外历史纲要》的内容有重复之处也有很多不同。要实现《中国近现代史纲要》与高中历史教材的有效衔接，关键是要在教学上下功夫。

（一）把握知识点的异同

首先，需要"纲要"课教师深入、细致地分析比较高校"纲要"课与《高中历史》教材的相关内容。在此基础上，全面把握重复部分、有缺失的部分、待深化和引申的部分。上述分析详细地呈现了高中通行的两套历史教材与《中国近现代史纲要》在知识点上的异同，对《高中历史》已经讲清了的内容，教师在进行"纲要"教学时可以少讲或略讲。另一方面，对《高中历史》尚未展开或略讲的内容，不少是《中国近现代史纲要》阐述的重点。其次，《高中历史》与高校"纲要"有对史实解释不同的地方，教师尤其要进行深入辨析。

（二）把握学生特点，提高学习热情

在新课改环境中成长起来的学生，其学习心理、综合素质都发生了很大的变化。在学习心理方面，高中历史教材具有生动性和趣味性的特点。在学生综合素质方面，学生对历史的关注不仅限于政治事件层面，还延伸到思想、文化、经济层面，同时还注重史料的搜集与解读。因此教授"纲要"的教师应当高度重视和把握学生的这些学习特点，在教学中注重激发学生的学习热情和兴趣。

一个行之有效的方法，就是在抓住历史主流和要旨的前提下，更加注重历史细节的讲授。学生通过学习高中历史，对中国近现代史的基本线索、重要人物和重大历史事件已经有了基本了解。在这种情况下，为了激发学生学习"纲要"的兴趣、调动他们的积极性，就需要教师围绕教学大纲，进一步把更全面、更细致、更生动的历史细节展现给学生，这样有助于拓宽他们的历史视野。

例如，关于"中国共产党第一次全国代表大会"这个知识点，《中国近现代史纲要》用了7个自然段，高度概括了中共一大召开的基本情况。这些史实大部分在高中历

史教材已有涉及。因此，要讲好中共一大并不容易。如果从讲授历史细节入手，教师授课时完全可以把这个知识点讲得生动有趣，还可以提出许多有意思的历史问题。例如，描述中共一大代表的性格、面貌，讲述这些代表此后的人生走向等。通过对这些微历史的考察，无疑可以调动学生学习"纲要"的兴趣，学生明显感到对中学所学知识的深化、拓宽。

历史细节的讲授必须牢牢把握一个原则，即历史细节的讲授并不是在课堂上不加选择地、漫无主题地东拉西扯，或者热衷于烦琐考证，而是必须紧紧围绕主题或主线，并且能够为主题或主线提供更加翔实、丰满、生动的历史论证。

另一个可行的办法，就是授课时转换看历史事件的角度，从学生不太熟悉、不太了解的角度来看历史事件。例如，"纲要"课第一章关于反对外国侵略战争的内容，教材从中国人的角度对近代列强侵华作了详细陈述。授课时可以站在英国人的角度，详细讲述英国人如何看待鸦片战争以来的一系列中英冲突。例如，鸦片战争后，英国国内关于禁止出售鸦片的争论，第二次鸦片战争中英双方来华换约使节回国后发表的侵华言论，英国人对瓜分中国狂潮的观察，义和团运动在英国引起的观感以及随后出现的"黄祸"言论，清末、民国直至现今"傅满洲"形象在英国的塑造与流传。通过对站在这一角度的讲述，近代列强在军事、政治及文化上的侵略就可以较为生动、深刻地呈现出来。

又如，讲授"太平天国""洋务运动"等章节时，可从传奇人物李鸿章的角度来讲述。首先，告诉学生，"权倾一时，谤满天下"是时人对李鸿章的描述。他所处的时代，是中国遭遇3000年未有之大变局，受到西方挑战并向近代国家转变的时代。从海军、留学生、学堂、铁路、电报等诸多新事物，到太平天国运动、中法战争、中日甲午战争、义和团运动等内忧外患，到处都有李鸿章的影子。可以毫不夸张地说，李鸿章的个人命运是与中国诸多大事联系在一起的，他的成功与失败，至今仍令人唏嘘不已、褒贬不一。其次，具体讲述李鸿章与太平军作战、办洋务、办外交的经历。最后，引导学生通过李鸿章这一传奇人物的人生际遇，认识与了解那个时代。

（三）侧重历史分析能力的培养

"纲要"课程的教学，不仅在历史知识层面比中学阶段有所丰富，在理论方面也有所提高，具有更强的独立思考和辨别重大历史是非的能力。"纲要"更强调历史原因的分析、对历史的评价、对历史规律的把握，这是高中历史较为薄弱的环节。

为此，教师在教学活动中应当更加注重分析方法的训练，使学生能够运用马克思主义的史学方法观察、分析具体的历史问题。

例如，关于五四运动后中国先进知识分子为什么选择了马克思主义，马克思主义为什么具有强大吸引力这一问题。可提供以下材料供学生分析思考：① 1918年，前清京官梁济自杀，这是一场有计划的"死"。他的自杀，实质上源于对辛亥革命和共和政体的失望。梁济7年来观察到的现象是，"南北因争战而大局分崩，民生因负担而困穷憔悴，民德因倡导而堕落卑污。"[1] ②梁启超在第一次世界大战后（1919年）游历西方，写了著名的《欧游心影录》。他观察道："这回战争中各种发明日新月异，可惜大半专供杀人之用。""一百年物质的进步，比从前三千年所得还加几倍，我们人类不惟没有得着幸福，倒反带来许多灾难。……欧洲人做了一场科学万能的大梦，到如今却叫起科学破产来。这便是最近思潮变迁一个大关键了。"[2] ③据张国焘回忆，苏俄政府发布加拉罕宣言，废除帝俄时代对华特权，取消庚子赔款，归还中东铁路等，"北京学生界和文化团体首先表示欢迎，在上海的全国各界联合会和各派人物也都为之兴奋，共同发表赞许的文件……在一般青年看来，日本和其他列强都在欺侮中国，只有苏俄是例外。他们认为，只要苏俄有愿意废除不平等条约的表示，就是值得欢迎的，不必问苏俄的处境如何，也不必问这个对华宣言的动机如何"。[3] ④张国焘回忆当时在北大图书馆与李大钊交流的情形，"我们商谈的出发点还是救国的途径，认为舍效法苏俄外别无他途可循。我们确认俄之所以能推翻沙皇和雄厚的旧势力，抗拒来自四面八方的外力压迫，完全是得力于俄共的领导，换句话说，便是马克思主义的大放光芒。由于李大钊先生的启发，认定一切问题须从了解马克思主义着手，我才开始对马克思主义作较有系统的研究"。[4]

这些材料弥补了中学历史教育对此问题认识的不足，引导学生分别从尝试共和的失败、第一次世界大战暴露西方文明的危机、加拉罕宣言产生的对苏俄情感上的亲近、俄国革命在反传统和反抗外来压迫上给中国人民带来的希望等方面，分析当时中国先进知识分子选择马克思主义的原因。

1　罗志田．对共和体制的失望：梁济之死 [J] ．近代史研究，2006（5）：1-10.

2　梁启超．饮冰室合集 [M] ．影印本．北京：中华书局，1989：11-12.

3　张国焘．我的回忆：第一册 [M] ．北京：现代史料编刊社，1980：83-84.

4　张国焘．我的回忆：第一册 [M] ．北京：现代史料编刊社，1980：80.

（四）注重批驳历史虚无主义观点

《高中历史》本来不甚强调思想政治立场，加之近年来社会上出现了虚无主义的史学现象，这种思潮以"重评历史"或"恢复真相"等学术话语包装，对高校"纲要"课产生较大冲击。历史虚无主义否定马克思主义唯物史观，否定人民群众是历史的主体，对历史事件和历史人物歪曲性解读和主观片面性评断，意图通过否定中国共产党和中国人民革命的历史，进而否定党的领导，否定马列主义毛泽东思想指导，否定中国特色的社会主义道路和人民民主专政。[1]

针对这一现状，教师在讲授"纲要"课时应针锋相对，予以批驳。在课程设计上，可首先提出历史虚无主义的论点让学生思考，然后通过课程的讲授驳倒这些论断。例如，在讲述"纲要"第一章"反对外国侵略战争"时，首先引入案例：在2007年4月19日新浪博客上，出现了一篇自称"广西矿工"的人所写的文章：《感恩节，感谢英国，感谢鸦片战争》。由此引出自20世纪80年代后开始不时出现的一些鼓吹西方列强"侵略有功"的观点，引导学生讨论：这些文章的主要观点是什么？如何评价？以此分析这些错误观点的实质，并导出本章教学主题——关于西方列强对近代中国的侵略，到底给中国带来了什么？中国人民做出的反应及其结果又如何？在此基础上，强烈驳斥历史虚无主义。

又如，讲授"辛亥革命"一节，可以先引入李泽厚等《告别革命》得出的观点——"辛亥革命是搞糟了，是激进主义思潮的结果""辛亥革命的成功是非常偶然的"。然后引出问题：辛亥革命是偶然还是必然？如何评价辛亥革命？接着，分析辛亥革命的背景。最后得出结论："革命是不能制造出来的，革命是从客观上（即不以政党和阶级的意志为转移）已经成熟了的危机和历史转折中发展起来的。"

（五）把握好学界的研究动向以及一些热点问题

高中历史教材尤其是《中外历史纲要》，比较注重引入一些学术界新进的研究成果。这需要高校"纲要"课的教师对相关学术动态有所了解，在高中课本的基础上对这些问题作适当回应。此外，《中外历史纲要》在每一节的"学习拓展"栏也比较注重培养学生思考一些比较重要或有意义的问题。例如，查阅有关"东南互保"的资料，了解不同的说法，思考此事的后果；阅读相关材料，分析中华民国建立后围绕国体问题所发生的种种争端；收集材料，结合史实，进一步探讨新文化运动对近代中国思想解放的影响；结合日本侵华和中国抗战史实，思考东京审判的意义和

---

1 章云峰.基于《中国近现代史纲要》课程教学中相关问题的思考与辩驳 [J]. 亚太教育，2016（36）：89-92.

不足。这些问题或者对当时的历史产生深远影响，或者可以据此进一步了解当时的时代，是比较值得关注的问题。"纲要"教学中，可以与高中历史教材有效衔接，适当分析、探讨这些问题，从另一个层面展示那一时期的史纲。

例如，在讲述"戊戌变法"这一章时，可以结合茅海建《戊戌变法史事考》与学生一起探讨戊戌政变到底是不是因为袁世凯告密，也可以结合近来学界兴起的从地方出发看历史的取向，与学生一起探讨戊戌变法时期地方督抚、地方知府、州县官等如何因应朝廷的变法。又如，在讲述辛亥革命时，可结合学界近年来较为关注的清末新政、辛亥革命的研究，请学生思考清末新政与辛亥革命是什么关系，知识分子与朝廷关系的改变对辛亥革命产生了什么影响，从另一个侧面了解辛亥革命的不彻底性。

综上所述，高中历史课程与高校"纲要"课在教学目标、教学内容、教材特点上都有较大区别，"纲要"课的讲授应当首先关注与高中历史教学的异同，努力在教学目标、教学方法上做好课程衔接。

第三节 西南政法大学"中国近现代史纲要"课程的教学调研与反思

一、利用"课堂派"开展在线调研

2019年3月,习近平总书记在学校思想政治理论课教师座谈会上指出,"推动思想政治理论课改革创新,要不断增强思政课的思想性、理论性和亲和力、针对性",并提出"八个相统一"的教学要求。思想政治理论课改革不仅要提高"到课率""抬头率",更要增强学生的"求知欲",提升学生的"获得感",并且内化成个人"修为"。目前,思政课教师面临着"三率两声"(到课率、抬头率、点赞率、掌声、笑声)的挑战。到底怎样解决呢?马克思曾指出:"研究必须充分地占有材料,分析它的各种发展形式,探寻这些形式的内在联系。只有这项工作完成后,现实的运动才能适当地叙述出来。"[1]为了应对挑战,思政课教师必须提高课堂教学设计、掌控课堂、了解学生等方面的能力。为此,我们利用在线课堂管理互动平台——"课堂派"建构模型,对西南政法大学"中国近现代史纲要"(以下简称"纲要")课程的本科生教学进行了5个学期的跟踪调研,围绕大学生的历史基础知识储备、对"纲要"课程的认识、课程教学内容、教学方法、教学评价等全部教学过程进行了调查分析,建立了学生思想成长典型问题案例库,并在此基础上进行了教学体例、教学

---

1 马克思,恩格斯.马克思恩格斯文集:第五卷 [M].中共中央马克思恩格斯列宁斯大林著作编译局,编译.北京:人民出版社,2009:21—22.

方案、课堂教学、教学评价等多方面的改革，取得了丰富的教学经验。本章内容集中介绍对大学生历史知识储备、历史知识的来源、希望获取历史知识的渠道、对"纲要"课程性质的认识以及学习兴趣点的调研结果。

（一）关于大学生中国近现代史知识储备情况的调研

有效的教学往往是个人化的、有针对性的教育，所以教师的教学要关注两个词，一个是"个人化"，一个是"针对性"。思政课教学，要求达到"入耳、入脑、入心"的目的，如果不仅从每个人不同的学习需求来设计，而且是针对每个人突出的问题和特殊的需求开展教学，效果肯定会非常明显。下面是对大学生中国近现代史知识储备情况的分析和调查。

1. 高中历史积累和高校"纲要"课的衔接

大学生对中国近现代历史知识储备的主要渠道是在高中学的历史，但是高中历史和"纲要"教学差距很大。高中历史教材必修模块（三册）是结合高中生的认知能力和知识储备，对高中课标的必修课内容做到全覆盖，对选修内容适当涉及，力图实现政治、经济、文化全覆盖，物质文明、精神文明和政治文明大综合，呈现人类政治文明、社会经济、社会思想文化和科学技术发展史。"纲要"教材讲述的是1840年至今180多年的历史。其中，从1840年鸦片战争爆发，到1949年中华人民共和国成立前夕的历史，是中国的近代史；1949年中华人民共和国成立以来的历史，是中国的现代史。《高中历史》教材与"纲要"教材内容重叠部分如下：

《历史必修1》：第四单元"近代中国反侵略、求民主的潮流"中的"鸦片战争""太平天国运动""甲午中日战争和八国联军侵华""辛亥革命""新民主主义革命的崛起""国共的十年对峙""抗日战争""解放战争"；第五单元"从科学社会主义理论到社会主义制度的建立"中的"马克思主义的诞生""俄国十月革命的胜利"；第六单元"现代中国的政治建设与祖国统一"；第七单元"现代中国的对外关系"。

《历史必修2》：第三单元"近代中国经济结构的变动与资本主义的曲折发展"；第四单元"中国特色社会主义建设的道路"；第五单元"中国近现代社会生活的变迁"。

《历史必修3》：第五单元"近代中国的思想解放潮流"中"从'师夷长技'到维新变法""新文化运动与马克思主义的传播"；第六单元"20世纪以来中国重大思想理论成果"中"三民主义的形成和发展"；第七单元"现代中国的科技、教育与文学艺术"中"新中国成立以来的重大科技成就""百花齐放、百家争鸣""现代中国教育的发展"。

高中历史教材和"纲要"的不同点在于：一是教材内容的理论深度不同。高中历史教材在分析中国近现代史的重大历史问题和理论问题方面，内容相对简化和浅化，而这些问题在"纲要"中都有进一步阐释和论述。二是教材的时序性和系统性不同。高中历史教材以"模块＋专题"形式建构的历史知识体系代替了原来传统的、时序鲜明的历史学科知识体系，这使得历史发展的时序性和系统性被打乱，在一定程度上造成了学生对历史事件的理解和记忆不完整；而《纲要》教材则将整个中国近现代史分为互相衔接的三个阶段，有利于学生从整体上把握历史发展的脉络和规律，熟悉重大史实，深入了解重大历史问题。《纲要》与《高中历史》教材的衔接问题是《纲要》教学必须要探索的一个基础性问题。

2. 高中文科生、理科生和高校思政课"大班"教学的矛盾

按照《关于进一步加强高等学校思想政治理论课教师队伍建设的意见》要求："本专科思想政治理论课专任教师在总体上按不低于师生1：（350~400）的比例配备"，同时要求"按照学分学时对应原则，确保思想政治理论课的教学时数。要以中班教学（每班100名学生左右）为主体，组织开展教学活动。"由于师资及教学资源等原因，许多高校的公共课程把3~4个小自然班合并到一起进行大班授课。虽然现在高校普遍要求公共必修课安排尽量不跨专业和学院，但是进入大学之前，学生的历史基础知识已经参差不齐。高中阶段，由于存在文理分科的问题，学生的历史知识积累存在很大的差距。高中文科生，面对高考"文综"科目中有《历史》学科的压力，所以学习了中国古代史、中国近现代史、世界历史。高中理科生的"学历考试"（会考）虽然也要考历史，但是理科生在分科前只要求学习历史必修一教材。根据不同地区的教学方案，有些地区可能要学必修二，但多数地区只是把书发下来，而不会进行系统讲习。由此可以看出，高中文科生和理科生的历史基础差距很大。比如一些综合类的高等学校，公共必修课的教学班安排虽然以学院为单位，以同专业为原则，但是在一个教学班中，高中时学文、理，大学时期为同班同专业的现象仍然很普遍。例如，在笔者所教授的班级中，2018级经济法学院的课程，一个教学班包含国际经济与贸易专业、金融学、金融学专业CFA实验班、经济统计学等专业，全班84人，文科生57人，理科生27人。其中实验班的学生整体素质较好；2019级刑侦学院的课程，包含了经济犯罪侦查、刑事科学技术、刑事科学技术专业网络安全与法治方向实验班、侦查学、侦查学专业海外利益保护方向实验班等专业，全班99人，理科

生 72 人，文科生 27 人，其中还包含了两个实验班。任课教师在上课时讲的内容简单了，文科生不愿意听；讲的内容难了，理科生听不懂。这对教师构建教学体系、选择史料带来了很大困难。

"纲要"课程的意识形态属性要求教师在教学实践中要做到"一个也不能少"。同时，"纲要"课程要求"提高运用科学的历史观和方法论分析和评价历史问题、辨别历史是非和社会发展方向的能力。"[1] 所以"纲要"教学不仅是让学生学习历史知识，更重要的是形成历史观，需要学生全部参与课程学习，还要引导他们积极思考，内化成他们自己的科学世界观、积极人生观、美好价值观。大学生在历史知识的掌握上差异度非常明显，也要求教师"因材施教"。然而透过现象看本质，抛开原有历史知识结构的影响因素，从教师组织教学的角度而言，差异性教学的困局实质上是对"纲要"课堂教学提出了普及历史知识与提高历史（思维、实践）能力的双重要求。

（二）关于大学生对中国近现代历史认知来源的调查

历史教育并不是全部通过课堂讲授来实现。在日常生活中，无论是有意还是无意，随时都可以获取历史知识。当代大学生成长在信息化时代，接受的思想是多元化的，接受知识的渠道也是多元化的。如何使大学生从纷繁的历史知识中受到历史教育，意识到近代以来中国历史发展的规律、历史的经验与教训，形成正确的历史观，并内化成人生观，关键在于教师的引导。教师要做到将历史贴近学生，贴近时代，使学生受到真正意义上的历史教育，就有必要了解大学生获取历史知识的渠道及从中受到的历史教育，以及对"纲要"教学的要求和期望。

1. 大学生对中国近现代史认知的来源

在调研中询问大学生对中国近现代史认知的来源时，一半以上的学生回答来自学校的历史课。在问到是否熟悉自己家乡的重大历史事件、历史人物、历史文化遗址或红色文化教育基地等，从综观 5 个学期的调研情况来看，超过半数的同学表示只了解一部分、不是特别清楚，或者只是听说过、没有专门了解过。仅有 34% 的同学表示自己参观过历史文化遗址或红色教育基地。追问他们是在什么情况下参观的，一部分同学说是在读中、小学时，学校组织参观的；一部分同学说是家长带去参观的。总体来看，大多数同学表示参观完这些地方后收获很多，了解当地的历史，但是也有不少同学表示没有什么想法。

---

1 本书编写组. 中国近现代史纲要 [M]. 北京：高等教育出版社，2018：2.

在调查大学生有没有参加过历史纪念活动时，90%以上的学生表示参加过，例如，每年学校组织一些纪念性活动：辛亥革命纪念活动、抗战纪念活动、南京大屠杀纪念日、11·27重庆大屠杀纪念等活动。参与方式比较多，有看电影、做手抄报、参观、文娱节目、宣传墙报等，学生表示对这些活动兴趣比较大，有机会也会参与。问及他们是否看过电影"建国"三部曲（《建国大业》《建党伟业》《建军大业》）时，绝大部分同学表示看过。在问及一些抗战历史剧时，大部分同学表示看过。继续追问他们阅读过哪些历史类图书时，很多学生列举的书目是教科书、文学类的图书，只有少数同学列举了一些专业研究性的历史著作。

当前大学生在学校外获取的历史知识并不系统，尤其是对历史规律的认知没有一个全面的认识。虽然有些历史影片、电视剧能够反映一些历史事实，但是这些影片属于艺术题材，并不能真实地反映历史。而近年来，一些编剧为了提高收视率，对历史题材的电视剧多进行毫无底线的夸张、戏说。《人民日报》曾撰文批判："八路军战士像撕鱿鱼片一样徒手将敌人撕成了两半，'鬼子'血肉横飞，英雄凛然一笑。八路军女战士被一群日军侮辱后，腾空跃起，数箭连发，几十名鬼子兵接连毙命。绣花针、铁砂掌、鹰爪功、化骨绵掌、太极神功轮番出现，取敌人首级如探囊取物。"[1]这些抗日神剧把敌人描绘得过于弱智，不仅肆意地对历史进行歪曲，更是对浴血捍卫家国的先烈们不敬，而大学生对这些问题的甄别意识并不强。

2. 大学生对网络上历史虚无主义的认知

随着新史观、新研究不断涌现，尤其是历史虚无主义的流行，"抹杀中国优秀传统文化，解构中华民族的灿烂文明；消解文化认同，瓦解理想信念；削弱民族自信心和民族凝聚力，消融民族精神；否定中国近现代史的革命主线，否定中国近现代社会的半殖民地半封建性质，否定社会主义革命和建设的必要性；将革命与近代化完全对立起来，动摇党的领导地位进而损害社会主义国家稳固。"[2]对历史的歪曲和肆意解读对学生接受教材上的观点形成强烈冲击，也导致他们对一些历史问题理解混乱，消解着大学生的历史观，也影响教学实效性。

在问到大学生是否在互联网上浏览过一些历史争论性的问题时，绝大部分同学表示浏览过，也在互联网上"百度"过一些不太清楚的历史问题。在追问他们浏览历史问题是否为主动行为时，多数表示是看到一些文章或观点之后，感到很好奇，然后再去查找一些其他文章，以便深入了解问题。网络技术的发展让每个

---

1 评"抗日神剧"暴力夸张罔顾公共理性 [N]. 人民日报，2013-03-29（5）.

2 中共中央党史研究室. 历史是最好的教科书——学习习近平同志关于党的历史的重要论述 [N]. 人民日报，2013-07-22（8）.

人都有了发表看法的机会，QQ、微博、微信、论坛、贴吧、微视频等"自媒体"层出不穷，颠覆了信息单向流动的机制。自媒体的迅速发展虽然使大学生增加了信息来源、拓宽了信息渠道、满足了个性发展、情感心理需求，但是也给他们的判断能力、道德观念、政治信仰带来了很大冲击。在调查大学生对历史虚无主义的认识时，采用了间接提问的方式。首先询问大学生对网络上讨论的历史热点问题是否关注过？关注过哪些问题？近半数的同学表示没有刻意关注过，有一部分同学则表示很感兴趣，并且列举了感兴趣的问题：例如，辛亥革命该不该"革"掉清廷的命；在抗日战场上，共产党和国民党到底谁发挥的作用更大？而他们期待得到的答案是跟教材不一样的答案和某些网络红人提出的所谓"真相"。例如，在讲抗日战争的内容时，学生提出"日本历史教科书篡改历史"问题，就有学生就在网上搜出一些观点，"日本教科书篡改率比中国低得多，中国教科书真实率低于 5%"。[1]"国民党军队在抗战中伤亡 300 多万兵力，共产党领导的军队牺牲人数少，并以此判断双方在抗战中的贡献。"[2]实际上这些观点稍加推理便可推翻，而他们却不加分辨地接受。

（三）大学生对"纲要"课程学习、考试方式的期待

思政课是对大学生进行思想政治教育的主渠道，是帮助大学生坚定理想信念，树立正确的世界观、人生观和价值观的重要途径，是高校思想政治教育的本质特征。大学生对课程的态度决定了教师教学的方法。

1. 大学生对"纲要"课堂的期待

"纲要"课本身是一门情感性很强的课程，要求认识近现代中国社会发展和革命、建设、改革的历史进程及其内在的规律性，增强中国特色社会主义的道路自信、理论自信、制度自信、文化自信，自觉地继承和发扬近代以来中国人民的爱国主义精神和革命传统，进一步增强实现中华民族伟大复兴的责任感和使命感。在调查中问到他们是否喜欢"纲要"教材，只有 20% 左右的大学生表示喜欢，超过 40% 的大学生明确表示不喜欢，还有一小部分同学直接回答不知道。更有甚者，对"纲要"教材的真实性质疑。就像前述提到学生认同袁腾飞质疑"纲要"教材真实性的观点，学生对教材的态度给"纲要"教学带来很大压力。

在向学生征求课堂教学方式改革意见时，一些学生提出了很好的建议。概而言

---

1 《焦点访谈》间接批判历史教师袁腾飞 [R/OL]．(2010-5-12)［2020-1-22］．

2 唐红丽．正视历史事实深化抗战研究——访中共中央党校党史教研部教授李东朗 [N]．中国社会科学报，2015-06-26（A07）．

之，他们要求教师在课堂上能给学生更多表达观点的机会，教师不能"满堂灌"，希望课后遇到问题能够及时与教师探讨。在课堂上，"90后"和"00后"青年大学生自我表现欲望非常强烈，有强烈的参与感。互动教学可以让教师充分利用年轻人的这个特点达到思想入脑、入心的目的。还有一部分同学希望教师能够在课堂上多放映一些影视资料，讲一些历史细节的小故事，甚至一些同学希望教师能带他们参观红色教育基地，进行现场体验。现代大学生的思维更加活跃，对课堂教学方式的期待越来越高，这也要求课堂教学要从传统以"教好"为导向的教学模式，转变为以"学好"为导向的教学模式。

2. 大学生对"纲要"考试改革的期待

"纲要"教学改革的目的是努力实现由知识体系向价值体系、信仰体系的转换，解决如何发挥思政课的思想政治教育主渠道作用。即解决两大突出问题：一是贯彻落实当前党和国家对思政课的要求，以培育担当民族复兴大任时代新人，将中国梦、社会主义核心价值观有机融入教育教学之中；二是教师教学回归思政理论课应有属性，解决在以往教学中"重知识讲授，轻释疑、解惑""重历史讲授，轻政治思想性"等问题。在"课堂派"中利用话题讨论的形式调查大学生怎样做会取得高分时，学生几乎一致回答"需要死记硬背"，甚至高中时学理科的学生说，"高中时就是不能背诵历史才选的理科，到了大学还是'在劫难逃'。"中学阶段历史知识的学习往往停留在背诵、识记层面。到了大学，学生的这种学习方法和学习思维仍然没有转变过来。在期末考试时，我们经常会看到部分学生捧着教材，通过死记硬背来应付考试。虽然考试是检验学生学习成果的重要方式，但"纲要"课的考试不同于普通文科课程的考试，它不仅要考核学生对课程基本知识的掌握和理解，更要考查学生思想观点、政治倾向和思想进步的发展情况，所以教师应当建立一种过程性的、动态的评价体系。从2017年开始，我们把"平时成绩"的比例提高到50%，并且把学生的实践作业、课堂表现、话题讨论、考勤都列为参考指标，多数学生对这种平时成绩都很重视，在课堂上也提高了与教师互动的积极性。

（四）大学生中国近现代史兴趣点的调查

在实现《纲要》教材体系向教学体系转化过程中，教师要有一定的预见，及时捕捉新鲜素材，既注重在深度上把握历史，又要把课堂教学与学生关注的历史和现实社会问题结合起来，读懂学生，抓住学生的兴奋点。做好菜单式或者订单式教学，需要做好课前调研，了解学生需求，把握学生特点，有的放矢地进行教学内容的设计。

1. 大学生对"纲要"课程的态度

"纲要"课程是在原来中国革命史、毛泽东思想概论课的基础上，根据中共中央宣传部、教育部联合颁发的《关于进一步加强和改进高等学校思想政治理论课的意见》（教社政〔2005〕5号）和《关于进一步加强和改进高等学校思想政治理论课的实施方案》（教社政〔2005〕9号）文件精神，于2006年秋开始在全国本科生中普遍开设的一门思想政治理论必修课。对"纲要"课程的态度，大多数同学认为这是非专业课，不重要。在话题讨论过程中，我们还发现有个别同学留言说："老师，我不是看你不顺眼，而是不管谁站在这里上这门课，我都不喜欢。"对公共必修课程，教师在教学过程中面临的最大挑战是学生的质疑和排斥。在课后也有不少学生通过在"课堂派"教学互动平台上留言或者发私信，表达自己对课程的质疑或者对教材某些观点的质疑。虽然没做具体统计，但持有这样观点的学生绝对不是少数。转变学生这种排斥的情绪，教学理念与教学指导思想的确立、内容设计、教学方法设计、教学过程设计和教学结果评价等都必须同时进行改革。

2. 大学生对中国近现代历史的兴趣点

为了更准确地了解大学生的学习兴趣，我们每学期在上课前都把本学期的教学大纲发给学生，一方面让他们了解要学的基础知识，另一方面想让他们提出建议，希望能够有针对性地改进课堂教学，提高教学实效性。

从调研结果看，学生的兴趣点看法各不相同，对这个问题的回答比较杂乱。归纳起来，他们最感兴趣的历史问题是鸦片战争、辛亥革命、五四运动、抗日战争、解放战争等。但是他们的关注点并不一致：

有些同学想了解历史事件的详细过程，如袁世凯对军阀的控制力是怎么形成的？近代各种思潮是怎样影响中国历史进程的？长征是怎么完成的？抗日战争的游击战到底是怎么打的？还有同学提出想了解毛泽东、邓小平、刘少奇、袁世凯、末代皇帝、曾国藩、李鸿章等历史人物。这些问题，其实是对历史常识的一种需求。有这些需求的学生往往是在看了一些电视剧、电影、历史书，或听说了传奇故事后，进而想了解事件或人物的详细情况。《纲要》教材选取近代以来重要史实来阐释政治结论和政治逻辑，教学的主题和目的具有非常明确的意识形态特征。它虽然不是历史专业课，但是需要具体、现实、个体的历史细节作支撑。由于篇幅有限，《纲要》教材对重大史实的叙述比较简单，在实现教材体系向教学体系转化过程中，教师需要及时捕捉新鲜素材进行充实和论证。

一部分同学开始思考近代以来中国历史发展的规律性问题。例如，马克思主义思想是西方的哲学流派，为何会成为中国革命的指导思想？中共主要领导人在领导中国革命、建设中发生的错误是不是可以避免？社会主义道路是如何在中国具体实施和适当改革的？"纲要"课程时间跨度大，涵盖近代中国180多年的历史，许多宏大的主题沉浸其间，与大学生生活世界关注的主题有着明显差异。"纲要"的教学目的就是要引导学生"认识近现代中国社会发展和革命、建设、改革的历史进程及其内在的规律性，了解国史、国情，深刻领会历史和人民怎样选择了马克思主义，选择了中国共产党，选择了社会主义道路，选择了改革开放。"[1]2015版"纲要"教材引入"中国梦"，并确定为中国近现代史的主题和本质。教师普遍以"梦启""寻梦""筑梦"为主线，分专题讲授近代以来中国的革命、建设、改革。新版教材依据十九大、十九届二中、三中全会精神，对社会主义道路的发展进程、阶段性特点、理论思想的发展进行了修订和增编。因此，在教学中应重点厘清中国革命、改革、建设的过程与两大社会矛盾、两大历史任务之间的历史逻辑，指出中国发展道路的特殊性和历史必然性。

少部分同学提出想了解历史虚无主义讨论的问题。例如，殖民侵略对中国近代化进程的影响；共产党在抗战时期是不是"游而不击"；孙中山在历史上的意义；党的历史和新中国历史是不是"一系列错误的延续"。不过能进行深入思考，并能提出这些问题的学生数量不多，这说明大学生对历史虚无主义的认识还不深刻，更多的是好奇心理，听到或看到一些跟主流观点不同的声音后，想从《纲要》课程中得到论证。由此也可以看到，大学生对近代中国历史的问题意识不那么强烈、直接。当前，历史虚无主义的争论集中在近代中国的社会性质、资本—帝国主义侵略中国的影响，中国革命的正义性、改革开放的历史成就等问题上。历史虚无主义用发展结果的相似性否定中国发展道路的特殊性，以此否定中国阶级斗争，否定中国革命，否定中国历史的发展规律，否定中国革命和道路的合理性和必然性。所以"纲要"教学不仅要揭示近代以来中国历史发展的规律，也要辩驳历史虚无主义，澄清价值观，从零碎的历史知识、个别历史现象、某些历史评价、政治论断中，概括和总结出近代中国历史演进的主题和中华民族历史特征。

---

1 本书编写组．中国近现代史纲要 [M]．北京：高等教育出版社，2018：2.

（五）大学生对"纲要"课程性质的认识

"纲要"课程是高校思想政治理论课的一门必修课，不是历史学科的专业课，要求大学生了解近现代中国社会发展和革命发展的历史进程和内在规律，在正确了解国史、国情的前提下，确立并增强对中国共产党、马克思主义、社会主义的信念，把自己锻造成具有坚定的马克思主义信仰的合格的中国特色社会主义事业的建设者和接班人。历史专业的课程是为了研究历史，呈现历史事实，总结历史现象，寻找历史规律。而多数大学生认为"纲要"课就是历史专业课，一部分学生知道是思想政治理论课，但是不知道该怎么学习这门课程。在调查学习"纲要"课程的必要性时，大多数同学认为学习历史是必要的。在问到为什么要学习中国近现代历史时，大多数学生能够回答："读史使人明智、鉴往知来、了解国情、了解国家历史等"，这说明大学生对历史学习是认同的。在问到"纲要"课程的学习必要性时，一部分学生认为没必要专门开设一门课程，尤其是高中时学理科的一部分学生，因害怕考试，不主张开课。在问到他们对近代中国历史和人民选择了马克思主义、选择了共产党、选择了社会主义有什么样的认识时，他们回答得模棱两可，甚至有些学生说，共产党领导中国人民进行革命才取得胜利，不是历史选择了共产党。在调查中，问他们对这门课程的政治性质怎么看，多数学生认为"纲要"教材的历史事件、历史人物语言表述中的意识形态味道很浓，看不出历史"真相"。其实大多数学生没有认识到近代中国历史的重要性，以及与当前国家建构历史记忆、增强政治认同的关系。习近平总书记指出，"学习党史、国史，是我们坚持和发展中国特色社会主义、把党和国家各项事业继续推向前进的必修课。这门功课不仅必修，而且必须修好。"[1]中国近现代史是一段从苦难、抗争走向胜利、辉煌的历史。就其主流和本质来说，是中国一代又一代的仁人志士和人民群众为救亡图存和实现中华民族的伟大复兴而英勇奋斗、艰苦探索的历史；是中国共产党领导全国各族人民，进行伟大而艰苦的斗争，创建中华人民共和国，赢得民族独立和人民解放的历史；经过社会主义革命、建设、改革，把一个极度贫弱的旧中国逐步变成一个持续走向繁荣富强、充满生机和活力的社会主义新中国的历史。"纲要"课程的叙事是建构历史记忆的重要方式，教材是建构历史记忆的叙事文本。它的特点是以史实为基础，以对中国近现代社会演进的历史叙事为方法，以建构历史记忆为过程，了解国史、国情，激发爱国情怀，提振民族精神，培育和践行社会主义核心价值观，增强文化认同和政治认同。这也是"纲要"课程存在的意义，教学改革必须牢牢地把握住这一点。

---

1 习近平. 论中国共产党的历史 [M]. 北京：中央文献出版社，2021：15-16.

二、对在线调研结果的反思

虽然我们的调研是以西南政法大学学生为主，但是调研采用了实地观察法、问卷调查法、访谈调查法、最佳答案实验调查法和文献调查法等多种方式，调查结果具有一定的普遍性和真实性。"纲要"课程的教学目的是培养大学生观察历史、分析历史的能力。这种能力的培养，实际上是一种分析问题、解决问题的能力，单靠传统的课堂讲解历史故事很难实现。从调查结果看，当前的教与学存在三对矛盾。

（一）师生的"双盲"状态与传统的授课方式的矛盾

由于课程安排和授课方式的安排，教师和学生在上课之前处在一种"双盲"状态：教师不了解学生的知识储备情况，不了解班级学生的特点，而学生也从未见过教师，对课程性质、课程内容也不了解。由于班级人数多，课时有限，每周教学是两三节课连着上，所以只能采用单一的讲授法进行教学。而在课堂上，由于采用大班授课，班级人数多，教师只能在讲台上通过黑板或多媒体向学生展示上课内容，学生一直坐在座位上听课，时间长了就会出现教师讲得自我陶醉，而学生却在干自己的事。产生这种现象的根本原因就是传统的授课方式无法调动所有人的积极性，让所有学生都参与课堂互动。

（二）接受性教学与大学生个性化发展之间的矛盾

大学生已经具备一定的判断能力，尤其是当代大学生具有很强的自我意识及主体性。思政教育的本质就是以大学生的发展为根本，需要尊重、信任和发挥他们的能动性。而当前的"纲要"教学，仍然以传统的接受式教学为主。由于班级人数多，教师不可能进行大范围的互动，让所有人参与进来。在课堂上，多数学生也带着侥幸心理，这么多人不一定能提问到自己，即使提问到了也可以简单地回答或者直接说不知道。从学生提问角度来看，学生提出的问题常常出乎教师的意料：有的是在课堂上没时间解决，有的是偏离了教学大纲。所以很多时候，学生的提问成了课堂上的一种"走过场"的形式。如何使学生的提问真正成为课堂教学资源，学生在课堂上探索他们自己提问的、有兴趣、有科学探究价值的问题，在教学改革中也显得十分重要。

（三）课堂和学期的时空限制与思想政治教育持续性的矛盾

在网络时代，大学生虽然身处校园，却可以借助新媒体，几乎无限制地接受来自全世界的信息，成长环境得到了极大拓展。交流空间的拓宽使意识形态斗争更为激烈，思想政治教育更加困难。面对极为复杂、千变万化的环境，教师应自觉运用习近平新时代中国特色社会主义思想引导大学生选择正确、积极的行为，通过坚强有力的思想政治教育工作指引大学生不断更新知识、转变观念态度、改正行为方式。回归课堂，"纲要"教学的最终目的不是普及历史知识，而是"让思考成为一种习惯"。教师要把接受式教学转变为研究性教学，要指导学生根据自己的兴趣、专长自主选择研究，从而使学习由被动接受转变为主动探索。教师要引导学生独立研究、相互探讨问题，从而激发学生思想碰撞的火花，学生在自主学习过程中，形成终身受益的历史观、世界观、人生观和价值观。

结　语

高校思想政治工作根本任务就是要摒弃错误思想、凝聚价值共识，运用马克思主义中国化最新成果——习近平新时代中国特色社会主义思想武装头脑，用社会主义核心价值观凝聚人心，因此"纲要"课的教学必须与时俱进，着力改革发展。"纲要"教学要在传承中不断创新，在理念、手段、方式等方面积极探索有利于破解思政教育难题的新方法。随着时代的变迁，教育对象的特点发生了很大变化，主客观环境都对思政课教师也提出了新的要求，但是"纲要"改革的出发点和落脚点最终仍聚焦于如何更有质量和效率地提高教学效果，即运用最富有吸引力的方式实现学生对基本知识和基本规律的认识、把握和运用。

第二章 新时代主题融入与"中国近现代史纲要"课程教学模式创新

第一节 "中国近现代史纲要" 课程培育中华民族共同体意识的教学模式研究

中国是一个超大规模的统一的多民族国家。加强民族团结、凝聚民族力量、弘扬民族精神，是维护国家统一、推动国家发展的前提和保障。习近平总书记在2014年中央民族工作会议上明确使用"中华民族""中华民族共同体"概念，指出"加强中华民族大团结，长远和根本的是增强文化认同，建设各民族共有精神家园，积极培养中华民族共同体意识。"[1]纵观新中国成立以来党和国家的重要政治文献，如此全面、系统地阐述中华民族思想，这还是第一次。

培育中华民族共同体意识要抓住高校师生这个关键少数，创新思想政治工作的载体和方式，引导他们树立正确的祖国观、历史观和民族观。实现上述目标，既要善用新媒体新技术使工作活起来，推动思想政治工作传统优势同信息技术高度融合，也要发挥思想政治理论课、其他课程、社会实践、校园文化、党团活动、学术交流、心理辅导、社团文化等各种途径的协同效应。其中，一个有效的抓手是依托"中国近现代史纲要"课程（以下简称"纲要"课）构建大思政工作机制、拓展思想政治教育新空间。接下来，我们着重探讨"纲要"课如何通过专题教学，实现教材体系向教学体系的转换，铸牢中华民族共同体意识。

---

1 中央民族工作会议暨国务院第六次全国民族团结进步表彰大会在北京举行：习近平作重要讲话 李克强俞正声讲话 张德江刘云山王岐山出席会议 [N]．人民日报，2014-09-30（1）．

一、培育中华民族共同体意识的必要性

中华民族共同体是中国近代特定历史发展的产物，它形成于中国近代争取民族独立与解放的斗争中，并由新中国的成立而完成整合。从中华民族共同体的形成过程来看，它是由固定的人群组成的具有共同文化基础与利益诉求的价值实体，如果仅将其定义为"想象的共同体"，显然无法理解中华民族共同体的深刻内涵，更无法发挥中华民族共同体内部巨大的活力与创造力。在把握中华民族共同体的内涵时，应当从以下几个层面出发。

从历史的视野来看，中华民族共同体是中华民族的共同体，是中华民族发展到近现代的特定历史形态。在中华民族发展过程中，各个民族"经过接触、混杂、联结和融合，同时也有分裂和消亡，形成一个你来我去，我来你去，我中有你，你中有我，而又各具个性的多元统一体"。[1]多元一体是中华民族的显著特点，其中包括两个大局，各民族的发展是一个大局，中华民族的整体发展也是一个大局。没有各民族的共同发展，就没有中华民族的整体发展；没有中华民族的整体发展，各民族的发展也就无法得到保障。在新中国成立后很长一段时期内，为了改变少数民族地区的落后面貌，同时为社会主义现代化建设创造稳定的社会环境，我们更多关注的是对中华民族多元的建设。近年来，在少数民族地区建设不断取得巨大成就的同时，一些不利于中华民族建设的思潮，冲击甚至虚化中华民族的整体性，鼓吹民族分裂。在这种背景下，一体化建设成为当代中华民族建设的主旋律。习近平总书记专门提出"建设各民族共有精神家园""积极培养中华民族共同体意识"，将中华民族一体化建设提升到一个历史新高度。

从文化的角度来看，中华民族共同体是以中华民族传统文化为核心，包括大陆地区、港澳台地区、海外华人华侨在内的所有中华儿女的共同体。文化是一个民族、一个国家最深刻的印记，在历史的长河中，各民族共同创造了中华优秀传统文化，各民族的优秀文化都是中华传统文化的有机组成部分。中华传统文化是中华民族各成员对中华民族归属与认同的基础，是凝聚中华民族共同体内部成员的精神纽带。大陆地区、港澳台地区以及海外华人华侨都是中华民族这个大家庭中的一员，骨子里都流着相同的血液——对中华民族传统文化的认同，这就为加强中华民族共同体建设提供了前提与保证。

此外，中华民族共同体不仅是历史、文化共同体，更是命运共同体。中华民

1　费孝通 . 中华民族多元一体格局 [M] . 北京：中央民族大学出版社，1999.

共同体是在近代中华民族面对生死存亡危机的背景下不断发展而来的。鸦片战争的爆发与列强的入侵，特别是日本侵华战争，使各民族逐步认识到只有团结起来，共同反抗殖民压迫和帝国主义侵略，才能免遭亡国灭种的厄运。正是民族共同体意识将全民族的力量凝聚起来，获得了反抗外敌入侵的真正胜利。中华人民共和国成立后，各族人民不计个人得失，紧密团结在一起，致力于社会主义建设。特别是改革开放以来，国家进行全面现代化建设，更需要用中华民族共同体意识凝聚人心、汇集力量，为实现中华民族的伟大复兴提供源源不断的精神动力。

中华民族共同体既是当代中国的实践主体，又是价值主体。中国的各项建设需要中华民族共同体所有成员共同奋斗；同时，中国进行各项建设的最终目的，是造福于中华民族共同体的每个成员。因此，培育中华民族共同体意识，增强中华民族的凝聚力，在当代中国具有现实的必要性。

首先，培育中华民族共同体意识是我们进行爱国主义教育，特别是祖国观、民族观、历史观教育的重要途径。爱国主义教育是任何国家和地区都必不可少的一项长期战略任务。不过，不同国家、地区进行爱国主义教育的方式各不相同，有的是通过公民教育的途径，有的则是披上宗教神学的外衣，但都是结合其特定的历史、文化背景，都是旨在增强国家内部、地区内部的同质性，从而增强人们对祖国、对民族的认同。我国自古以来就形成了优良的爱国主义传统，特别是在近现代中华民族争取民族独立与解放的斗争中，更加彰显了各族人民团结统一、热爱祖国的精神。当今世界的中华儿女，无论身处大陆地区、港澳台地区，还是海外，都对祖国的认同不能变，对中华民族的认同不能变。通过中华民族共同体意识的培育，加强爱国主义教育，可以帮助各族人民正确认识中华民族的历史，认识到自身是中华民族大家庭的一员，任何民族和地区都是中国不可分割的一部分。

其次，培育中华民族共同体意识是实现中国梦的保证。实现中华民族伟大复兴是中华民族近代以来最伟大的梦想。中华民族在近代历史中饱受西方列强侵略压迫，这也教育了各族人民只有紧密团结在一起，牢固树立共同体意识，才能为促进国家的建设与发展创造和谐稳定的社会环境。"实现中国梦必须凝聚中国力量，这就是中国各族人民大团结的力量。"[1]中华民族的伟大复兴不是具体某个或几个民族的复兴，而是整个中华民族的复兴。要实现中华民族的整体发展与繁荣，需要各民族紧密团结起来，用中华民族共同体意识凝聚全体中华民族的智慧与力量。然而，过去人们关注更多的是对少数民族地区、民族院校以及少数民族学生的中华民族共同体

1　习近平. 在第十二届全国人民代表大会第一次会议上的讲话 [N]. 人民日报，2013-03-18（1）.

意识的培育。[1]这种有差别的培育，不仅与实现中国梦的要求相去甚远，而且甚至在无形中是对中华民族共同体的割裂。因此，为实现中华民族伟大复兴，必须将中华民族共同体意识广泛而深刻地植入每个中华民族成员的心中。

最后，培育中华民族共同体意识是适应新时期高校思想政治教育的需要。高校思想政治教育是办好中国特色社会主义高校的关键。因此，"要坚持不懈培育和弘扬社会主义核心价值观，引导广大师生做社会主义核心价值观的坚定信仰者、积极传播者、模范践行者。"[2]改革开放以来，一方面我国高等教育事业实现了巨大飞跃，另一方面受西方意识形态渗透、多元思想文化的冲击以及狭隘民族意识的不良影响，历史记忆的淡化和历史虚无主义的蔓延在当代大学生中表现得尤为突出。历史虚无主义不仅严重扭曲了大学生的历史观，而且也降低了大学生的民族认同感和祖国认同感，同时也对新时期高校思想政治教育工作提出了巨大挑战。中华民族共同体意识的培育，为高校思想政治教育工作提供了重要着力点和切入点。通过中华民族共同体意识的培育，可以帮助大学生正确认识近代以来中华民族的奋斗史与成长史，增强大学生的民族自豪感、自信心和凝聚力，坚定为中国特色社会主义事业奋斗的决心与信念。

二、"纲要"课程教学培育中华民族共同体意识的可行性

中华民族共同体意识的培育是一个长期性的系统工程，需要不同部门相互配合，高校思想政治教育理论课更是义不容辞。"纲要"课作为思想政治理论课之一，就是要促进学生领会"两个了解"与"三个选择"，具体讲就是要"讲清中国每个时代的基本内容，也就是中国实际是什么？具体而言则为加强'国情''国史'和'国学'教育。"[3]"纲要"课在思想政治理论课中属于基础性课程，其教学效果的好坏对思想政治理论课培育中华民族共同体意识具有重要影响。通过"纲要"课教学培育大学生中华民族共同体意识的可行性体现在以下两个方面。

第一，"纲要"课程的性质和内容，使其在培育大学生中华民族共同体意识

1　如张立辉在"积极培育中华民族共同体意识路径探析——以西南民族大学民族团结教育为例"（《西南民族大学学报：人文社会科学版》2015年第5期）一文中主要探讨了民族院校大学生中华民族共同体意识的培育；包桂芹的"民族地区大学生社会主义核心价值观培育的三维路径"（《学校党建与思想教育》2016年第2期）分析了少数民族地区大学生社会主义核心价值观的培育；尹可丽在"民族团结教育活动对少数民族学生中华民族认同及族际交往的影响"（《民族教育研究》2016年第3期）一文中研究了少数民族学生对中华民族的认同等。

2　张烁.把思想政治工作贯穿教育教学全过程　开创我国高等教育事业发展新局面：刘云山讲话　王岐山张高丽出席［N］.人民日报，2016-12-09（1）.

3　孟凡东.中华民族认同教育"立体化"混合式教学模式建构：以"中国近现代史纲要"课程为例［J］.黑龙江高教研究，2015，33（10）：122-125.

中具有独特优势。做好高校思想政治工作，"要用好课堂教学这个主渠道"。[1]在性质上，"纲要"课具有"资政育人"功能，同时兼具"历史学"和思想政治理论课两种属性。培育大学生中华民族共同体意识，不仅是党和国家提出的战略要求，也是思想政治理论课，特别是"纲要"课的责任与担当。在内容上，中国近现代的奋斗史，本身就是一部中华民族共同体的成长史。"纲要"课讲述的正是中国近代以来艰苦卓绝的历史，这与中华民族共同体意识的觉醒与发展，在时间上有高度的一致性，在内容上有高度的相似性。因此，以"史纲"课教学为载体，培育大学生中华民族共同体意识，能够帮助大学生在审视中华民族共同体形成过程中，正确认识其科学内涵，真正将中华民族共同体意识内化于心，外化于学习、生活及将来的工作中。

第二，专题教学为"纲要"课培育大学生中华民族共同体意识提供了重要抓手。传统教学设计的重点在于教师的"教法"，即"教什么""如何教"等，不足在于轻视学生"学"的方法，尤其是忽视发挥学生的学习主体作用。而今天成长于网络时代的"90""00"后大学生，具有鲜明的个性，在学习中更加注重自身感受与理解，网络媒体也为他们提供了更多获取知识的渠道。因此传统教学设计的弊端在当代高校教学中显得更为突出。与之相比，专题教学能够实现教材体系向教学体系转换，从而提高教学的时效性。运用专题教学，教师可以基于培养方案和教学目标，在有限的课时内，对教材内容进行有效挖掘与整合，以问题为导向，在问题的解决中突出重点和难点。因此，通过"纲要"课教学培育大学生中华民族共同体意识，可以按照中华民族共同体形成的历史脉络，将教材内容划分为若干专题，既将中华民族共同体意识培育融入"纲要的课堂讲授中，又在课堂讲授中突出中华民族共同体意识"这条主线。

三、"纲要"课程教学培育中华民族共同体意识的专题设计

中华民族共同体意识是中华民族在近代民族存亡危机背景下，思考如何救国救民的过程中形成的。特别是在辛亥革命、抗日战争时期，一批批仁人志士对民族文化进行了深刻反思，对革命道路进行了不懈的探索。随着中华人民共和国的成立，中华民族共同体完成整合。在中国社会主义改革和建设时期，中国共产党进一步加强了中华民族建设，为实现中华民族伟大复兴进行不懈的理论探索与实践创新。因此，

1　张烁. 把思想政治工作贯穿教育教学全过程　开创我国高等教育事业发展新局面：刘云山讲话　王岐山张高丽出席[N]．人民日报，2016-12-09（1）．

通过"纲要"课专题教学培育大学生中华民族共同体意识，就是要根据爱国主义教育的现实要求，充分利用各种教学资源、深入挖掘整合教学内容，突出中华民族共同体意识这个主题。基于这些理念，可以设置以下专题。

1. 列强入侵与民族存亡的危机

这一专题主要让学生了解近代中国由王朝国家向民族国家的转变，以及在此过程中民族意识的萌发。鸦片战争以前，中国一直是一个统一的王朝国家，是建立在共同历史文化基础上的人群共同体。虽然存在不同民族的划分，但没有中华民族的概念。随着鸦片战争的爆发，中国人开始逐渐意识到各民族是一个整体，只有团结起来，共同抵御外侮，才能求得生存。通过对这些内容的讲述，一方面，学生领略灿烂辉煌的中华优秀传统文化，这是我们民族赖以生存的基石。另一方面，学生知道中华民族的概念不是从来就有的，而是中国走向近代社会的产物。同时，启发学生进一步思考：曾经领先世界的中华文明为何在近代趋于落后？中国如何应对西方侵略者的殖民侵略？中国就此走向没落还是促进民族意识的觉醒？

2. 师夷长技以制夷——民族意识的觉醒

面对中国反侵略战争失败的严峻现实，以及西方列强侵华战争给中国带来的巨大灾难，一部分仁人志士的民族意识开始觉醒。林则徐首先开始睁眼看世界，魏源提出"师夷长技以制夷"，洋务派进一步提出"中体西用"，梁启超率先使用"中华民族"一词并做初步探讨等。在民族意识的驱使下，中国社会各阶级对救亡图存道路进行了不懈探索，并提出了各自的主张与方案。虽然这些努力多以失败告终，但是民族意识在这一过程中进一步生发，并成为激励人们救国救民的原动力。通过这一专题的讲述，学生认清了帝国主义侵略中国的实质，同时认识到了中华民族在危机面前选择变革的勇气与能力。由此引导学生思考并讨论：什么激励中国各阶级不断探索救亡图存的道路？为什么这些尝试失败了？中华民族意识将何去何从？

3. 辛亥革命与"中华民族"意识

这一专题主要讲述辛亥革命时期中华民族意识的凝练与提升，主要是孙中山在领导革命过程中的中华民族意识的形成，以及在中华民族意识指导下的革命实践。将中国建设成一个什么样的民族国家，集中反映了当时人们具有什么样的民族意识。孙中山的革命思想从早期的三民主义，到后期的五族共和，是一个从"排满"到联合各族人民的巨大转变，这说明人们对中华民族的认知在不断交锋中日趋成熟。正是在民族民主革命旗帜的指导下，辛亥革命推翻了统治中国几千年的封建王朝，建立了中华民国。虽然中华民国的建立并未改变近代中国的社会性质，但是标志着中国近代民族国家得到初步确立，中华民族理念在国人心中得到普遍认同。通过这些内容的讲解，学生深刻认识到辛亥革命在中国近现代历史上的重大意义，正确认识中华民族意识早期的形成与发展。并引导学生进一步思考：辛亥革命取得了哪些成就，存在哪些遗憾？此时的中华民族意识有哪些进步性与不足？

4. 新旧交汇——民族传统文化的反思

在通过学习西方先进技术探索救亡图存，以及辛亥革命走资本主义道路的种种努力都失败后，无数的仁人志士对中国未来道路的探索转向了对民族传统文化的反思。在新文化运动中，先进知识分子认为中国亡国灭种的病根在于国民性。为此，新文化运动以改造国民性为目标，以民主与科学为旗帜、以批孔反儒为途径，对民族传统文化进行了深刻反思。在此基础上，俄国十月革命的胜利使中国先进知识分子看到了新的曙光，马克思主义由此传入中国，并得到广泛传播与发展，这就为我们的民族传统文化注入了新的活力。通过本专题的讲解，大学生认识到中华传统文化是中国社会主义核心价值观的深厚源泉，新旧交汇，我们既要弘扬优秀的传统文化，又要吸纳先进的思想给养。同时进一步启发大学生思考：新文化运动有哪些进步性与局限性？如何正确对待我国的传统文化？

5. 中国共产党对"中华民族"的构建

中国共产党在马克思主义的指导下、在民主革命的实践中，对中华民族共同体意识的积极建构与培育。中国共产党在研究和宣传马克思主义的基础上，积极地组织动员工人、群众，将马克思主义与中国革命实际相结合，与中国优秀的传统文化相结合，制定了正确的革命指导思想，指明了正确的革命道路。特别是在长征途中，中国共产党高举全民族团结抗战的大旗，所到之处积极宣传团结抗战，将全民族团结抗战的思想在广袤的中国大地播撒开来，促使全民族深刻觉醒，汇聚而成团结一致战胜日本帝国主义的强大力量。通过这一专题的讲述，大学生深刻地认识到中国共产党成立的重要意义，认识到历史和人民如何选择了马克思主义、选择了中国共产党、选择了社会主义道路。

6. 抗日战争与中华民族凝聚力提升

在抗日战争中，中华民族的凝聚力达到空前的高度，并在这种力量的汇集下最终赢得了民族的独立与解放。随着日本帝国主义全面侵华战争的爆发，中华民族到了最危险的时刻。中国共产党充分发挥中流砥柱的作用，真正将大多数中国人团结起来，建立了最广泛的抗日民族统一战线。抗日民族统一战线"为中华民族认同意识提供了牢固的凝聚机制""为中华民族认同提供了载体",[1]是激发中华民族认同的决定因素,也是战胜日本法西斯的关键因素。抗日战争的胜利,实现了中华民族的独立,一洗中国百年来所受的压迫与耻辱,为民族解放开辟了道路,为民族复兴奠定了基础。通过这一专题的讲解,大学生既看到日本帝国主义企图通过策划一系列分裂活动,从内部分化瓦解中华民族,并通过发动战争将中国变为殖民地的野心,更看到各民族不畏强敌、团结一致、共同抗战的决心与力量。同时,中国作为世界反法西斯战争的东方主战场,与其他战场相互配合,相互帮助,最终赢得这场反人类战争的胜利。因此,我们不仅要牢固树立中华民族共同体意识,也要深刻认识到全人类也是一个命运共同体。

7. 中华人民共和国成立后中华民族建设

中华人民共和国成立后,中国共产党由革命党转变为执政党,在中华民族建设的道路上继续进行新的探索。"新中国不仅是在全体国民凝聚为中华民族的基础上建立的,而且新中国的一系列国家制度也是建立在以中华民族的全体成员(人民)为逻辑前提的基础上的"。[2]中华人民共和国成立后,面对国内百废待兴的现状以及紧张的国际局势,凝聚整个中华民族的力量,创造稳定的国内环境,加强社会主义建设成为不二之选。在这一时期,党和国家一方面加快进行经济建设,特别是促进民族地区经济的发展。另一方面进行民族识别工作,赋予少数民族明确的族称和权利。同时还制定民族区域自治制度等相应的民族政策,促进了少数民族和民族地区的快速发展。在中华民族建设中孕育出的"两弹一星"精神、大庆精神等,为中华民族精神注入了新的时代内涵。

8. 改革开放和中华民族的伟大复兴

改革开放以来,党和国家为实现中华民族伟大复兴踏上了新征程。民族建设不是一劳永逸的,随着时代的发展,要不断应对出现的新问题、新情况。中华民族是一个"多元一体"的格局,"树立中华民族共同体意识要避免割裂'多元'与'一体'的关系"。[3]改革开放前,党和国家主要注重对"多元"的建设,即致力于少数民族权利的维护和少数民族地区的发展,这在当时的历史条件下是有利于国内的稳定和发展的。改革开放后,特别是习近平总书记执政以来,中华民族建设逐渐由"多元"转向"一体",强化中华民族"一体"化建设进程。中国共产党一方面以经济建设

1 王丽华. 中华民族认同意识的空前觉醒是抗日战争胜利的原动力 [J]. 云南行政学院学报,2016,18(1):143-147.

2 周平. 中华民族:中华现代国家的基石 [J]. 政治学研究,2015(4):19-30.

3 孙秀玲. 正确认识"多元一体"是培养中华民族共同体意识的关键 [J]. 红旗文稿,2016(10):29-30.

为中心，不断深化各项改革，增进不同民族的交流与融合。另一方面不断加强中华民族的理论创新与实践创新，将中华民族共同体打造为利益共同体、命运共同体。通过这一专题的讲述，学生正确认识实现中华民族伟大复兴与建设中华民族共同体的必然联系，同时增强学生的"四个自信"与"五个认同"，自觉树立中华民族共同体意识。

通过以上教学专题的设计，实现对"纲要"课教学内容的充分挖掘与整合，大学生正确认识中华民族共同体的科学内涵与发展脉络，增强大学生的民族自豪感和自信心，以及对民族的认同、国家的认同，帮助大学生自觉树立为实现中华民族伟大复兴而奋斗的理想信念，从而实现培育大学生中华民族共同体意识的目标。

四、"纲要"课程培育中华民族共同体意识应注意的几个问题

在课程改革的新形势下，专题教学是对以往传统教学方法的一种突破。然而在教学实践中仍然存在一些问题，特别是学生不能全面、系统地把握课程的知识框架与理论体系。要"正确处理专题教学的相关问题，特别是要处理好专题教学与使用教材的关系"。[1]针对这些问题，"纲要"课在培育"中华民族共同体意识"的教学中，需要把握以下几点。

1. 将中华民族共同体意识的主线与其他"暗线"相结合

"纲要"课的教学目标不仅仅是对大学生中华民族共同体意识的培育，也是对大学生社会主义核心价值观、中国梦的培育，三者之间相互联系、相互促进，共同完成于"纲要"课专题教学中。中华民族共同体是践行社会主义核心价值观和实现中国梦的实践主体，中华民族共同体意识又是社会主义核心价值观和中国梦的思想基础。因此在设计专题前要熟练、准确地把握教材内容，在专题设计时要理顺培育大学生中华民族共同体意识、社会主义核心价值观、中国梦的内在逻辑，在教学中要融会贯通，以培养中华民族共同体意识为主线，同时结合社会主义核心价值观培育、中国梦培育等暗线，全面提高大学生的综合素养。

2. 将教师专题讲授与学生"翻转课堂"相结合

教学活动是教师和学生双向参与的活动。将教师专题讲授与学生"翻转课堂"相结合，就是既要发挥教师在课堂讲授中的主导作用与指导作用，也要发挥学生的主体性与主动性。从而在保证培育大学生中华民族共同体意识的前提下，提高"纲要"专题教学的吸引力和感染力，增强"纲要"教学的实效性。

---

1 阎治才. 对"中国近现代史纲要"专题教学内容体系的思考 [J]. 思想理论教育导刊, 2010 (9)：74-76.

一方面，增强学生课后自主学习能力。主要通过三点展开：第一，充分发掘"纲要"在线课堂资源，组织学生课后自主学习。第二，推荐观看历史纪录片、红色经典电影、中国近现代历史话剧等影像资料。第三，要求阅读中国近现代历史书籍、革命伟人传记、习近平总书记系列重要讲话等文献。通过以上举措，学生对教学的知识背景和内容体系有基本了解，便于课堂专题教学的深入展开，同时又能提高学生自主学习和独立思考的能力。

另一方面，增强学生在课堂上参与教学的积极性。按照班级人数的多少，可将5~7位学生分为一组，选取辛亥革命与"中华民族"意识、抗日战争与中华民族凝聚力提升、改革开放和中华民族的伟大复兴等学生较为熟悉的专题，学生分组讲授，自主学习。同时，每个学习小组也可以根据小组同学的兴趣，围绕"中华民族"概念、当前民族关系等热点问题展开。在教师的指导下，各组同学自主讨论、确立重点、设计框架，然后分头行动，收集资料、制作课件、讨论修改。经教师验收后，选择优秀小组在课堂上进行汇报。这样既可以增强学生自身对中华民族共同体意识的理解与感悟，也便于教师把握学生中华民族共同体意识的现状，从而做到有的放矢。

3. 将课堂教学与实践教学相结合

课堂教学与实践教学相结合，可以丰富"纲要"课的教学形式，使教学内容更加贴近实际、贴近生活、贴近学生心理。因此，教师在完成课堂教学任务的基础上，可以进一步丰富实践教学的形式。学生可以通过拍摄微视频，采访抗战老兵对抗日战争的记忆，拉近自己跟那段艰苦岁月的距离。也可以充分利用"红岩联线"等爱国主义教育基地和革命传统教育基地的现实资源，组织学生实地参观学习，积极用活、用足、用好社会教育资源。同时，还能以抗日战争胜利纪念日、国庆日等重大节日为契机，组织学生撰写"中华民族精神""中国梦"等专题征文。通过这种课内与课外、线上与线下、理论与实践的多维结合，充分利用各种教育资源，更好地为中华民族共同体意识的培育工作服务。

中华民族共同体是实现中华民族伟大复兴的中国梦的力量之源，只有全民族牢固树立中华民族共同体意识，才能为实现中国梦注入源源不断的动力。高校思想政治理论课在课程改革的新形势下充分借鉴最新的教学模式与教育理念，通过帮助大学生牢固树立中华民族共同体意识，为每个大学生梦想的实现指引前进的正确道路，用广大青年个人梦想的实现，诠释中国梦的真谛。

第二节 "中华民族共同体意识"融入"中国近现代史纲要"课程的三维多元模块化教学模式

以商爱玲教授为主的教学创新团队，深入研究"中华民族共同体意识"与"纲要"课程的逻辑关系，秉承师生双主体教学理念，致力于破解困扰"纲要"课教学的难题——从教材体系向教学体系的转化，致力于使"中国梦"、社会主义核心价值观真正"进教材、进课堂、进大脑"，进而实现思想政治理论课教学由知识体系向价值体系、信仰体系转换，创设并实施了"中华民族共同体意识"融入"中国近现代史纲要"课程的三维多元模块化教学模式。

一、"中华民族共同体意识"融入"纲要"课程的三维多元模块化教学模式产生的背景和意义

高校思想政治理论课是高校思想政治教育的主阵地、主渠道，使高校思想政治理论课成为深受大学生喜爱、终身受益的课程，使"中国梦"、社会主义核心价值观进教材、进课堂、进大脑，这是党和国家对课程的要求，也是社会的需要、学校的目标。但是必须看到，当前高校思想政治理论课的实际状况与课程要求之间还存在比较明显的差距。因此，加快高校思想政治理论课改革和创新的步伐，提升高校思想政治理论课质量，最终交出一份令各方面都满意的答卷，已成为当前高校思想政治理论课教育教学工作亟待解决的重点问题。因此，深化高校思想政治理论课教

学改革，是国家实施创新驱动发展战略的迫切需要，是推进高等教育综合改革、促进高校毕业生更高质量创业就业的重要举措。

为了贯彻落实《中共中央　国务院关于进一步加强和改进大学生政治思想教育的意见》《中共中央宣传部　教育部关于进一步加强和改进高等学校思想政治理论课的意见》（以下简称《意见》）和《〈中共中央宣传部　教育部关于进一步加强和改进高等学校思想政治理论课的意见〉实施方案》（以下简称《实施方案》）的精神，进一步加强思想政治理论课在思想政治教育中的主渠道作用，顺应全球化、信息化和网络化时代的新变化，我们针对以往高校思想政治理论课存在的问题，结合当前大学生的时代特点、思维习惯，运用现代教育教学理念、方法，以"纲要"课为切入点，实现思想政治理论课教学由知识体系向价值体系、信仰体系转换，提出了"中华民族共同体意识"融入"中国近现代史纲要"课程的三维多元模块化教学模式。即在"纲要"课的教学活动中，以培育大学生中华民族共同体意识为主题、主线，以问题为导向，以课堂教学创新为中心，结合课程网站的开发利用、实践教学活动的有效开展，发挥教师、学生双主体作用，强调课堂教学、网络互动、实践教学三个维度，以及多种教学形式、方法和手段的融合，通过"8+4+4"模块多元化实施教学活动，完成思想政治理论课认知目标与情感目标相统一的教学模式。这既是对"纲要"课程教学模式的一种创新，也是对思想政治理论课教学模式创新的积极探索。

二、"中华民族共同体意识"融入"纲要"课程的三维多元模块化教学模式的研究基础

（一）"中华民族共同体意识"融入"纲要"课程的内在逻辑

中国是统一的多民族国家。中华民族的大团结，是国家统一、稳定和发展的基础。习近平总书记在2014年中央民族工作会议上明确而郑重地使用"中华民族""中华民族共同体"概念，指出"要把建设各民族共有精神家园作为战略任务来抓""打牢中华民族共同体的思想基础""积极培养中华民族共同体意识"。"纲要"课程是一门从历史角度对大学生进行思想政治教育的课程，具有历史课和思想政治课的双重性质。中国的近现代史，从其主流和本质来说，是中国一代又一代的仁人志士和人民群众为救亡图存和实现中华民族的伟大复兴而英勇奋斗、艰苦探索的历史；尤其是全国各族人民在中国共产党的领导下，赢得民族独立和人民解放，实现国家

繁荣富强和人民共同富裕的历史。因此，"中华民族共同体"意识的觉醒、发展，与中国近现代史的主题、主线是一致的，以中国近现代史为载体对大学生进行"中华民族共同体"教育，"纲要"课程可谓独具优势，而用"中华民族共同体"意识作为"纲要"课程的主题、主线和纲领，则可有效地实现"纲要"课程从教材体系向教学体系的有机转换，更好地实现思想政治理论课的教学目标。

（二）教学活动是教师和学生双向参与的活动，创新教学模式必须优化教师的"教"与学生的"学"

"05方案"实施以来，探索教学方法一直是这些年思想政治理论课教学改革研究的一个重要方向。这种探索主要围绕两种教学模式展开：一是以教师的"教"为主，二是以学生的"学"为主。在思想政治理论课教学改革历程中，以教为主的教学模式一直占据着主导地位，其教学设计的重点在于教师的"教法"，即"教什么""如何教"等。这种模式的优点在于强调教师主导作用的发挥，确保思想政治理论教育的思想性和科学性，弊端则是轻视学生"学"的方法，尤其是忽视发挥学生的学习主体作用，这种负面影响对成长于网络时代的"90后""00后"大学生来说显得更为突出。随着多媒体和网络技术的日益普及，借鉴教育技术学习的WebQuest和PBL等模式，一些思想政治理论课教师开始尝试以学生"学"为主的教学模式。这种模式的理论基础是基于建构主义学习理论和学习环境，要求教师由知识的传授者、灌输者转变为学生主动建构的帮助者、促进者，注意在学习过程中发挥学生的主动性、积极性，相应的教学设计主要围绕"自主学习策略、协作学习策略"和"学习环境"两个方面进行。以学生"学"为主的教学模式，学生既是学习活动的参与者，又是学习活动的管理者，这在一定程度上适应了当代大学生的学习习惯和学习方式。这种模式的弊端是，容易忽视教师的主导或指导作用的发挥，尤其是当学生自主学习的自由度过大时，还容易偏离教学目标的要求。上述对教学模式所做的各种探索，在一定程度上提高了思想政治理论课教学的吸引力和感染力，增强了思想政治理论教育的实效性。当前，如何有效利用传统课程资源，运用现代教学技术，增强教师教学方式的适用性，发挥学生学习的主动性，将教师主导教学与学生自主学习相结合，已成为广大思想政治理论课教师进行教学改革研究的重要课题。正是在这一背景下，探索一种既能发挥教师主导作用又能体现学生主体作用的教学模式，提上了思想政治理论课教学改革和发展的重要议事日程。"三维多元模块化模式"正是基于教师学生双主体这一教育理念，着眼于优化教师的"教"与学生的"学"——"课内"和"课外"衔接、"线上"与"线下"互联而构建的一种新型教学模式。

三、"中华民族共同体意识"融入"纲要"课程的三维多元模块化教学模式的基本内涵及其运行机制

所谓"三维"，即在"纲要"课程的教学过程中，以课堂教学为中心，实现课堂教学、网络互动和实践教学三个维度的有机联动。

所谓"多元"，即在课堂教学、网络互动和实践教学三个维度的教学活动中，均采用多种教学方法和手段相互配合；学生的成绩评定主体和方法多元化。其中，在课堂教学中，以专题教学为主，兼用"翻转课堂"、案例教学、情景再现教学、研讨式教学等多种方式，同时通过与其他思想政治理论课衔接，实现不同课程的相互协调、支撑与配合。在网络互动教学中，凭借课程网站，学生通过专题资料库进行自主学习、通过论坛进行师生互动、通过学习成果的展示进行交流、通过网上考试检测学习效果。在实践教学中，学生通过拍摄微视频、撰写专题征文、制作专题课件教案、实地参观考察等活动深化理论提升认识坚定信念。学生的成绩评定多元化。学生成绩的评定主体，既有教师，也有学生；既有任课教师一人的评分，也有由学生组成的评委组对网上和课堂成果展示的评分。学生成绩的构成多元化，包括闭卷考试成绩＋课堂参与成绩＋网上互动成绩＋实践活动报告和作品。

所谓"模块化"，即将课堂教学、网络互动、实践教学有机划分为"8+4+4"模块。其中，课堂教学以培育"中华民族共同体"意识为主题，将整个"纲要"课的教材体系转为教学体系，设置8个专题，即①列强入侵与民族存亡危机；②师夷长技与民族意识觉醒；③辛亥革命与"中华民族"意识；④文化交锋与民族文化反思；⑤中国共产党与中华民族共同体；⑥抗日战争与民族凝聚力提升；⑦新中国成立与中华民族建设；⑧改革开放与实现中华民族伟大复兴。在网络互动中，设置4个模块，即①专题资料库；②论坛互动；③成果展示；④网上考试。在实践教学中，设置4个模块，即①微视频拍摄；②专题征文；③案例制作；④实地考察。通过课内与课外、线上与线下、理论与实践教学模块的交互结合，达到系统化进行中华民族认同教育和中华民族凝聚力教育的目标。

"中华民族共同体意识"融入"中国近现代史纲要"课程的三维多元模块化教学模式示意图如下。

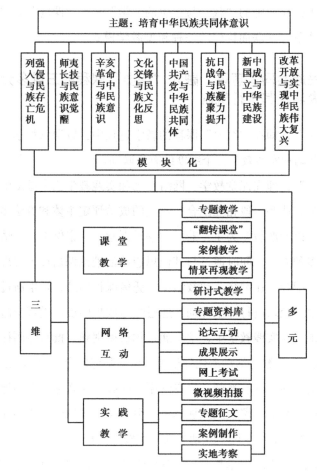

"中华民族共同体意识"融入"中国近现代史纲要"课程的三维多元模块化教学模式示意图

四、"中华民族共同体意识"融入"纲要"课程的三维多元模块化教学模式的主要创新点

一是以培育大学生中华民族共同体意识为主题、主线，将课程内容有机整合，实施专题教学活动，实现了"纲要"课教材体系向教学体系的有机转换。

二是通过教学主体的多样化、学生主体的真正实现，实现了在教学活动中主体范式的转变。

三是突出了问题导向，培养了学生的问题意识，提升了学生聚焦主要问题、重大问题和自我解答问题的能力。在教学过程中，因事而化、因时而进、因势而新，学生形成聚焦问题、优化问题的习惯，激发和锻炼了学生寻找解决问题的兴趣和能力。首先，充分了解学生学习本课程关注度较高、认识不清的问题，以及网络信息化、知识爆炸等导致的现实困惑。其次，在教学实践中，化碎片信息为整体认知，化知识堆积为思维拓展，化判断对错为解疑答惑。

四是改变了"重结论轻过程""重教师轻学生""重讲授轻学习""重知识轻问题"的教学方法。针对目前思想政治理论课教学存在教师侧重于知识性的灌输，学生死记硬背应付考试的现状，把教学重点从知识上升为"道理"，从记忆上升为"思维"，从灌输上升为"对话"，训练大学生理性思考、分析、表达，帮助他们掌握正确分析问题的方法，教学实现了由知识体系向价值体系、信仰体系转化的目标。

五是形成了更能体现思政课特点的多元成绩评价体系。学生成绩的评定主体，既有教师，也有学生；既有任课教师一人的评分，也有由学生组成的评委组对网上和课堂成果展示的评分。学生成绩的构成多元化，包括闭卷考试成绩＋课堂参与成绩＋网上互动成绩＋实践活动报告和作品。

五、"中华民族共同体意识"融入"纲要"课程的三维多元模块化教学模式的推广价值

（一）提升"纲要"课教学实效性的有效模式

一方面，为解决"纲要"课由教材体系向教学体系转换这一难题，提供了有效方法和具体做法。在"纲要"课教学中存在着教材内容多、课时少等问题，教学不能面面俱到，往往出现蜻蜓点水的情况。因此，要保证教学质量，首先必须实现教材体系向教学体系的转换。本模式以中华民族共同体意识的觉醒、发展为主线，将课程内容划分为 8 个专题，形成了逻辑严密、目标明确的教学体系。

另一方面，为有效解决制约"纲要"课教学实效性的主要障碍，增强教学吸引力、感染力，充分完成"纲要"课的教学任务提供了条件。本教学模式以问题为导向，发挥教师学生双主体作用，强调将课堂专题教学、研讨与网络教学、实践教学三者有机结合，可以有效地解决影响"纲要"课教学效果的以下问题：课时少与课程内容时间跨度长、教学内容多的矛盾；教学内容与中学重复，以对历史知识的传授为主，弱化思想政治理论课属性的倾向；教学方法说教化；课堂课后师生缺乏互动交流，教与学严重脱节；一考定成绩或平时成绩流于形式等。

（二）提升高校思政课教学实效性的有益探索

首先，为贯彻落实当前党和国家对思想政治理论课教育的要求，将中华民族共同体意识培育及中国梦、社会主义核心价值观教育有机地融入教学之中，提供了现实的有效路径。中华民族共同体意识是国家统一之基、民族团结之本、精神力量之魂。

实现中华民族伟大复兴的中国梦，需要进一步培育中华民族共同体意识，打牢各族人民团结奋斗的政治基础、思想基础和社会基础。本模式以培育中华民族共同体意识为抓手，在大学生思想政治教育中有效开展中华民族共同体意识、实现中国梦、培育社会主义核心价值观的三位一体教学。

其次，为实现思想政治理论课因事而化、因时而进、因势而新，由知识体系向价值体系、信仰体系转化提供了转化通道。本模式通过教师的专题讲授、学生利用网上课程中心资料库，获得有关知识，形成知识体系，通过课堂研讨活动、网上论坛互动、答疑，以及多样化的实践活动，逐渐实现由知识体系向价值体系的转化。

最后，为突破教师满堂灌"填鸭式"课堂教学，确立教学活动中的教师和学生双主体地位提供了有效方案。本模式将教学活动空间拓展为课堂、课程网站、社会三个维度，每个维度又由多个模块构成。课堂教学既有教师进行专题讲授、案例教学，也有学生"翻转课堂"、成果展示、情景再现式教学、课堂讨论等；课程网站既有师生的互动，也有学生之间的互动，既有教师指导下的活动，也有自主探究学习；实践教学环节既有教师组织的参观考察、征文活动等，也有学生以小组为单位开展的专题调研、微视频资料拍摄、个别访谈等，在内容、形式、方法上均呈现出多样性、多元化。

（三）具有较强的可操作性，易于推广

本团队核心成员均是长期从事"纲要"课等高校思政课教学，一直活跃在课堂教学第一线的教授、副教授，具有丰富的教学经验。我们在总结既有教学经验基础上，经过近四年六轮实践应用而确立的这一教学模式，拥有具体、系统的一套实施方案，便于在更大范围内操作实施；总结提炼形成了系列研究论文，便于更多人学习把握；具有丰富的网络资源库，可供查阅利用，便于更快捷地传播、共享。

第三节　培育大学生担当民族复兴大任意识融入"中国近现代史纲要"课程的教学模式

一、培育大学生担当民族复兴大任意识融入"纲要"课程教学模式产生的背景及构建依据

本模式是贯彻落实党的十九大精神和全国高校思想政治工作会议精神，深入实施《普通高校思想政治理论课建设体系创新计划》，紧紧围绕"培养什么样的人，怎样培养人"的教育问题，着眼于培养担当民族复兴大任的时代新人，全面推进习近平新时代中国特色社会主义思想进教材、进课堂、进头脑，实现"中国近现代史纲要"（以下简称 "纲要"）课程从教材体系向教学体系转换，从知识体系向价值体系、信仰体系转换，发挥思想政治理论课的思想政治教育主渠道作用而进行的教学改革。

第一，培养担当民族复兴大任的时代新人是思想政治理论课体现时代最强音，贯彻落实党的十九大精神的政治使命。"培养担当民族复兴大任的时代新人"是习近平总书记在党的十九大提出的新时代人才培养的重大命题，是中国特色社会主义新时代国民教育的时代责任和历史使命，关乎社会主义现代化建设和民族复兴伟业。高校是培养时代新人的重要阵地，思想政治理论课作为高校思想政治教育的主渠道、主阵地，必须围绕立德树人这个根本任务，全面贯彻落实党和国家对新时代人才培养的新要求，自觉肩负起时代赋予的重任。

第二，"纲要"课具有培育大学生担当民族复兴大任意识的独特优势。培育大学生担当民族复兴大任意识，是培养担当民族复兴大任的时代新人的必要前提。"纲要"课作为一门以中国近现代历史教育为载体的思想政治理论课，以实现中华民族伟大复兴的中国梦为主题、主线，通过对中国近现代历史发展规律的总结，帮助学生了解国史、国情，深刻领会"四个选择""三个为什么"，坚定"四个自信"，科学把握中国社会发展的历史规律，更好地把个人的发展前途与国家和民族的历史命运紧密结合起来，从而责无旁贷地肩负起实现民族伟大复兴的历史使命。

第三，培育大学生担当民族复兴大任意识，是遵循"纲要"教学规律，挖掘"纲要"课程特点，有效破解制约"纲要"课程实效性发挥的现实教学困境，提升"纲要"课教学实效性的改革切入点。以培育大学生担当民族复兴大任意识作为贯穿"纲要"课的主题，不仅与其教学内容及教学目的高度契合，而且能够有效实现"纲要"课程从教材体系向教学体系的有机转换，有助于推进"纲要"课程由知识体系向价值体系、信仰体系转换，提升教育教学实效性。

二、培育大学生担当民族复兴大任意识融入"纲要"课程教学模式的主要内容

本教学模式是以培养当代大学生担当民族复兴大任意识为核心目标，根据课程性质和特点，依托网络信息化时代，结合当前高校大学生的成长特点、思维方式，针对以往高校思想政治理论课存在的问题，运用双主体、研究性现代教育理念，通过以实现中华民族伟大复兴的中国梦为主题、主线，问题为导向的课堂专题教学，以培育中华民族共同体意识为主题的网络新媒体互动，以厚植爱国主义、培育家国情怀为主题，依托本土红色资源的实践教学活动，构成"一体两翼、三维多元协同联动"教学模式，有效提升"纲要"课程的吸引力、感染力，增强教学实效性。这既是对"纲要"课程教学模式的创新，也是对思想政治理论课教学模式创新的积极探索。

（一）目标体系

①人才培养目标：培育大学生担当民族复兴大任意识。

②教学改革目标：提升"纲要"课的课堂教学实效性，即有效增强教学感染力、吸引力、亲和力，提高学生的到课率、抬头率。

（二）教改重点

①以课堂教学改革为主，辅以实践教学和网络教学。

②以教师的讲法改革为主,辅以学生的学习方法创新。

③以新媒体技术为主要支撑,辅以传统媒体技术。

(三)问题指向

一是努力实现"纲要"课从教材体系向教学体系的转换,有效破解当前制约"纲要"课实效性发挥的主要障碍。即解决三大突出问题:第一,教材内容多、时间跨度长与课时少的矛盾;第二,教学内容与中学历史的重复问题,与学生思想实际脱节的问题;第三,教学理念、方法陈旧,与新媒体时代学生的学习、接受方式方法脱节的问题。

二是努力实现"纲要"课由知识体系向价值体系、信仰体系转换,解决如何发挥思想政治理论课的思想政治教育主渠道作用的问题。即解决两大突出问题:第一,贯彻落实当前党和国家对思想政治理论课的要求,以培育担当民族复兴大任的时代新人,将中国梦、社会主义核心价值观有机融入教育教学中,解决实现"三进"(进教材、课堂、大脑),达到立德树人,强基固本的目的;第二,教师教学回归思想政治理论课的应有属性,解决在以往教学中"重知识讲授轻释疑、解惑""重历史讲授轻政治思想性"等问题。

(四)基本内涵和运行机制:"一体两翼、三维多元协同联动"

"中华民族共同体意识"融入"中国近现代史纲要"课程的三维多元模块化教学模式深入挖掘"纲要"课程特点,发挥本身优势,以培养大学生担当民族复兴大任意识为抓手,基于教师学生双主体教育理念,着眼于优化教师的"教"与学生的"学"——"课内"和"课外"衔接、"线上"与"线下"互联,优化和完善"纲要"课程的教学体系,改革旧有教学模式,有效破解制约"纲要"课程实效性发挥的现实教学困境,提高教育教学实效性,构建"一体两翼、三维多元协同联动"教学模式。

所谓"一体两翼":

"一体",即"一个主体"——课堂教学:以实现中华民族伟大复兴的中国梦为主题、主线,用专题教学+问题链接,围绕梦启—寻梦—筑梦三阶段,针对学生思想上存在的困惑,回应、批驳有关历史虚无主义观点,整合、优化教学内容,梳理成三篇六专题十二问题教学体系,史论结合凸显国情教育、理想信念教育、责任使命教育,如下图所示。

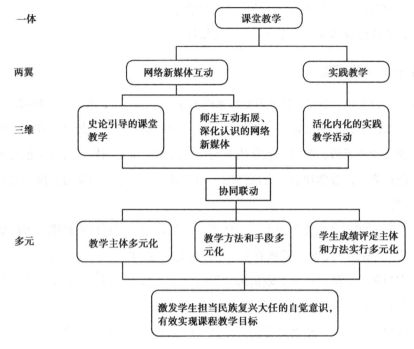

"一体两翼、三维多元协同联动"示意图

上篇：梦启

专题一：数千年未有之大变局：天朝梦碎与民族觉醒。

重点问题：中国是如何进入近代社会的？如何看待殖民侵略？——批驳"侵略有功"等错误观点。

中篇：寻梦

专题二：雄关漫道真如铁：自强求变与铁血共和。

重点问题：晚清为何实行改良？改良为何被革命取代？——批驳"告别革命"等错误观点。

下篇：筑梦

专题三：开天辟地大事变：选择马克思主义和中国共产党成立。

重点问题：历史和人民为什么选择了马克思主义？——批驳"马克思主义只是一个学派""马克思主义过时"等错误观点。历史和人民为什么选择了中国共产党？——批驳"共产党的产生是共产国际的'移植'""多党轮流执政"等错误观点。

专题四：亿兆一心战必胜：抗日战争与中华民族新起点。

重点问题：日本为什么发动侵华战争？抗战胜利是谁之力？

专题五：人间正道是沧桑：命运大决战与新中国诞生。

重点问题：中国共产党为什么能赢得胜利建立新中国？

专题六：长风破浪会有时：历史新纪元与走向伟大复兴。

重点问题：20世纪50年代中国为什么选择社会主义？——批驳"社会主义改造搞早了搞糟了""补资本主义课""改革开放是倒退"等错误观点；如何看待改革开放前后两个历史时期？为什么说中国共产党百年奋斗历史的主题是实现中华民族伟大复兴？

"两翼"，即"一翼"——网络新媒体互动：以培育中华民族共同体意识为主题，依托课堂派App、学校课程中心课程网站，形成师生互动拓展、深化学习平台，从以下维度铸牢大学生的中华民族共同体意识：国家观和民族观教育、历史观和文化观认同教育、中华儿女整体观增强教育。"一翼"——实践教学：以厚植爱国主义、革命精神，培育家国情怀为主题，依托重庆本土爱国主义和革命文化资源，结合当年党和国家重大纪念活动，设置6大活动：①微视频拍摄；②家国故事会；③浮光掠影；④翻转课堂；⑤实地考察；⑥辩论赛。每学期举行一次实践教学活动校内展示汇报评比活动，形成活动品牌。根据形成的活化、内化历史平台，用具化的载体、鲜活的素材，达到文化认知与文化接受，形成心理认同与价值认同，增强实现民族复兴伟大梦想的担当意识。如2017—2018学年第一学期为庆祝党的十九大胜利召开，举办"中国梦·民族魂·新时代激扬青春跟党走"主题实践活动；2018—2019学年第一学期为纪念改革开放40周年，举办"追寻筑梦中国足迹·昂扬奋进新时代"主题实践活动；2018—2019学年第二学期为纪念五四运动100周年、中华人民共和国诞生70周年，举办"爱国·铸魂·筑梦，做时代新人"主题实践活动；2019—2020学年第二学期为庆祝中华人民共和国成立70周年，举办"我和我的祖国"主题实践活动；2020—2021学年第二学期为庆祝中国共产党百年华诞，举办"百年恰风华，青春正当时"主题实践活动；等等。

所谓"三维多元协同联动"：

"多元"，即在课堂教学、网络新媒体互动和实践教学三个维度的教学活动中，教学主体多元化，教学方法和手段多元化，学生的成绩评定主体和方法实行多元化。具体做法如下：

在课堂教学中教师多元化、教学方式方法多元化。以校内专职教师为主，聘请多名市内外党史、中国近现代史领域专家，以专题教学为主，充分收集学生就有关专题感兴趣、有疑惑的问题，有针对性地实施教学活动，同时兼用翻转课堂、案例教学、情景再现教学、研讨式教学、访谈式教学等多种方式；每年在常规课堂教学活动中，根据当年与课程相关的重大历史事件、历史人物纪念活动，举办一堂公开课或一次学生实践成果展示活动。

网络互动教学多元化。凭借课堂派软件、课程网站，在课堂教学中开展师生互动，检测教学效果；教师了解学生的学习愿望、困惑，以及对课程的期待，学生通过专题资料库进行自主学习、通过论坛进行师生互动、通过学习成果的展示进行交流、通过网上考试检测学习效果。

实践教学多元化。学生通过拍摄微视频、撰写专题征文、制作专题课件教案、实地参观考察等活动，深化理论，提升认识，坚定信念。

学生的成绩评定多元化。首先，学生成绩的评定主体，既有教师，也有学生；既有学校教学督导专家的评分，也有学生组成的大众评审团评分；既有任课教师一人的评分，也有由学生组成的评委组对网络互动教学和实践教学成果展示的评分。学生成绩的构成多元化，包括网上闭卷考试成绩＋课堂参与成绩＋网上互动成绩＋实践活动报告和作品。

"三维协同联动"，即史论引导的教学课堂、师生互动拓展、深化认识的网络新媒体、活化内化史论的实践教学活动，形成交互渗透，协同联动，激发学生担当民族复兴大任的自觉意识，有效实现"纲要"课程教学目标。

三、培育大学生担当民族复兴大任意识融入"纲要"课程教学模式的主要创新点

一是及时、充分地体现了党和国家对思政课育人职责的新要求。"中华民族共同体意识"融入"中国近现代史纲要"课程的三维多元模块化教学模式的构建，着眼于党的十九大以来党和国家提出的培养担负民族复兴大任的时代新人的育人新要求，为思政课贯彻落实党的十九大精神，推进习近平新时代中国特色社会主义思想"三进"，培养担当民族复兴大任的时代新人，进行了有创新意义的路径探索。

二是以新视角深化"纲要"课程教学改革，教学模式具有可行性和新颖性。该模式以培育大学生担当民族复兴大任意识为教学目标，课堂教学以中国梦为主题、主线，将课程内容有机整合，实施专题教学，实现了"纲要"课教材体系向教学体系的有机转换；通过教师专题讲授与学生"翻转课堂"，教学主体的多样化、学生主体地位的真正落实，实现了在教学活动中主体范式的转变；通过第一、第二课堂

呼应，线上线下、课内课外、理论实践交互作用，教学方式方法多元化，为实现思政课由知识体系向价值体系、信仰体系转换，提供了转换通道。

三是拓展了教学平台、路径，即由一个"课堂"变为以实现民族伟大复兴中国梦为主题、主线的"教学课堂"、铸牢大学生中华民族共同体意识的"网络新媒体课堂"、依托本土爱国主义教学基地的"实践课堂"。三个课堂各司其职，又协同联动，有机统一地培育大学生担当民族复兴大任意识，育时代新人。

四是形成了更能体现思政课特点的多元成绩评价体系和教学调研与测评体系。"中华民族共同体意识"融入"中国近现代史纲要"课程的三维多元模块化教学模式，通过教师、学生、教学督导专家三位一体的评价主体，课堂表现、网上互动、实践教学活动成果三位一体的评价体系，突破一考定成绩、死记硬背知识点的成绩评价体系，注重过程评价、价值观念和情感认识评价，从而创新了更能体现思政课特点的多元成绩评价体系。

附: 有效实现教材体系向教学体系转换的"三化"协同联动模式
——"中国近现代史纲要"课程建设工作案例

思想理论课成为学生真心喜爱、终身受益、毕生难忘的优秀课程，这既是启动思想政治理论课改革，实施"05方案"的初衷和目的，也是党和国家对思想政治理论课教师提出的目标和任务，怎样才能达到这一目标、完成这一任务？关键在于把教材体系转换为教学体系，把教学体系转换为信仰体系，增强教学的亲和力、吸引力、感染力，提升教学的针对性、实效性。

自"05方案"出台以来，我们教研室结合精品课建设、网络课程中心建设，以教材体系向教学体系转换，作为教育教学改革的切入点，作为有效完成教学任务的切入点、基础工作，着力解决思政课普遍存在的抬头率不高、亲和力不够、针对性不强等问题，将教学与科研协同起来、课内与课外联动起来、线上与线下结合起来，历经十余年教学研究和教学实践活动，形成了一套行之有效的教材体系向教学体系转换的"三化"协同联动模式，即课题研究常态化、课堂教学专题化、社会实践教学制度化协同联动。

具体地讲，运行机制如下：

一、以课题研究常态化为抓手

课题研究常态化——是实现教材体系向教学体系转换的基础条件。教材体系是构建教学体系的基础，教学体系是教师为了实现一定的教学目的而对教材体系的再加工和再创造。实现教材体系向教学体系转换就是完成对教材体系的再加工和再创造，这种再加工和再创造必须建立在深入的调研和科学分析、论证基础上，必须精心设计实施方案，评估实施效果，总结成败得失。

我们以课题研究常态化为抓手，紧紧围绕实现教材体系向教学体系转换这一中心，拟定并申报两方面的系列课题深入研究：一是教学法研究方面的系列课题；二是与各专题教学内容密切相关的学术课题。其中，以教研教改课题为主。以课题研究促教改，以教改促课题研究。

我们以课题研究常态化为抓手，狠抓调研—集体备课—研究总结。通过调研准确反映学生思想实际、满足学生心理期待；及时反映或应对与课程密切相关的学术前沿、焦点、热点问题。通过集体备课改变过去研究中存在的研究视角单一，缺乏系统性、全面性问题，形成较为完善的课程教学方案、改革方案，进而在教学实践中总结提炼新的教学模式。在取得一系列教学成果的同时，也改善研究力量薄弱、缺乏经费支持、保障等问题。

二、以课堂教学专题化为主渠道

课堂教学专题化——是实现教材体系向教学体系转换的主渠道。要实现课程教材体系向教学体系的转换，必须解决两个基本问题，一是讲什么？二是怎么讲？既不能机械地把教材内容等同于教学内容，也不能抛开教材内容自己安排教学内容，教学体系应该在符合教学大纲基本要求的基础上，重点讲好若干个基本问题。针对"中国近现代史纲要"教材内容多、与中学教材内容存在一定程度的重复、与毛泽东思想与中国特色社会主义理论体系概论教材内容存在一些章节的重复，而课时较少的特点，以及该课程是在中学历史教学基础上运用历史知识达到思想政治教育目的的特点，把课堂教学采用专题化作为实现该课程教材体系向教学体系转换的关键、主渠道。

课堂教学专题化与课题研究常态化协同联动。教研室依据课题研究获取的有关调研报告，结合学生实际并依据"两个了解""四个选择"的课程教学目的和任务，通过集体备课，将"中国梦""中华民族共同体意识"融入课程教学形成七大专题，实施专题教学；在专题教学中十分注意结合现实焦点、热点问题。如钓鱼岛问题,一方面呈现历史真实,一方面分析我们的应对,同时对正确表达爱国热情、理性爱国提出建议。要保证课堂教学专题化的实效性,增强教学活动对学生的吸引力、感染力十分重要,因此在课堂教学环节,一方面将课题研究形成的教育教学改革方案应用于教学实践,一方面各位教师积极探索、运用、创新教学方法、手段。在教学过程中,依托本土爱国主义教育资源,运用体验式教学法;采用三维多元模块化教学模式,将"中华民族共同体意识"融入"中国近现代史纲要"课程教学。此外,冉志教授在教学中本着从问题意识到问题逻辑的教学理念,师生一问一答,有的专题由学生发问,教师回答;有的专题则由教师向学生提出问题,学生回答。充分发挥了师生双主体作用,极大地增强了教学针对性、实效性。教师梁勇、刘熠则在每次下课前给学生留下几个问题供学生课后思考并收集材料进行研究,在下一次授课时留出8分钟左右时间由学生选出的代表发言或围绕观点进行辩论。冉志教授提出并率先实验学生讲课评分法,在我们课程中得到了较为广泛的运用。程文标老师则较好地将教学内容与丰富的影视作品资料结合,通过精心挑选、剪辑而使用。付敏老师在课程教学中组织学生进行微视频拍摄。商爱玲教授则将"中华民族共同体意识"融入"中国近现代史纲要"课程教学,开展"翻转课堂"教学等。王瑞庆老师有效运用课堂派教学互动管理平台,开展混合式教学。

三、以社会实践教学制度化为拓展渠道

社会实践教学制度化——是实现教材体系向教学体系转换的拓展渠道。实践教学是深化、巩固课堂教学内容的有效路径,有助于增强课堂讲授内容的针对性、实效性和吸引力、说服力、感染力,使教学体系转换为学生的知识体系、信仰体系,实现思想政治理论课的育人目标。但是,从全国思想政治理论课教学的总体情况来说,在理论上都能认识社会实践教学在思想政治理论课教学中的重要性,加之党中央及各级教育主管部门的强调,几乎每门相关课程教学都进行了一次或两次的社会实践教学活动。不过,活动多流于形式,只重活动本身,而对活动的内容、结果及最终的效果,并未作科学安排和评定;学生参加社会实践多以参观等被动的方式进行,被动的社会实践教学更多的是增加学生对现实社会的感性认识,对所学知识的感性论证,却无法真正体现社会实践的知行合一。我们在"中国近现代史纲要"教学活动

中，紧密结合课堂教学各专题，精心挑选本土爱国主义传统教育基地等红色教育资源，科学合理地设定社会实践教学内容，并将之制度化、固定化，每学期在课堂教学过程中和课堂教学任务完成后，组织学生进行参观、学习和考察，鼓励学生制作微视频，撰写调研报告等，并在网上课程中心开辟专栏展示实践成果，从而增强社会实践教学的实效性，活化课堂教学内容，发掘新的研究课题。

总之，我们采用"三化"协同联动模式，将教学与科研协同起来、课内与课外联动起来、线上与线下结合起来，以课题研究常态化为抓手，以课堂教学专题化为主渠道，以社会实践教学制度化为拓展渠道，三位一体协同联动，有效实现教材体系向教学体系转换，获得了较为明显的成效。

第三章 新教育技术运用与"中国近现代史纲要"课程课堂教学改革

第一节 教师新媒介素养提升与高校思想政治理论课课堂教学"再中心化"

新媒介技术迅猛发展是当下高校思想政治理论课课堂教学改革的又一关键促进因素。以交互、实时、虚拟、快捷为特征的互联网已悄无声息地重塑了课堂教学环境。尤其是在"慕课""翻转课堂"等教学模式下，教师课堂教学角色演变为活动的组织者、协调者、倾听者、讨论者。这使高校思想政治理论课课堂教学出现了知识传授去中心化、传授媒介多元化、传授环境立体化等新变化。但是，这势必对教师主导课堂教学的能力提出了新要求。因此，相较于过往研究多探讨网络时代课堂教学如何去中心化，笔者拟以新媒介素养提升与教师课堂教学再中心化能力建构为核心问题，探讨网络时代高校思想政治理论课教学实效提升的路径与措施。

一、新媒介素养及新媒介素养教育的基本内涵

（一）媒介、新媒体与媒介素养和新媒介素养

在当下，人们习惯性地将"媒介（media）"界定为传播学范畴。作为一语词，它在中文中可谓古已有之。如，《旧唐书·张行成传》曰："观古今用人，必因媒介。""Media"在英文中意指"means of mass communication, eg TV, radio, newspapers"，即电视、广播、杂志、手机、互联网，是信息传播者和接收者之间的中介，是实现对大众进行广义信息传播的手段和方法。有学者指出，大众媒介是指能运用多种媒介技术制作媒介产品——涵盖各类信息，并以商业化形式持续向受众传播。[1]一般而言，若电视、广播、杂志等传统媒介常被视为第四力量，那么，以网络技术、数字媒体技术运用为核心的新媒介则被视为第五力量。与之相应，联合国新闻委员会在1998年5月召开的年会上提出了"新媒介（New Media）"概念。与前者类似，学界对其概念定义仍难有定论。如，美国《连线》杂志将能实现所有人对所有人传播的媒介视为"新媒介"。国内学者常视互动式数字化复合媒体为新媒介。新媒介技术迅猛发展及其被广泛使用，使大众化与分众化信息传播时代加速到来。

但是，对于大众媒介的信息传播来说，英国学者利维斯与丹尼斯·桑普森于1933年在《文化和环境：培养批判意识》中率先指出：廉价、低俗、劣质信息时常侵入大众媒介传播而易使其陷入低俗化泥潭，不利于优秀文化传播。为抵制大众媒介传播低俗化，人们应培养自身对媒体信息的辨别和批判意识。由此，"媒介素养"（Media Literacy）命题即被正式提出。此概念的定义及其内涵、外延的拓展也随之被学界、业界不断丰富——他们常基于自身学科背景使用此概念，并使其似乎难以形成一个规范性定义。据实而论，受众素质不仅是媒介素养内容的重要构成，也是受众自身文化素质及相应能力的折射。因此，受众或传播者（使用者）如何科学理解，正确选择和接触媒介、新媒介，有效利用媒介传播的信息，已是当代人媒介素养的关键构成。综上所述，笔者认为，新媒介素养是指在由现代网络技术构建的一个社会性、个性化和主体性特征较突出的新媒介生态环境中，人们作为媒介使用者为融入和适应此种新媒介环境而具备的使用、创造及传播信息的能力。它强调，人们基于原有媒介素养而在融入新媒介环境的过程中识别和使用、批判与取舍信息及基于信息生产、传播形成的互动交往和创造能力等。

（二）新媒介素养教育的基本内涵

"媒介素养作为衡量人的媒介认知和行动的能力体系，本身必然是教育的产物。"[2]但是，目前学界仍难达成有关媒介素养教育的规范性定义。例如，美国学者瑞妮·霍布斯所言，"它是一个有着一千个名字的孩子：视觉素养、媒介教育、媒

1　蔡帼芬，徐琴媛，刘笑盈 . 全球化视野中的国际传播 [M] . 北京：五洲传播出版社，2003.
2　彭少健 . 2014年中国媒介素养研究报告 [R] . 北京：中国广播电视出版社，2014：179.

介素养教育、媒介研究，以及更多。"[1]目前状况，或应归因于各国政治、经济、历史、文化发展状况及教育理念等诸多差异。与国内多数学者一样，笔者认为"新媒介素养教育"，是培育人们正确理解、建设性地享用大众传播资源，形成"健康"的媒介批判能力和道德修养，并充分利用媒介资源发展自我、完善自我，参与社会发展。而且，它应根据时代变化及技术进步和社会发展不断调整内容和方式，积极应对媒介生态环境变化。具体如下所述。

1. 媒介素养教育的对象及核心内容

当下，媒介素养应与法治素养、道德素养、科技素养一样，成为现代人的基本素养。但是，相较于西方媒介素养教育理念强调以普通公民为对象，国内学界主流观点认为，在我国，媒介素养教育对象应是全体公民。因此，我们应在批判性地借鉴传统媒介素养教育理念的基础上，将培育全体公民能正确地理解、识别和使用新媒介确立为新媒介素养教育的核心理念或目标。这意味着，推进新媒介素养教育不仅是保护公民，更不是归引和教化公民，而是为其理性决策提供参考，即帮助他们在新媒介生态环境下能基于自身独立判断进行理性决策及社会行动。

2. 媒介素养教育的体系与格局

国内学者常强调，我国媒体用户，尤其是新媒体用户的发展状况及其构成，决定了我们应建立与国情相适应的媒介素养教育体系并形成相应格局。[2]我们应集社会之力以助学校之"功"，并建立起分类教育体系。

首先，将媒介素养教育，尤其是新媒介素养教育融于各级各类学校教育体系。青少年是我国规模最大的新媒体用户。网络依赖、网络成瘾等已成为影响青少年健康成长的关键因素。但是，限制他们使用或使其远离网络的诸多手段，甚至强制举措已不能适应当前新媒体迅猛发展并被各阶层、各年龄段人群广泛使用的现实。因此，将新媒介素养教育融入学校教育体系，能引导青少年正确理解、识别和使用新媒体。

其次，以社会化教育提升学校之外的人群的新媒介素养。新媒介素养教育本是一个渐进实现的过程。不仅是青少年，社会上其他年龄段的人群同样并不都具备良好的新媒介素养。促进社会力量与学校合作，并以社会化教育的形式将新媒介素养教育的内容融入公民终身素质教育体系，有利于构建立体化且主要依赖于社会力量和社会资源发挥作用的又一新媒介素养教育体系。

---

1 HOBBS R. Pedagogical issues in U.S. media education [J]. Annals of the International Communication Association 1994, 17 (1): 453-466.

2 刘莲莲. 新媒介素养教育的理念、体系与格局 [J]. 传媒, 2019 (17): 83-85.

尤需强调，在实践中，应根据媒体用户构成状况——如普通用户、传播业者、政府官员，分类设计教育内容，方可提升新媒介素养教育的实效性和针对性。进而，一种基于政府合理合法引导下的社会多元力量参与的，可实现对全体公民进行新媒介素养教育的格局才可能形成。其中，以提高用户的信息识别、管理及信息互动交往能力和创造能力为目标，即是此格局的突出特征。

于高校思想政治理论课而言，新媒介技术被大量引入教学并重塑课堂教学环境。这迅速且有效地提升了高校思想政治理论课教师的新媒介素养，并基于此去推进课程教学改革，即成为一亟待解决的现实问题。

二、新媒介素养提升与高校思想政治理论课课堂教学改革

（一）"新媒介"与高校思想政治理论课课堂教学环境重塑

课堂环境多指师生因教学活动而共处其间的并对其有相应感知的物理环境、社会环境及心理气氛。即是指影响学生学习活动和学习效果并存在于课堂教学过程中的社会和心理因素的总和（Fraser，1986：10）。[1] 它是影响教学活动效果提升和师生发展的关键因素（Dorman，2012）。课堂环境的"潜隐性、多变性、主观性和互动性"（孙汉银，2010：36），[2] 也导致不同教学模式对课堂环境产生不同影响。因此，讨论高校思想政治理论课课堂教学方法改革就必须首先检视其所处教学环境（classroom environment），或背景（Background or situation）。

在当下，大量引入"新媒介"或"新媒介"技术——尤以"慕课"和"翻转课堂"为最，使高校思想政治理论课课堂教学环境发生了显著变化。它为知识讲授、信息传播及学生自主学习带来了巨大便利，也使师生悄无声息地产生了对新技术的依赖。而且，其传播的大量信息正不断冲击传统的权威和价值规范，其传播方式也对高校思想政治理论课知识传播体系、价值引领机制产生了冲击。又如，就"社会环境"和"心理氛围"而言，瞿振元先生早在"2013年高等教育国际论坛"上就呼吁："面对异军突起的'慕课'，我们的课堂教学、我们的教学方法手段必须改革！"[3] 诸多研究也强调，"'慕课'教学采用或秉持'以学定教'的教学理念，实施'先学后导'及师生合学的教学方式，是课堂教学模式转向的重要依据。"[4] 人们意识到，

1　FRASER, B J. classroom Environment [M] . London: Croom Helm Ltd, 1986: 10.

2　孙汉银．课堂环境研究范式的回顾与分析 [J] . 教育科学，2010，26（3）：32-37.

3　吴晶，郑黎．中国高等教育学会：面对"慕课"，我们必须改革！ [EB/OL] . 中国共产党员网．访问日期：2013-11-05.

4　李梁．"慕课"视域下深化思想政治理论课教学改革的若干思考 [J] . 思想理论教育导刊，2014（12）：68-71.

"慕课""翻转课堂"促使高校思想政治理论课教学改革必须是"围绕教学理念、教学模式、教师专业发展等"去"探索一条结合教学环境、教育技术、教学对象等发生的变化"而变化的创新之路，这样才能顺应高校思想政治理论教育发展的方向和趋势。[1]

而且，与"Moos结构的指标"相对应，尽管一些研究对新媒介技术"热"运用"冷"思考。但是，持肯定意见者认为，以新媒介技术为中介能直观地显现师生间的互动式课堂教学。[2]如"慕课""翻转课堂""课堂派""雨课堂""微助教"能提升日常课堂教学管理效率——作业布置、资料上传等，能经由课堂教学中的"互动"实时掌握学生学习状态，能基于相应数据分析有针对性地调整课堂教学。更关键者，它有助于提高学生课堂学习的主动性，增强其理论认识水平和问题分析能力，强化理论认同和政治认同。[3]

总之，新媒介技术已显著地重塑高校思想政治理论课课堂教学环境。而且，基于"Moos结构的指标"的测度，我们发现，在此环境中，师生之间、学生之间似乎完全是团队活动中的平等参与者、合作者；在课堂教学中，学生责任感较传统课堂教学模式下有显著增加。但是，师生更需将自己融入团队合作，才能以探究性的方式去完成共同承担的具有差异性的"教"或"学"；进而，基于新媒介技术运用而形成的差异化的"教"或"学"所具备的"创新性""个性化"特质，才能成为影响课堂环境是维持或发生变化的关键因素。那么，课堂教学环境经新媒体技术运用而被重塑后，它对高校思想政治理论课课堂教学改革带来的挑战又是什么呢？

（二）教师"新媒介素养"与高校思想政治理论课课堂教学再中心化问题凸显

思想政治理论课是中国高校特有课程，其性质、特点决定了其在教学过程中需师生进行面对面交流、沟通、对话。这决定了，即便大量引入新媒介技术、理念，教师主导下的课堂教学仍是思政课教学的主阵地、主渠道和主平台。与之相应，为实现课程性质、特点和形式的一致性，以教师为中心的思政课程教学模式也随之形成。然而，"当一种有很大影响力的媒介进入一个文化时，结果并不是旧文化和新媒体的简单混合，而是产生了一种新文化。"[4]而且，新媒介技术的显著传

---

1 李梁．"慕课"视域下深化思想政治理论课教学改革的若干思考 [J]．思想理论教育导刊，2014（12）：68-71.

2，3 庄三红．互动式教学在思想政治理论课中的热运用与冷思考 [J]．思想理论教育导刊，2019（3）：85-88.

4 POSTMAN N．Conscientious Objections Stirring Up Trouble About Language Technology and Education [M]．New York：Alfred A.Knopf Inc.1988：66.

播优势不仅体现在时间成本、经济成本上，还体现在其对受众和传播者的意识形态和世界观塑造的影响力上。因此，强化思想政治教育的导向、保障、育人功能，人们应当利用新媒介技术营造"健康"思想政治教育媒介环境。但是，在经由新媒介技术重塑的课堂环境中，教师新媒介素养不足却又使课堂教学"去中心化"现象加剧，使高校思政课堂教学改革面临新挑战。具体如下所述。

（1）网络＋时代，课堂教学"去中心化"现象加剧

一方面，教师新媒介素养因未必天然地强于学生而可能渐失课堂"权威"——是以知识权威和价值引领权威为要。另一方面，知识、信息传播媒介的非单一化与教学活动去中心化、立体化并存，对思政课堂教学整体环境变化产生了现实影响。因为，网络＋时代，个体皆是信息传播者。个体话语权放大可能会消解马克思主义意识形态的话语优势，冲击传统价值观念，使思想政治教育面临着严峻挑战。即便是在课堂教学中，师、生皆可凭借"网络"随时随地获取"海量"的知识、信息并进行传播，甚至依此而生产并传播新的"海量"知识、信息。如此，师、生成为知识讲授和信息传播或"新知识"生产过程中平等的合作者，并在此关系中相互实现价值的引导与规范。

（2）教学过度依赖新媒体技术现象加剧，不利于教学改革实效提升

例如，新媒介正在打破高雅与低俗、精英与草根间的界分，良莠不齐的"海量"知识、信息充斥着互联网。加之，师、生并非皆具备良好"新媒介素养"，[1]这些皆会使思政课程传播的知识、信息、价值的严肃性受到冲击。尤其是，当思政课堂教学改革过度引入"情景化""生活化"因素，更可能导致媚俗、低俗文化大行其道，严肃事物被低俗化，将导致"崇高"被嘲笑，"权威"被戏谑。

并且，教师过度依赖网络和新媒介技术，会导致思政课堂教学改革陷入"数字化生存"的尴尬境地。过度依赖网络、新媒介技术传播知识、信息乃至生产及传播新知识、信息时，要迎合学生"阅读"需要以及希冀传播效率能较快地实现显著提升，就会使艰涩的经典文本阅读和深度思想辩论等不再受欢迎。于是，"碎片化"阅读、学习可能会成为课堂教学方法改革的主流，具有强化政治认同的专业深度传播便会逐渐消失。进而，传播学研究中讨论的"隐忧"便会出现。因为，在这种情势下，"信息的取证、分析、透视被普遍忽视，浅阅读使逼近事实真相的深度报道变得可有可无，职业传媒人的专业意识在无用武之地的状况下被逐渐碎片化并日益

---

1 按：新媒介素养命题的出现与新媒体的快速发展密切关联。一般而言，学界所谓新媒介素养常是指新媒介使用者是否具备下述能力，即图像处理能力、导航能力、信息的组织和联通能力、专注能力、多任务处理能力、怀疑精神以及道德素养。

消失，对受众眼球的迎合使虚假新闻、媚俗节目开始登堂入室。"[1]

同时，新媒介技术被大量引入思政课堂教学方法改革实践领域，这使课堂知识讲授或课堂讨论等活动，会变相盛行一种个性化或分众化"传播"，致使思政课知识传播的管控机制和价值引领机制受到冲击，甚至会消解其倡导的价值和原则。因为，在经由新媒介技术运用而被重塑的思政课堂教学环境中，其显见的"去中心化"特质，使曾经由教师主导的课堂知识讲授、传播体系可能瓦解，并变成分众化传播。进而，当越来越个性化的大众媒介工具，如微信、微博、QQ 等各类微平台技术被运用于思政课堂教学时，这些新媒介技术，"为大家提供了一个虚拟世界，每个人都能以匿名或者半匿名的状态成为新闻制造者和传播者，加上微平台法律法规不完善，社会约束力薄弱，社会责任感和个体道德感都将在一定程度上被削弱。"[2]这也与思政课教学意图显现的道德建设路径背道而驰。

综上而论，提升教师新媒介素养已成为思政课堂教学改革必须直面的又一重要因素。

三、新媒介素养提升促进高校思想政治理论课课堂教学"再中心"化

在经由新媒介技术运用而被重塑的高校思想政治理论课课堂教学环境中，要应对"去中心化"的挑战，提升教师的新媒介素养是关键。

（一）"新媒介"生态环境下提升教师新媒介素养的基本原则

1. 突出掌控话语权和网络"信息源"

面对新媒介生态环境下分散的话语权和信息源，在课堂教学时，教师应充分利用网络的即时性和开放性，在与学生进行公正、客观、平等的互动中，坚持适时传播思想政治教育的内容和信息，掌控话语权和网络"信息源"，才能发挥主流文化的引导作用，促进学生接受并逐步形成正确的价值观。

2. 选用"网络资源"与突出思想政治理论教育内容的正面性和稳定性相结合

思想政治教育内容繁复，但受其自身意识形态属性的影响，也决定了其相应内容的稳定性——即较长时段内稳定地体现代表统治阶级根本利益和体现统治阶级基本意志的思想政治教育内容。坚持正面教育是思想政治理论课教学的一大基本原则和经验。在经由新媒介技术的运用而被重塑的课堂教学环境中，要求教师应充分利

---

1 李文冰. 全媒体背景下传媒和传媒人社会责任的缺失与重建 [J]. 中国广播电视学刊，2012（1）：34-35.

2 杨春，陈晓旭. "微时代"：高校隐性思想政治教育的创新研究 [J]. 思想政治教育研究，2017，33（5）：102-105.

用网络的即时性和开放性"摆事实、讲道理",讲"典型"和"榜样",以引导和鼓励学生正视并改正自身缺点。同时,借助于新媒介技术,坚持讲授和传播体现社会主义意识形态和马克思主义指导地位的知识、信息——特别是将马克思主义中国化最新理论成果及时引入课堂教学并实现"三进",使师、生皆能有所适从,不生"混乱"。

3. 以疏导和创新应对师生间的网络资源及信息差异,甚至冲突

在经由新媒介技术的运用而被重塑的高校思想政治理论课课堂教学环境中,学生个性化、分众性存在因素会凸显。这意味着学生的思想、心理、行为、个性及影响其思想品德形成的诸因素的差异性会更突出。这势必要求课堂教学中的网络资源运用应做到有的放矢,即应针对新时期、新环境、新特点、新情况、新对象,采取新手段、新途径、新办法。因此,教师运用新媒介技术,不能过度纠结于"形式"而突出所谓网络资源的引入量,或突出多少学生借助"网络"在课堂互动中实现"交流内容"量的增加,而更应凸显"网络"等新媒介技术的运用是如何促进学生思想认识转变的。否则,将大量未经选择的网络资料引入高校思想政治理论课课堂教学中,就可能使其课堂教学方法改革中的新媒介技术运用是为技术运用而运用,成为新"教条主义"、新"形式主义"。

(二)教师新媒介素养提升与课堂教学"再中心化"的路径及条件保障

据实而论,教师应是高校思想政治理论课课堂教学的主导者。教师的媒介素养会影响学生的媒介素养,是课程教学实效提升的关键因素。

1. 更新教育理念,将新媒介技术的运用与优化课堂教学模式相结合

首先,强化对教师新媒介技术运用能力的培训,使其成为新媒介技术使用的敏感者之一,是新媒介平台的重要存在者之一。特别是,他们应强化自身新媒介技术运用中的图像处理能力、导航能力、信息的组织和联通能力、专注能力、多任务处理能力,提升自身基于专业知识训练下的怀疑精神及道德素养。其次,应基于"教"与"学"平衡的理念,积极运用新媒介技术拓展课堂教学方法改革创新的新路径。因为,青年学生是新媒介技术使用的最敏感者,其传统意义上的被动学习者身份已被迅速改变。这导致教师对知识占有的优势被削弱,师生间的不平衡被迅速打破,并呈现为过往前所未有的"双平衡"。但是,教师毕竟是课程教学的主导者,师生间及时的媒介信息交流,有助于教师把握课堂教学知识信息源的变化状况,引导学

生思路，培养其课程兴趣。而且，师生间良好的信息反馈也有助于新媒介技术运用下的课堂教学模式的优化或改进，重塑知识、信息更丰富和活动相对自由的课堂环境，使学生在教师引导下获得新的正确知识并解决问题。

2. 营造有利于教师新媒介素养提升的校内、外环境

第一，高校应在既有校园网络平台建设中融入新媒介功能要素。新媒介环境下，新媒介平台对传统教育的冲击是不言而喻的。如此，当下高校校园网络平台建设融入新媒介功能要素和及时注入新媒介内容势成必然。这要求打破校园网络与新媒介互不关联的状态，依法依规且确保信息安全前提下实现两者间互联互通和资源共享，如传统校园网络平台与雨课堂、课堂派、学习通或微信、QQ群等之间互联互通。

第二，面对当下新新媒介蓬勃发展及媒介终端的智能化、便携化，高校应鼓励教师大胆地基于新媒介技术的运用，在依托课堂教学这一主阵地的同时努力突破课堂与网络之间壁垒，将素质教育、人文教育等内容融入思想政治教育，使课堂教学节奏能主动适应现代青年学生的生活、学习方式，使传统教育和新媒介进行平台融合，实现优势互补。

第三，制度化地鼓励教师在课堂教学中主动引入主流新媒介平台。新媒介，尤其是新新媒介平台如慕课、微博、微信、QQ等具有良好的交互性、开放性、聚合性，使其具有潜在的思想教育功能。这些具有社会性的互联网媒介平台，是根据社会人际网而延伸的虚拟网络系统。[1] 在思政课教学中，借助新媒介技术运用，师生间建构起相对有序的公共空间，会因各类"话题"活动开展而发展成一公共"领域"。这会极大拓展公共领域主导性传播权威知识、信息的空间边界。如此，教师便可借助新媒介技术运用在公共领域发挥一定的"意见领袖"作用，将有助于思政课教学价值引领目标得以更好实现。例如，教师可通过微博认证发挥一定的"意见领袖"的作用。并且，其真实身份的认证和话语的权威性，不仅能获得多数学生用户的好感，更能以发布和评论相关思想政治理论教育内容而在师生间进行良性互动。同时，教师以引导的方式与学生一道，共同识别、鉴定"海量"信息并推送网络资料，将促使师生提升各自的媒介素养能力。因为，前述行为会培养师生的怀疑、批判精神，强化师生共同抵制不良信息或事物诱惑的意志。

1　虎业勤，程子洋.河南传统媒体微博视窗存在的问题和对策研究［J］.河南工程学院学报（社会科学版），2013，28（3）：88-90.

　　第四，就整体社会环境而言，国家应完善新媒介管理的法规、机制。人的多样性、复杂性决定其基于新媒介技术运用而进行信息传播、利用充满了复杂性、多变性。因此，国家应完善新媒介管理的法规、机制，为教师运用新媒介技术传播、利用知识信息，并及时反馈学生多样化课堂学习诉求提供"条件"保障。这也能使新媒介环境下，教师课堂教学中教学信息的"收集—整理—再收集—再整理"模式更优化和规范。

第二节 现代教学管理互动平台在"中国近现代史纲要"课程大班互动教学中的应用研究

近年来，伴随着移动互联网、云计算、大数据、人工智能等技术的快速发展，信息技术与教育教学领域的融合更加深入，传统的教育方式也在悄然改变。思想政治理论课是高等学校落实立德树人根本任务的关键课程，是必须按照国家要求来设置的课程。如何使青年大学生对马克思主义理论"真学、真懂、真信、真用"，是思政课改革创新的出发点和落脚点。2019年8月，中共中央办公厅、国务院办公厅印发了《关于深化新时代学校思想政治理论课改革创新的若干意见》，指出要"大力推进思政课教学方法改革，提升思政课教师信息化能力素养，推动人工智能等现代信息技术在思政课教学中应用"，[1]提出信息技术在高校思政课教学中的融合应用问题。加大现代信息技术在课堂教学的运用和研究，将是思政课教学与现代信息技术深度融合的最新探索。

思想政治理论是全国高校各专业必修的公共基础课程，由于学生多教师少，通常是大班（100人以上）教学。在大班教学中应注重不同基础学生的分别教学与指导，实际操作的可能性较小。思政课教师与教学班的学生在上课前几乎是"0"接触，也很难通过40多分钟的课堂时间，全面了解学生的思想动态。在教与学完全不对等的情况下，对大学生的学习状态、学习行为、学习结果进行"痕迹"管理，然后

---

1 中共中央办公厅、国务院办公厅印发.《关于深化新时代学校思想政治理论课改革创新的若干意见》[R/OL].（2019-8-14）[2022-11-20].

进行有针对性、层次性、差异性的教学，在传统课堂上几乎是无法实现的。为了解决该问题，笔者依托"中国近现代史纲要"（以下简称"纲要"）课堂教学这一主阵地，利用新媒体、新技术，探索思政课大班教学中全体师生灵活、高效的课堂互动教学新模式，以此探索一种"有教无类"的教学方法。具体来说，即利用现在比较成熟的课堂互动教学管理平台，在课前、课中、课后实施全体师生共同参与研讨、交流、分享教学内容，促进师生思想碰撞、价值传递、情感交流，从而使思想政治理论教育入脑、入心。

"课堂派"专注于高等教育领域的混合式教学的互动平台，通过多媒体和微信，以课堂互动、测试、话题、资料等方式加强课堂内外的师生课前、课中、课后的联系，同时以抢答、考勤、奖励星星等方式记录学生的学习表现。通过大数据驱动的课堂教学使大学生的学习状态、学习行为、学习结果等数据得以可视化呈现、可量化测量、可传递记录，以此来提升课堂教学的配置效率与精准力度，提高课堂教学的有效性。笔者所在教研室已经连续 5 个学期用"课堂派"进行教学管理，从价值观教育的特殊性出发，主动契合当代大学生的思维特点及成长规律，优化教学过程，提高教学效率，聚焦实现马克思主义的价值引领的教学目标。从目前的教学实践来看，这种教学方式有效地融合了现代信息技术与课堂教学、融合了课堂知识教育和价值观教育、融合了教学情境和教学内容、融合了课堂管理和教学管理、融合了教学过程和教学评价。经过长期在"纲要"大班互动教学中的摸索和探究，笔者积累了较为丰富的经验、教训，现进行系统性的分析介绍，并对这一问题进行深入探讨。

一、"纲要"课程大班互动教学的要求与现代教学管理互动平台的契合性

"培养担当民族复兴大任的时代新人"是党的十九大提出的新时代人才培养的重大命题，是中国特色社会主义新时代国民教育的时代责任和历史使命。"纲要"课作为一门以实现中华民族伟大复兴的中国梦为主题、主线，以中国近现代历史教育为载体的高校思想政治理论课，在培育大学生担当民族复兴大任的使命中，具有独特优势和特殊要求。

（一）教学对象的全覆盖性和差异性

"纲要"课程的意识形态属性要求在教学实践中要做到全覆盖、"一个都不能少"，不仅需要全部大学生都参与到课程学习中，还要引导他们积极思考，并内化成他们自己的科学历史观、积极人生观和美好价值观。然而由于高中的文理分科和

在日常生活中积累的历史知识存在明显的差异性，在课堂教学中"因材施教"，进行差异性教育是非常必要的。透过"纲要"课教学要求的现象看本质，实质上是对课堂教学提出了如何对学生普及历史知识与提高历史思维的双重要求。课堂教学中进行全员互动教学可以更好地解决"纲要"教学中思想引导的问题，彰显"纲要"的意识形态属性。若以传统的教学方式，面对课堂规模大，学生到课率低、参与性差、互动面窄等难以把控的问题，教师根本无法了解全体学生的知识基础和每个学生的想法，并有针对性地开展教学。

为了培养大学生的独立思考能力和批判性思维能力，当前的"纲要"课教学改革，在构建教学体系时，突出问题导向，一方面注重培养学生的问题意识，培养学生思考的习惯和能力；另一方面着力培养学生聚焦主要问题、重大问题和自我解答问题的能力，从而激发和发展学生个性的能力。因此，课堂上应保证每一位同学都有发言机会，教师给予相应的客观评价和正向引导。然而，从教学硬件上来看，"纲要"课教学一般是使用的大教室或阶梯教室，老师通过大屏幕向100多名学生展示课件。在这种讲授式、灌输式的课堂中，学生仍处于被动参与、被动思考的状态。在大教学班中，教师要快速实现课堂教学的全覆盖和差异性教学，必须打破传统课堂在固定的时间、地点进行"一对多"的互动教学模式。现代教学管理互动平台借助多媒体和手机形成的新"教具"与"学具"，几乎能够彻底解决课堂大、讨论难的问题。借助现代信息技术建立一个多元、及时、高效、交互的网络课堂，可以为真正实现全覆盖、差异性的大班教学提供卓越有效的时空环境。教师可以轻松地进行随堂测试、即问即答，组织课堂分组讨论；而学生们的答案也可以迅速地展现在教室大屏幕上，供教师点评解析和学生之间互评互析。通过课堂教学与移动互联技术的高度融合，大班教学会更具针对性，更快速地启发和引导学生积极思考，从而全面提升"纲要"课的时代感、吸引力和实效性。

（二）教学过程的精准性和实时性

2018年4月，教育部印发了《新时代高校思想政治理论课教学工作基本要求》，强调"课堂教学方法创新要坚持以学生为主体，以教师为主导，加强师生互动，注重调动学生积极性、主动性"。[1]"纲要"教学，无论是在教育观念上，还是在教学结构上，都必须以道路自信、理论自信、制度自信、文化自信"入脑""入心"为核心，也就是"以学定教"。"纲要"作为思想政治理论教育的主要组成内容，教

---

1 教育部印发.《新时代高校思想政治理论课教学工作基本要求》[R/OL].（2018-04-12）[2020-11-13].

学过程中要做到精准地、实时地解决问题。因此，教学改革方向一是让课堂教学开始于学生的独立学习和预学准备，教师要了解学生知道什么和能做什么；二是让教学评价始终与教学过程平行。

"思政课不提供答案，而是提供'思想的训练场'。"[1]"纲要"课教学虽然以历史事实为基础，但是具有明确的政治结论和严密的政治逻辑，要理解了历史问题才能理解新时代中国特色社会主义的发展问题，如果没有系统的教学设计和及时了解学生思想状态，授课内容也很难触及学生的内心深处。而传统的课堂教学是一种"双盲"式教学，上课之前师生"从未谋面"，要改变灌输答案的低效教学方式，对于大班教学来说，是思政教育改革最急需解决的问题。

回顾以往的课堂教学改革，不外乎两个方面：一是探索班级体制下不同类型的学生如何区别对待；二是鼓励学生自觉学习。这些改革确实取得了很大的成功。例如：慕课（MOOC）教学、翻转课堂、问题导向式教学、案例教学、体验式教学等新的教学方法引入课堂，都取得了良好的教学效果。现代教学管理互动平台可以通过技术手段创造条件，精准、及时地督促学生"真学"，创设种种情境帮助学生"真懂"；通过互动过程中留下来的"痕迹"数据，判断学生是否"真信"；通过多种练习模拟激发学生"真用"。以环环相扣的"体验"为引导，让教学沿着认知路径层层递进，达到思想入脑、入心的目的。若不借助移动互联技术，课堂教学"思想的训练场"功能将无法发挥出最大效用。

（三）教学效果的过程性和教学评价的局限性

"纲要"课教学最突出的特点是对学生价值观的塑造高于对历史知识的传授，"提高运用科学的历史观和方法论分析问题和解决问题的能力，明确中国近现代历史的主题主线、主流本质，警惕和反对历史虚无主义。"[2]因此，对本课程的考察应该把历史知识的学习与其日常践行考核结合起来。当前大多数高校"纲要"课考核改革的趋势是：以闭卷式终结性考试为主，逐渐加重平时成绩的比例，有些高校的平时成绩的比例已达到了50%，甚至有些学校取消了期末闭卷终结性考试。然而，平时成绩的给分标准往往由课堂测验、读书报告、影视作品观后感、历史遗迹参观、组织历史事件纪念活动等组成。不可否认，这种平时成绩对促进学生形成自己的主动性起到了一定的积极作用，但是学生们在完成作业时，仍然存在"完成任务即可"

---

1 冯秀军."问题链"让思政课思考起来 [R/OL]．(2020-06-25) [2020-12-13]．
2 本书编写组．中国近现代史纲要 [M]．北京：高等教育出版社，2021：10．

的想法，也存在不敢说、不敢写的问题，而且这种平时作业也是"单向"考核，教师对作业的批改意见和建议很难直接反馈给学生，更不用说形成思想上的碰撞，难以完成对学生思想政治教育内化程度与能力提升的检验，也难以体现"纲要"教学的特点及规律。中共中央宣传部、教育部《关于进一步加强和改进高等学校思想政治理论课的意见》提出，要改进和完善考试方法，采取多种方式，综合考核学生对所学内容的理解和实际表现，力求全面、客观地反映大学生的马克思主义理论素养和道德品质。"纲要"教学结果检测的改革也应当以过程性评价代替结果性评价，注重学生思想从外化到内化的动态过程。

在传统的教学课堂引入现代教学管理互动平台，就能够解决教学效果的过程性和教学评价的局限性之间的矛盾。现代教学管理互动平台的应用，能够对学生进行"痕迹"化管理。学生的每一次阅读、互动、练习、反馈等操作都会在系统里留下"痕迹"，这可以量化成他们的平时成绩。对于教师而言，可以使评价多元化和过程化，从而更加科学地评价学生，实现从教考分离到教考、管考合一的转变。

二、现代教学管理互动平台在"纲要"课程大班互动教学应用中存在的问题

当前，教学管理互动平台的开发，技术上已经比较成熟，例如：超星、雨课堂、中成智慧课堂、课堂派等教学管理互动平台，既不是简单的点对点的互动，也不是简单的点对面的互动，而是同时包含了点对点和点对面的交互，突破了传统课堂的传播渠道。在 2018 年 1 月召开的全国教育工作会议上，教育部原部长陈宝生指出："全面提升教师信息技术应用能力，实现从少数人应用到普遍应用，从课外应用到课堂教学主战场应用，从展示性应用到日常性教学应用，真正发挥教育信息化的支撑引领作用，用信息技术改造传统教学。"[1] 目前，有些思政课教师开始尝试把现代教学管理互动平台引入课堂，并取得了很好的效果。通过长期的了解和观察、与同行教师沟通、查阅相关理论文献及笔者所在教研室使用 5 个学期的"课堂派"教学管理互动平台教学的探索，发现利用现代教学管理互动平台进行大班互动教学，仍然存在下列问题：

---

1 陈宝生．在全国教育工作会议上的讲话［J］．人民教育，2018（S1）：15-28．

（一）教学管理与有效互动"两张皮"

现在教师们把教学管理互动平台引入课堂，使用最多、最普遍的就是各种形式的签到、课堂互动记录、布置作业、课外资料的发放、课堂或课后测试、话题讨论等功能。这些功能的使用确实能够精确地对学生的日常上课、完成作业的数量、基础知识的掌握等情况进行监督和管理。但在实际上，我们知道，课堂考勤依然存在代签的问题；课堂提问仍然有同学"一脸茫然"，也有同学为了拿课堂表现记录的星星，不管问题是什么，都要站起来乱说一气；课堂测试时，有同学随意在书上或网上搜索答案；话题讨论的内容也有从网上直接粘贴过来的。虽然学生们留下的"痕迹"都能量化成他们的平时成绩，但是基本上流于形式，根本就无法实现与学生的有效互动。

叶澜教授说："人类的教育活动起源于交往，教育是一种特殊的交往活动。"[1]诚然，课堂管理、考勤管理、教学管理属于课堂教学的一部分，但是现在并未真正实现课堂互动，也没有达成既定教学目标。北京工业大学的沈震老师提出："深度互动的关键并不在于互动的次数，关键在于互动者是否能够有意识地根据对方的问题来回答（包括问与答）。"[2]罗杰斯说，"在教学过程中，只有让师生处在一种无拘无束、自由畅达的空间里，他们才会尽情地自由参与和自由表达。"[3]在大班教学的课堂里引入现代信息技术，不仅要解决大班课堂里学生普遍参与的问题，而且要解决师生和学生之间自说自话的问题，真正做到师生之间、学生之间的思想交流和碰撞，才会实现教师价值引导和学生自主建构的辩证统一。

（二）教学目标和教学过程"两张皮"

2018年5月，习近平总书记在与北京大学师生座谈时指出："要抓好马克思主义理论教育，深化学生对马克思主义历史必然性和科学真理性、理论意义和现实意义的认识，教育他们学会运用马克思主义立场观点方法观察世界、分析世界，真正搞懂面临的时代课题，深刻把握世界发展走向，认清中国和世界发展大势，让学生深刻感悟马克思主义真理力量，为学生成长成才打下科学思想基础。"[4]从人才培养目标分析，"纲要"课肩负着特殊使命，着眼于爱国、爱党的社会主义建设者和接班人的培养。从课程特点来看，对近代以来"中国梦"主题的把握和落实必须

1　王晨霞，崔国富．交往教学的迷失与出路［J］．西南教育论丛，2007（4）：28-31.

2　沈震．思想政治理论课全员深度互动教学的新思考［J］．思想理论教育导刊，2018（12）：102-106.

3　郝国元．罗杰斯自由学习思想的研究［D］．上海：上海师范大学，2013：28.

4　习近平．在北京大学师生座谈会上的讲话［R/OL］．（2018-05-02）［2020-12-22］.

基于一个基本程序：摆事实，讲道理，循规律。摆事实讲究摆什么，如何摆，既要全面又要具体，既要有说服力又要简洁生动。讲道理则注意从史实中讲故事，从故事中见道理。由此可以看出，这门课程的特点实际上非常适合从教学过程中实现教学目标。

利用现代教学管理互动平台进行深度互动，要求教师熟练运用互联网技术与课程内容相配合。然而，目前教师对设置的互动问题还存在不足：有些测试只是让学生选择正误或进行知识性判断，问题逻辑过于简单，测完后，直接把答案发给学生，甚至连答案解析都不公布，也不再进行"知其所以然"的追问；布置的讨论话题，要求学生们进行评论或互评，但是却不做总结回应；有时候设置的抢答话题，就是普通的知识性问题，既缺乏理论深度，又缺乏可讨论性，还要求学生通过手机抢答，反而浪费了宝贵的课堂时间；课堂PPT上的弹幕，不加限制地乱弹消息，甚至弹出与教学无关的东西，干扰教学。而教师在应对学生各式各样的回答时，也存在准备不足、随意点评、词不达意，甚至跑题的情况；有些教师对学生的辛苦作答索性不予任何点评，直接跳过进入下一主题的讲授。利用现代信息技术进行课堂互动，实现教材目标"入脑""入心"，必须要充分地研究教学目标，选择有价值的问题，激发学生的求知兴奋点，同时也要精心设计教学过程，才能既活跃课堂气氛，又能促使学生深度思考。

（三）互动结果与反哺教学"两张皮"

把现代教学管理互动平台应用于教学，将产生大量的信息数据：从教学管理来看，能记录学生的到课情况、学习进度、学习时长、作业情况、测试情况，从而为学生的精准考评提供依据。从课堂互动来看，能记录学生的课堂活跃程度、思想状态、学生关注的问题，从而能够帮助教师对教学重点、难点和疑点进行透彻分析和准确解读。从课程各要素相关性来看，能够精确地反映出教学目标、教学过程、教学方法之间的相互联系及其运行机制。这些数据理应成为教师教学相长、教研相长的宝贵资源。但从目前的情况来看，一是有些教师对教学管理互动平台上留下来的数据还没有重视和利用起来。课上完了，留下来的数据也就不管了，偶尔用到时才会想起来整理和挖掘一下。二是由于专业和技术的限制，有些教师在处理数据时，无从下手，不知道如何处理。

现代教学管理互动平台研发的目的就是通过实时、精准、全面的赋值系统和后台统计功能，全面提升教师的教学、管理、科研水平。然而，由于目前针对思政课的数据分析理论还不成熟，也缺乏基本的分析方法和分析框架，导致有些数据无法与思政教学的目标和方法结合起来。这亟需教师们有意识地去挖掘、利用和共享留下的"痕迹"，找出普遍规律和分析框架，并上升为理论研究，为教学、科研服务。

三、"纲要"课程在大班互动教学中使用现代教学管理互动平台的策略

现代信息技术进入课堂，已经成为一种趋势。教师在使用这个工具时，要紧扣教材、吃透教学重点、难点和疑点，结合教学目标，坚持"内容为王""技术为辅"，实现"价值引领"。下面，笔者将结合使用 5 个学期的"课堂派"所获经验和教训，并结合我们的教学案例，对教学管理互动平台在"纲要"课大班互动教学中的策略进行分析。不当之处，敬请斧正。

（一）大班互动教学与"纲要"课程的问题导向式教学相结合

互动教学与问题导向教学具有内在联系，互动教学实际上也是一种探究式的问题导向教学，二者都是在提出问题、探讨问题和解决问题的过程中提升学生的自主思考能力。在"纲要"课堂上，采用问题导向式教学，设置问题链时，要保证问题成链，教学内容能够转化为学生思考的问题，能够转化为对社会现实问题的有效回应。教师除了吃透和把控近代以来中国历史的主流和本质本身的问题链外，还要及时了解学生的疑点、热点问题以及历史虚无主义的问题，并利用这些问题点把学生的思维引导到与教学目的相一致的历史主流和本质问题上来。目前"纲要"教学已经形成的教学模式或者教学案例都有鲜明的问题导向意识，通过环环相扣的问题链、互动链引导学生一步一步深入学习。从"纲要"课程设计与学生接受规律来看，大班互动教学要做好"宏观"设计和"微观"设计相结合：

宏观设计是指"纲要"整个教学体系的设计，着眼于现象与问题分析的基础上对规律的把握，引导广大学生透过历史现象去分析历史问题并抓住历史的本质和主流，厘清政治方向与政治坐标，从而引导学生认同并坚定社会主义主流价值观念。当前高校的"纲要"教学体系普遍以实现中华民族伟大复兴"中国梦"为主题、主线，围绕"梦启—寻梦—筑梦"三个阶段，用专题+问题链接组织教材内容，形成教学体系，采用问题导向的教学模式。这种宏观的教学体系设计本身就是一种探究和解题的互动式教学，需要借助现代信息技术，针对不同历史问题、不同层级和类型学生的学习进行设计，实现与微观个体之间的有效互动。

微观设计是在梳理历史发展脉络、总结历史规律时，从基本了解、到丰富内容、

再到把握本质，需要抓住具有典型意义和重要影响力的事件与人物进行重点讲解分析。对于大学生来说，在基本史实和人物点评、公众舆论的热点话题和流行话题中进行互动，很容易形成系统的辩论。然而要进行全员深度互动，需要借助现代教学管理互动平台快速收集、展示所有学生的观点和看法，教师也需要快速地进行有效的回应，在驳倒某些观点或综合学生观点的基础上证明某些观点的正确性。

案例：

　　"纲要"教材"第一章 进入近代后中华民族的磨难与抗争"的第四节内容需要解决一个重点问题："如何看待西方殖民主义侵略和近代中国的现代化进程的关系？"这个问题争论的焦点是"侵略有功论"。近些年，一些历史虚无主义者提出，帝国主义列强对近代中国的历史、对中国的近现代发展不仅没有罪恶，反而有功。[1]比如，现在经常在网上甚至一些著作里，提到鸦片战争、八国联军、中日甲午战争等对中国带来的好处、促进了中国的现代化进程等说法。一些观点从表面上看，似乎也顺理成章，尤其一些生活中的问题，有些人还要追溯历史，例如：2016年长江流域特大洪水，武汉城市内涝严重，此时有人提出青岛城市内涝少，是因为德国在青岛殖民时期留下的排水系统的百年恩惠。这种美化殖民侵略的观点稍加推理，即可推翻，但是对于大学生来说，却很容易不加辨别地接受，对教材的观点产生怀疑。为此，我们利用"课堂派"的投票功能，设置了五个问题，调查学生对这个问题的理解。

　　题干设置为：如何看待西方殖民主义侵略和近代中国的现代化进程的关系？
　　选项设置为：
　　A.要重新看待西方殖民侵略，是西方殖民侵略推动了中国历史发展进程，使得中国由两千年的封建社会走向现代文明。
　　B.近代以后，由于西方列强的入侵和封建统治的腐败，中国逐渐成为半殖民地半封建社会，山河破碎，生灵涂炭，中华民族遭受了前所未有的苦难。
　　C.外国资本主义对中国的侵略是产生近代中国社会基本矛盾和各种社会矛盾的主要根源，也是近代中国社会贫穷落后的根本原因。
　　D.英国在对印度实行殖民统治时"充当了历史的不自觉的工具"，同样的殖民侵略中国也是如此。

---

1 于沛，郑师渠，杨军.揭去历史虚无主义的面纱——关于历史虚无主义的对话[N].人民日报，2017-02-20（8）.

E. 殖民侵略无疑就是使得中国被迫提前进行社会变革，而这种社会变革是民族救亡被动进行，并不符合社会发展的客观规律。

这五个选项设置的理由是：A 是历史虚无主义的代表观点。B 是习近平总书记在庆祝中国共产党成立 95 周年大会上的讲话。C 是教材上的观点。D 是马克思在《不列颠在印度的统治》中的论述，指出了侵略的本质。E 是借鉴了学界研究的一个结论，点出殖民侵略和殖民地现代化进程之间的关系。五个选项设置的原则是由浅入深，层层递进：从西方殖民主义入侵对中国造成的直接影响、到对中国社会矛盾的影响，再到中国现代化发展的原因分析；从展示事实，到上升到理论高度——马克思对殖民主义侵略本质的分析。这些问题虽然以历史知识为基础，但是在分析问题时更需要有科学的历史观和历史思维。

在与学生互动过程中，首先通过学生关心和喜欢的一些自媒体新闻引入。例如，从青岛的德国排水系统恩惠百年、兰州黄河铁桥百年不倒源于德国造等谈起，继而谈到近代中国现代化的成就，然后利用"课堂派"的互动功能，现场请学生利用手机选择"殖民侵略与中国近代现代化进程关系"的答案。答题结束后，在多媒体大屏幕上公开展示学生答题的结果。然后再利用"投票"互动中的"详情"功能，抽查提问学生做出判断的原因，并有针对性地进行解答和分析，最后由教师进行总结，在有问、有答、有总结、有升华的全员互动中，最终得出结论：无论是从无产阶级准备革命的物质基础方面，还是从他们给殖民地所产生的对现代化渴望的驱动力量方面，或者从摆脱殖民统治后的发展状况来看，殖民者的"历史进步的不自觉的工具"的作用是有限的，我们认可这种作用，但不能无限夸大。近代中国历经劫难而终未消亡，主要原因是中国人民不屈不挠的反抗。

教师通过问题创设情境，由贴近学生生活的问题、到历史事实、再到历史理论形成逻辑链条；依靠问题、利用教学管理互动平台，实现从全员互动，到个体互动，再到对全员互动的结果进行总结升华，让学生感受到逻辑的魅力和真理的力量。

（二）教师主导课堂、科学考评和精准教学相结合

将现代教学管理互动平台引入课堂，解决课堂大、学生多、学生思想状况难以评价等诸多难题，要坚持教师主导、科学考评和精准教学管理三者的有效结合。

当前教育教学理论研究多侧重培养学生的自主学习能力，要求把教师教学的过程变成师生共同"解题"的过程。然而，在实际教学改革中，为了调动学生自主学习的积极性，教师往往在实体课堂教学之外，通过教学管理平台给学生布置大量作

业。"纲要"教学是一种"直指人心"的教育，不能简单地让学生通过自主学习实现。教师要发挥积极主动性和能动性对教学内容、课堂流程进行细致设计，实现教学内容由"知识体系"向"问题链""互动链"的转变，通过师生之间、学生之间思想的交流碰撞，内化成学生们的个人品质。

精准教学、全覆盖教学是由课程性质决定的。教师应该借助现代教学管理互动平台细化教学流程，达到个体精准与全覆盖"合拍"、内容与形式"匹配"、目标与结果"对位"。教师通过主导课堂和精准教学的"痕迹"作为评价，实现评价的激励和促进功能与常态教学行为的结合，最大限度地介入学生的成长过程。

案例：

"纲要"教材的"第七章 为建立新中国而奋斗"转换成教学体系中的"专题五 人间正道是沧桑——命运大决战与新中国诞生"，教学目标是引导学生理解"中华人民共和国是人民的历史性选择。"针对该专题的教学目标，引申出五个小问题：

1. 抗战胜利后，国际、国内政治形势都有利于中国和平建国，为什么国民政府还是发动了内战？

2. 在解放战争时期，国民党的军队数量为什么会锐减？

3. 国统区为什么会发生通货膨胀和经济危机？

4. 蒋经国的经济改革为什么没能挽救国民政府的经济危机？

5. 民主党派为什么会放弃"中间道路"的主张？

这一专题的内容，学生们在平时的电视剧、电影、一些纪念活动中都已经有所了解。为了了解学生对这个专题的认知程度，我们利用"课堂派"的"话题"讨论，先把问题发放给学生，要求学生进行回答讨论。由于可以量化成平时成绩，学生参与讨论的积极性比较高。

为了让学生更深入地了解这段历史，我们在教学实践活动周放映了电影《建国大业》，要求写一份2 000字的观后感。在观看电影时，把链接引入"课堂派"，通过课件互动播放，学生可以通过"弹幕""评论"功能，一边看电影，一边发表自己的观点。教师可以直接了解到学生的想法和问题点。针对"话题"讨论中的每个问题，教师可以用"词库云"功能检索出关键词来了解、查看学生关注的热点，从总体上把握学生的问题点；然后通过"话题"评论中的"互评"功能，找出学生们存在争议的问题；再通过"点赞"功能查看学生们喜欢、赞同的观点。这种方式既形成了学生的平时成绩，也便于教师选择教学材料和构建教学体系、组织课堂教学。在课堂上，利用五个问题，将内容链接起来，同时引用影片中的部分情节和镜头进行分析，形成一种间接的"体验式"学习。在课堂教学过程中，虽然没有很多直接的提问，但是教师会在课堂上引用某些学生的观点，或者分析某些学生的观点，这实际上也是一种精准互动。这种设置可以有效地解决困扰教学效果的一些矛盾，例如：课时少与教学内容多的矛盾；教学内容与中学重复，以对历史知识的传授为主，弱化思想政治理论课属性的倾向；教与学严重脱节；平时成绩流于形式等问题。

（三）集体备课，团队合作，提高教学精准度

现在"纲要"教学普遍采用专题＋问题导向式教学方式，与体验式教学、案例式教学相结合的方法，班级学生的专业、基础也不一样，也不可能事先设计好一个程序、按部就班地往里面填内容，按照固定的模式开展教学活动。因此，教师们要在充分了解学生的基础上，精确地捕捉和利用学生关心的热点问题，然后对问题进行归类，提炼出共性和个性的问题。这种教学设计需要把学生、问题、方法、技术等因素统一起来考虑，因而具有更高的教学要求。只有教师之间建立良好的合作团队，才能充分挖掘互动教学资源。

随着现代教学管理互动平台进入课堂，课堂教学产生了大量"痕迹"数据。这些数据反映出来的问题，哪些是共性的问题，哪些是个性问题，应该怎样处理，也需要教师们团队"作战"。在现代教学管理互动平台上进行多人互动，给课堂教学带来了不确定性，有时候学生反馈的问题完全不是教师预想的问题，这种不确定性给教师教学带来了前所未有的挑战。要解决这些问题，也需要教师们的集体智慧。

2018 年，教育部公布的《新时代高校思想政治理论课教学工作基本要求》指出，教研室（组）要定期组织集体备课，创新集体备课形式。[1] 现代教学管理互动平台不仅记录了学生的"痕迹"，还为教师们提供了"小组备课"或"集体备课"平台。通过集体备课，教师们不仅可以对教学内容、进度、方法等进行集体研究，也可以实现集中备课与日常备课相统一，理论备课与实践备课相统一，线上备课与线下备课相统一，校内备课与校际备课相统一，实现备教材、备教法、备学生、备环境的有机统一，大大提高教师们的工作效率。

1　教育部 . 新时代高校思想政治理论课教学工作基本要求 [R/OL] . (2018-04-12) [2020-12-13] .

案例:

基于利用现在信息技术的"问题链式"的集体备课

教研理念: 在教研常态的基础上,按照课程性质,利用现代教学管理互动平台提供的"小组备课"和智能备课功能组织备课,对教研问题进行精准定位,对每位教师的教学资源进行优化组合,分类推荐各类教学资源,以满足自主式、探究式、合作式、混合式、体验式等不同形式的教研需要。

教研内容: 教研内容依据课程性质,采取了通过以实现中华民族伟大复兴的"中国梦"为主题、主线,以问题为导向的课堂专题教学,备课过程中也按照以"中国梦"为主线,分8个专题,每个专题下设2~4个问题,教师们根据教学任务、教学目标、搜集到的学生热点分别进行教研。教研问题的生成不是事先设计好的,而是由教师在处理教学"痕迹"时,梳理出来的最突出的问题,包括课程问题、跨学科的问题、社会热点问题等。

教研资源多样化: 教学管理互动平台"课堂派"突破了传统教研资源有限性的弊端,借助互联网对其他高校和学科的优势资源进行共享和优化组合。除了外部资源的共享、优化组合外,教研室内部的资源也在优化。为了分享教学资源和提高教学效率,教研室的教师在小组备课区,一起维护常用的话题库、测试题库,随时更新遇到的新问题。到目前为止,我们在每个专题中已经搜集了3~5个经典话题,30~50道测试题。在以后的教学过程中,我们会继续完善和充实备课资源。

结 语

从教学发展趋势看,大班教学与现代信息技术相融合最终将由"辅助性"教学走向课堂教学和网络教学有机结合的教学。现代教学管理互动平台提供的"一切皆可测""一切皆可连"的强大功能,使我们能够找到教与学的更多相关性,能够更加准确地把握思政教学内容及教学目的的特殊属性。随着移动互联智能时代的到来,思政课教师只有努力学习新媒体新技术,努力将之应用于课堂教学,才能克服"本领恐慌",切实提高思政课教学的实效性。

第四章

课程、学科性质的互融与"中国近现代史纲要"课程教学方法改革探索

第一节 以史料为核心的"中国近现代史纲要"课程教学法研究

一、"纲要"的课程性质与教学的学科基础

"中国近现代史纲要"（以下简称"纲要"）是根据中共中央、国务院《关于进一步加强和改进大学生思想政治教育的意见》（2004）和中共中央宣传部、教育部《关于进一步加强和改进大学生思想政治教育的意见》（2005）的精神而开设的，是全国高等学校本科生必修的思想政治理论课之一。

"纲要"课为什么能成为思想政治理论课？弄清楚这个问题是我们能切实推进"纲要"教学的前提。

（一）"纲要"课程以其历史学的科学性为思想政治理论课提供了历史支撑

习近平总书记从党和国家事业长远发展的战略目标出发指出，思想政治理论课是"落实立德树人根本任务的关键课程""我们办中国特色社会主义教育，就是要理直气壮开好思政课"。思想政治理论课教师承担着在新时代促进人民群众尤其是青年学生理解党的历史使命、认同党的奋斗目标、践行党的行动纲领的重大任务。显然，思想政治理论课最显著的特征在于能体现国家及社会事业发展的基本要求和

党的方针政策，能为社会主义事业培养人才。

当前，大学思想政治理论课包括"马克思主义基本原理概论""毛泽东思想和中国特色社会主义概论""中国近现代史纲要""思想道德修养和法律基础""形势与政策"五门课程。这五门课程都是紧紧围绕培养社会主义事业接班人这一总体目标而设计的，各有各的侧重点和承担的功能。其中，"中国近现代史纲要"课是一门实证的、基础的，并为大学生思想政治课程体系提供实践证明和理论证明的课程。开展中国近现代史的教育，是为了帮助学生了解国史、认知国情，深刻领会历史和人民是怎样选择了马克思主义、选择了中国共产党、选择了社会主义道路。"纲要"课是从历史的角度来说明当前党和国家各项事业的前提和基础。正如习近平总书记强调："历史是最好的教科书。学习党史、国史，是坚持和发展中国特色社会主义、把党和国家各项事业继续推向前进的必修课。"

"纲要"课能作为一门思想政治理论课的关键在于它能从历史的角度说明问题，历史性是其基本特性。忽略了历史性，"纲要"必然失去作为思想政治理论课的价值和基础。因此，"纲要"课从性质上属于思想政治理论课，但从教学实践来看，其侧重点还应是一门历史课，其教学的学科基础为历史学。

既然如此，那么"纲要"课与一般历史学近现代史专业课之间的关系如何呢？显然，二者之间是既有区别又有联系的，相关联的是二者都需要尊重历史学的基本原则和规范；区别在于二者所关注的主题和范围不同。"纲要"更加关注和意图说明中国近现代历史的选择问题，近现代史专业课除了这一问题外，其关注的范围更为宽泛，是一种多图像式的对中国近现代历史的探讨与书写。

综上所述，我们说明了"纲要"教学的历史学学科基础，进而言之，为何在教学中需要给予史料充分的重视呢？

（二）史料在"纲要"课程教学中的价值与作用

其一，史料学是历史学的分支之一，史料是历史学的基本和前提。

关于史料在历史研究中的作用问题，历来不乏不同的意见，在中国近代史学史上有"史观派"与"史料派"之争，重史观者视史料考证为饾饤之学，重史料者视史观派为空发议论。当今学者很难认同这两种极而言之的观点，但对史料在历史学中的基础性地位应该是不会否定的。

中国史学素称繁盛，也形成了诸多优良史学传统，其中对史料的重视是其表现之一，如司马迁写《史记》，"网罗天下放失旧闻，考之行事"，唐代史家刘知几，在其名著《史通》中更是对史料有过系统的论述，其《采撰》篇指出写史犹如"珍裘以众腋成温，广厦以群材合构"，必须"征求异说，采摭群言"，广泛地收集史料。在运用史料时更是应该"炼其得失，明其真伪"，不可"苟出异端，虚益新事"。宋代司马光编撰《资治通鉴》，从长编入手，广罗收集史料，并于笔削定稿之际别成《通鉴考异》一书，该书考定不同来源史料之异同，开史家著述自注异同之先例，其对史料的尊重精神值得学习。清代，乾嘉考据学盛行，以钱大昕、王鸣盛、赵翼等为代表的史家对古代史料的搜集整理取得了巨大成就。

至近代，随着甲骨文、敦煌文献以及清代内阁档案文献的整理发现，史料的扩充极大地改变了史学发展的面貌，以王国维、陈寅恪、陈垣为代表的史家承继乾嘉学统的同时，不断与新兴的史学及文献学研究相互发明和补充，擎起民国学坛"新考据学派"的旗帜，其后傅斯年甚至极而言之，"史学即史料学"[1]。

史料的发现或重新的"发明"对近代史学影响甚大，如近代以来考古学的兴起和对史前遗址的发掘、安阳殷墟出土的甲骨文、各地出土的青铜器、西北地区的汉晋简牍、敦煌石室古代文献、内阁大库与军机处档案、太平天国文书与秘密社会史料等，这些史料不仅推进了相关领域的研究，而且催生了史学新的发展方向，以致顾颉刚在《当代中国史学》中将"新材料的发现和研究"视为近百年史学发展流变的关键。由此可见，中国历史学者对史料是非常重视的。

不仅中国如此，西方史家对史料也非常重视，如德国兰克学派，倡导秉笔直书、如实地记录历史。兰克学派的核心在于通过对史料的批判来如实直书，其所使用的史料主要是"回忆录、日记、信函、外交报告、见证者的叙述"[2]，兰克及其弟子以重视档案文献和史料考订而著称于世。又如，即使对历史的客观性产生怀疑的意大利史家克罗齐，虽然强调"在任何情况下，人类思想占第一位"，同时也不得不承认"被认为真的核实过的证据可以刺激我们更加仔细地去搜索我们自己，这是对我们通过分析和沉思所得到的东西的一种充实，也是对我们思想的一种确认或证明，他们是不可忽视的，尤其当真实的证据与核实过的证据彼此相符时是如此。"他进一步指出："因为害怕某些核实过的证据可能是错误的，或因核实过的证据都具有一种外在的和多少有点一般笼统的性质，因而拒绝核实过的证据所提供的帮助和便利，那就等于拒绝人类的权能。"[3]

---

1 傅斯年. 傅斯年选集 [M]. 岳玉玺，等，编选. 天津：天津人民出版社，1996：174.

2 何兆武. 历史理论与史学理论：近现代西方史学著作选 [M] 刘鑫，等，编译. 北京：商务印书馆，1999：223.

3 贝奈戴托·克罗齐. 历史学的理论和实际 [M]. 傅任敢，译. 北京：商务印书馆，1982：109.

显而易见，史料是历史学的基础和前提，得到了古今中外史家的肯定，没有史料就没有历史，也就无从谈及历史学，人类历史的价值和意义也就没有客观的承载物。历史学与其他社会科学在方法论上的主要区别在于其对史料的重视，正如学者言：历史学家"不必同哲学家比试思辨的曲折玄奥，不必与社会科学家争论理论创新的锋头，也不必向文学家炫耀遣词造句的技巧，他们的'拿手好戏'不外是史料的爬梳剔抉。"[1]

其二，与高校中国近现代史教学特点相关。

首先，从教学对象上看，"纲要"教学需要适应大学生的思维特点。高校一般将"纲要"课安排在大学一、二年级学生中进行教授。大学时期是一个人的世界观、人生观、价值观塑型的重要时期，大学生是一个时代思想最活跃的群体，也是未来社会发展的主力军和接班人，习近平总书记说："中国青年是有远大理想抱负的青年！中国青年是有深厚家国情怀的青年！中国青年是有伟大创造力的青年！无论过去、现在还是未来，中国青年始终是实现中华民族伟大复兴的先锋力量！"因此，合理引导大学生树立正确的世界观、人生观、价值观是"纲要"课承担的重要职能之一。

大学生作为青年群体，其思想特征较为开放，他们乐于接受并发现新事物，并保持探索的兴趣；另外，当代大学生又表现出明显的自主性，这与其个体人格不断发展成熟和社会开放性相关。由于上述特质，加之网络信息化时代获取信息的便捷性，使得大学生往往能接触到不同的历史观点，这一情况使得大学生在缺乏理论思维深度和历史学学科训练的情况下，很容易产生迷茫或偏激，具体到对中国近现代事件和历史人物的看法，例如，如何看待近代以来西方列强对中国的侵略、如何看待李鸿章、如何看待曾国藩、如何看待辛亥革命、如何看待五四运动、如何看待国共两党在抗战中的表现等问题，从教学实践情况来看，大学生对这些问题较为困惑。"纲要"教学必须与之相适应，否则，一味地填鸭式灌输或从理论到理论的辩驳往往起不到良好的教学效果，甚至招致学生产生逆反心理。

故此，我们一方面需要训练学生的理论思维能力，特别是历史唯物史观的分析、批判性思维能力；另一方面，需要从史料入手，从宣讲式的教授转换为用事实说话，引导学生通过具体的史料证据，条分缕析、进而从感性思维上升到理性思维。学生通过自身思考获得的结论，就对其影响力而言，显然要比外界的渲染深刻得多。

其次，从教学内容上来看，需要与中学教学内容有效衔接。

1　李剑鸣.历史学家的修养和技艺[M].上海：三联书店，2007：236.

在"纲要"教学过程中，首先面对的第一个问题是为什么要学的问题。即为什么中学阶段已经学过了中国近现代史的相关内容，在大学阶段作为必修课还要再学一次？这是摆在学生面前的首要困惑。如果教师不能从实践教学中回应这一问题，学生就无法理解教学安排的意义所在，就容易在学习中产生厌烦心理，进而影响学习效果。

实质上，高校"纲要"课的教学应该从整体上来思考学生接受历史教育的过程，从而与中学历史教学做到有效衔接。

总体而言，中学近现代史的教育与高校"纲要"课的教育在教学目的、教学侧重点、教材的编写等方面皆有区别。首先，中学历史教育的目的是丰富学生的人文知识，而高校"纲要"课的核心价值在于构建学生合理的历史观；其次，二者在教学侧重点上也是有区别的，中学重视历史的时间线索和具体历史知识的传授，进而培养学生的人文意识和爱国情怀，高校则以激发学生思考进而达到构建历史意识为重点。再次，在教材的编写上，中学历史教材强调阐明历史发展的时间、过程、史实，是一种图景式的展现；而高校"纲要"课教材更多的是以历史为载体，从历史事实出发，强调宏观的叙述和历史规律的阐释。

基于对近现代史教育的总体考量，"纲要"课教学的重点在于使大学生明了历史发展的规律，学会宏观的历史分析与微观的考察相结合的能力。在这一过程中，有别于史料在中学阶段历史叙述中的点缀作用，在高校"纲要"课教学中，史料的价值和作用凸显出来，史料作为分析历史问题的重要支撑和关键点开始被强调和重视。

再次，从教学方法上看，需要从中学时代强调知识性的教学转入高校强调创造性的教学。中学时代的近现代史教授，以传授知识为重点，其中，为了高考而对历史作标准性的解读，虽然有利于学生对基础历史知识的掌握，但在某种程度上会限制学生的历史想象和思辨能力。进入大学后，部分学生在一定程度上还适应不了大学的学习方式，缺少自主性学习，期望能延续中学时期教师给予确定的答案或标准答案的做法，这显然不利于学生自身思维能力和创新能力的培养，是一种思维的惰性。"纲要"课教学面对新入大学的学生，负有帮助学生构建自身人生观、世界观、价值观的责任，同时，也需要引导改变学生的学习方法和态度，激发学生的思维活力并形成有效逻辑思维能力。

因此，如何将历史规律、历史观有效地传递给学生，是高校"纲要"课教学的落脚点，强调问题意识，如何有效说明问题是关键。在这一过程中，史料的价值自然被重视，如何寻找和发掘史料，如何有效地运用史料，面对不同的史料应如何处理，如何根据史料有逻辑地分析问题等，这些能力的培养是教学的关键所在。

总之，需要高校教师引导学生通过对史料的解读，达到分析问题的目的，进而提升学生的认知能力，形成合理的历史观。

二、史料在"纲要"课程教学中的分类与应用

史料包罗万象，人类历史的痕迹都可以成为史料，"整个可知觉的世界都潜在地和原则上是历史学家的证据，只要他能利用它，它就变成了实际的证据。"[1]。根据史料载体的不同，史料可分为文献史料、遗迹史料、数字化史料、声像史料、口碑史料。史料载体不同，其特点也各不相同，运用时在方法上也有所差别。

（一）文献史料

从广义而言，一切以文字形式存在的史料都可以视为文献史料。如果按照宋元之际马端临的理解，其含义则更广，不仅包括文字资料，还包括现代意义上的口述史料，如其在《文献通考》中这样解释"文献"："因引古经史谓之'文'，参以唐宋以来诸臣之奏疏、诸儒之议论谓之'献'，故名曰《文献通考》。"[2]这里，我们是从狭义的范围来理解文献史料，即以纸张为文字形式的载体的史料。文献史料是历史研究和教学的主体，包罗万象，内容丰富，按其性质可分为：官私史书、文书档案、日记家书、报纸杂志等。下面我们将列而论之：

第一，官私史书类。

中国史学从修史主体上，可分官、私二途，不仅官方史学发达，私家修史也为繁盛，现今所言二十四史包含官私史著即是明证。就古史研究而言，因为正史保存了散佚的原始史料而具有特殊价值，所以学者一般也将正史视为史料，如吕思勉所言："正史并非最原始的史料；但作正史时所据的材料，十九不存，故正史在大体上即为原始史料。"[3]但就实质而言，官私史书实际上是史家在原始史料基础上的再创造，属于第二手史料，或称为撰述史料，就史料价值而言，是不如原始史料的。

近现代史的官私史书极为丰富，主要有官修《清史稿》（中华书局，1977年），《清实录》（中华书局，1985—1987年影印版），蒋廷黻《近代中国外交史资料辑要》，左舜生《中国近百年史资料》，《中国近百年史资料续编》（中华书局，

1　柯林伍德. 历史的观念 [M]. 何兆武，张文杰，译. 北京：中国社会科学出版社，1986：10.

2　马端临. 文献通考 [M]. 影印本. 北京：中华书局，1986：3.

3　吕思勉. 吕思勉史学四种 [M]. 芜湖：安徽师范大学出版社，2014：73.

1926、1933 年），萧一山《近代秘密社会史料》（国立北平研究院，1935 年），罗尔纲《天地会文献录》（正中书局，1943 年），《中国近代经济史统计资料选辑》（中国社会科学出版社，2012 年），《中国近代农业史资料》（三联书店，1957 年），《中国近代手工也史资料》（1840—1949 年）（三联书店，1957 年），《中国近代工业史资料》（中华书局，1962 年），张侠、杨志本编《清末海军史料》（海洋出版社，1982 年），《绿营兵志》《湘军兵志》（中华书局，1984 年），《晚清兵志》（中华书局，1997—1999 年），《民国文献资料丛编》（国家图书馆，2008 年），《中华民国史史料长编》（邗江古籍书店，1993 年），《近代中国史料丛刊》（台湾文海出版社，1966 年），《民国丛书》（上海书店出版社，1989 年），《近代史资料》（1—100 号，中国社会科学出版社，2010 年），《民国时期社会调查丛编》，《民国时期社会调查二编》（福建教育出版社，2005 年），《文史资料选辑》（文史出版社，2000 年），《中华民国史档案资料汇编》（古籍出版社，1994 年），《革命文献》《中华民国重要史料初编》（台北中央文物供应社，1953 年）。

至于以清史、民国史、近代史、近现代史、现代史冠名的著述则更为丰富，各类专题性的史书也很多，兹不一一列举。从史料的角度而言，这些都属于撰述，可以作为第二手资料使用。但是，在可信性上是不如第一手史料的，这需要我们在使用中注意。

第二，文书档案类。

档案是一种非常有价值的史料来源，特别是对近现代史而言，因为一般来讲，时间离现在越近，现存及保存的档案也就越丰富，对档案的开放利用也就越便利。就史料价值而言，档案史料是第一手资料，素为史学研究者重视。

例如，就晚清档案而言，保存最多的是中国第一历史档案馆，该馆收藏清代档案 900 多万件，大致分为四类：一是关于皇帝的言论和活动，包括诏书、谕旨、上谕、廷寄等；二是地方督抚及清政府各级大臣上书皇帝的奏折、奏表等；三是各个衙门之间的文书、文件、咨文等；四是皇帝亲族和宫廷内部情况的档案。从这些档案中可以发现清朝政治、经济、社会变迁的具体线索和细节。

除了中央外，地方各省、市、县档案馆中，也保存有大量有关近现代史的档案，如山东省档案馆馆藏清代道光、光绪、宣统年间各衙门的档案、江苏省档案馆、南通市档案馆保存了有关其时工商业发展情况的档案。另外，广州、上海档案的保存也非常丰富，其馆藏对研究帝国主义侵华史与中外关系史等都具有重要价值。

历史研究离不开史料，对近现代史的研究和教学更是如此。比如，萧一山，作为近代史研究领域的著名学者，其代表作《清代通史》作为国内第一部清代通史著述，既是作者为教学所用而撰，同时也与作者对史料的重视相关。萧一山学生时代即参与了内阁大库档案的整理工作，"清代内阁档案自拨归国立北京大学整理后，余亦躬与斯役，批阅所及，取证滋多。"[1]这些工作为其后教学和撰写《清代通史》奠定了基础。另外，1932 年，萧一山"奉考察文化之命"前往欧洲，在英法等国图书馆和收藏中心发现许多珍贵的太平天国史料，为国内罕见或无存，萧一山耗费大量精力抄录，回国后著成《太平天国丛书第一集》《太平天国诏谕》《天平天国书翰》《近代秘密社会史料》等史料著作，这些史料对太平天国史研究具有重要价值，顾颉刚评价说："其所集的《太平天国丛书》一二集，所收史料，均有极精到的跋语，为很好的太平天国史论文"[2]。由此可见，史料的搜集、整理对萧一山完善《清代通史》以及推进教学工作都起到了积极作用。

档案之价值如此，推进档案的开放和出版对史学研究和教学自然具有重要意义，也受到学者的欢迎。近年来，有关档案的出版越来越受到出版界的重视，已出版的有关近现代史的文书档案主要有：《清代档案史料丛编》（中华书局，1978 年以来陆续出版），《鸦片战争档案史料》（上海人民出版社，1987 年），《光绪朝朱批奏折》（中华书局，1995 年），《清代乾嘉道巴县档案选编》（四川大学出版社，1989、1996 年），《自贡盐业契约档案选辑》（中国社会科学出版社，1985 年），《闽南契约文书综录》（《中国社会经济史》1990 年增刊）、张传玺《中国历代契约汇编考释》（北京大学出版社，1995 年），谭棣华、冼剑民编《广东土地契约文书》（暨南大学出版社，2000 年），《徽州千年契约文书》（花山文艺出版社，1993 年），《清光绪朝中日交涉史料》（故宫博物院，1932 年），《义和团档案史料》（故宫博物院，1959 年），《中国近代史资料丛刊》及《中国近代史资料丛刊续编》（中华书局，1951—1958 年、1995—2017 年）。

另外，域外档案的公布和出版也为"纲要"课教学提供了丰富资料。20 世纪末，俄罗斯联邦档案馆开放了 20 世纪 20 年代有关联共（布）、共产国际与中国革命相关的档案资料。这些档案史料为大革命时期的研究和教学提供了新的内容。通过研究发现，联共（布）中央政治局和共产国际直接指导和干预了中国大革命，在大革命初期，莫斯科的指导思想和路线、方针基本正确。但是，在 1925 年秋后开始走

1　萧一山 . 清代通史 ［M］. 影印本 . 北京：中华书局，1986：2.

2　顾颉刚 . 当代中国史学 ［M］. 上海：上海古籍出版社，2002.

向右倾，如当时共产国际起草了《共产国际执委会给中共中央的指示》，要求"中共对国民党工作的领导应当非常谨慎地进行、党团不要发号施令、共产党不应要求必须由自己党员担任国家和军队的领导职位等"，这一指导思想对大革命时期中共的路线、方针产生了重大影响，也是导致对国民党退让的重要原因之一。[1] 另外，俄罗斯联邦档案的公布对中华人民共和国成立初期抗美援朝战争及大跃进等的研究和教学，也提供了新的解读视角，使"纲要"课的研究与教学能从更广泛的国际背景来分析问题。

第三，家书日记类。

晚清民国时期是日记、家书极为丰富的时期，留存现在的也最为丰富。日记、家书作为私人文本，相较于公开出版的文献资料而言，更能表达个体的真实想法和态度，更自由、细致。充分运用家书、日记类史料，能让我们对历史细节的把握更为生动和充分，特别是对具体历史人物的研究更是如此，"知人论世，发潜搜隐，实可补正史所不及"[2]。

当前，随着对日记、家书作为史料的重视程度越来越高，大量有关近现代史的日记、家书也得以出版，为"纲要"课的教学和研究提供了极大便利：如《中国近现代稀见史料丛刊》由凤凰出版社 2014 年开始出版，目前已出版 6 辑，该丛刊精选近现代中国各类人士的日记、书信、奏牍、笔记、诗文集等，旨在揭示宏大历史叙事背后的历史细节，以期多层面、多角度展示近现代中国波谲云诡时期的社会变迁，是近代中国士人的国家记忆与生活图景。第一辑共十种：包括《莫友芝日记》《贺葆真日记》《邓华熙日记》《汪荣宝日记》《翁曾翰日记》《徐兆玮杂著七种》《白雨斋诗话》《俞樾函札辑证》《清民两代金石书画史》《扶桑十旬记（外三种）》。

第二辑外四种，分别是潘德舆、蒋阶、段朝端、毛元征等淮上文史名流的家书、日记及自撰年谱等。就其史料价值和应用而言，各有侧重。潘德舆（1785—1839），字彦辅，号四农，清嘉庆道光年间诗文家，刊行《养一斋集》二十六卷等著作。《清史稿》卷四八六列其事迹于《文苑传》，清代诗学史、思想史竞夸其名。这些家书、日记历述其交游、见闻，真实反映了道光中叶一介平民诗人视域下的世态万象，其中不少内容具有弥足珍贵的补史之缺的价值。蒋阶（1791—？），晚清清河文士，以擅八股制义名动四方。其《苏余日记》保存了清代中叶山阳地区的文学生态剪影，实录当年山阳大灾的赈饥善后事。段朝端（1844—1925），字笏林，晚号蔗叟，博

---

1 中共中央党史研究室第一研究部译. 共产国际、联共（布）与中国革命档案资料丛书：第 1 辑 [M]. 北京：北京图书馆出版社，1997：677-678.

2 金梁. 近世人物志 [M]. 台北：台北国民出版社，1955：1.

览群书，遍访淮故，著述较丰，其诗歌成就尤其突出，汪辟疆先生赞其"卓绝诗人"。《蔗叟自编年谱》简要梳理了其一生的坎坷曲折经历，对研究苏北清末民初的诗坛互动生态大有裨益。毛元征（1875—1931），清末民初学者，柳诒徵先生有其传，《惶恐零丁》记录了民国九年（1920 年）春其卸任涪陵查验局长，转任奉节查验局长后的一系列惊险遭遇，以及离任返淮城后的短暂栖居生活。这些文献为了解及研究近现代淮阴地区的文人交游、社会历史等提供了珍贵的实录材料。

第五辑《庚子事变史料四种》，其中，宋廷模《京师日记录要》记述了庚子事变全过程，例如，洋人进逼，教民仗势，乱民作乱，良民无奈，太后、皇帝无对策，大官保自己要紧，小官在职疲于奔命，反映了八国联军侵华时的社会各界人士的生态，对研究八国联军侵华史具有补充史料的作用。总之，这些日记的出版，对深化近现代史研究和提升"纲要"课教学效果提供了有力支撑。

除了这类集中出版的日记外，其他一些名人日记也有大量出版，如《林一厂日记》（中华书局，2012 年）、《曾纪泽日记》（中华书局，2013 年）、《王伯祥日记》（国家图书馆出版社，2011 年）、《吴宓日记》（三联书店，1998 年）、《艺风老人日记》（北京大学出版社，1986 年）、《蔡元培日记》（北京大学出版社，2010 年）、《王世杰日记》（中央研究院近代史研究所，1990 年）、《许宝蘅日记》（中华书局，2010 年）、《天风阁学词日记》（浙江古籍出版社，1984 年）、《俞平伯日记选》（上海书店，1993 年）、《旅途日记五种》（三联书店，2002 年）、《郁达夫日记集》（浙江文艺出版社，1986 年）、《缘督庐日记》（江苏古籍出版社，2002 年）、《越缦堂日记》（广陵书社，2004 年）、《邓之诚日记》（北京图书馆出版社，2007 年）、《郑振铎日记全编》（山西古籍出版社，2006 年）、《湘绮楼日记》（岳麓书社，1997 年）、《曾国藩日记》（京华出版社，2002 年）、《李星沅日记》（中华书局，1987 年）、《王文韶日记》（中华书局，1989 年）、《王韬日记》（中华书局，1987 年）、《翁同龢日记》（中华书局，2006 年）、《胡适日记》（山西教育出版社，1997 年）、《顾颉刚日记》（中华书局，2011 年），这些日记都是近现代史相关研究领域的重要史料。

另外，值得一提的是，蒋介石，作为中国近现代史上一个重要历史人物，也有写日记的习惯，蒋介石在长达半个世纪的时间（1915—1972）里坚持写日记。如今，这些日记保存在美国斯坦福大学胡佛档案馆，2006 年开始，胡佛研究院公开 1917 到 1945 年的日记手稿，这些日记对研究中国近现代史具有重要的价值。

第四，报纸杂志类。

报刊作为一种新的媒介，并非古已有之。考察人类文明的传播历史，我们会发现，人类最早的结绳记事、口耳相传确保了人类实践活动和历史经验的传承，奠定了人类逐步走向文明的基础；造纸术的发明，使得文化传播的方式和效率都发生了翻天覆地的变化，刺激了中国古代社会思想文化的繁荣；而近代以来，报刊业的发明和兴起，也带来了近代学术思想文化的繁荣，促进了社会的进步和发展。就近代中国而言，报刊业的发展与中国近代以来历次的政治和思想文化息息相关，戊戌维新时期，以康有为、梁启超为代表的维新派主要的活动之一就是创办报刊，宣传维新思想，从 1895 年《中外纪闻》的创办到《强学报》等，维新派在维新运动期间创办报刊达 30 余种，遍及北京、上海、苏州、无锡、杭州、成都、重庆等多个主要城市，这是中国人自己有意识创办报刊的开始，维新派所创办的报刊在宣传维新思想，推动维新变法上都起到了积极的作用。辛亥革命时期，资产阶级革命派为了宣传革命思想更是大量地创办报刊。据统计，从 1900 年创办《中国日报》为始，一直到 1911 年，以孙中山先生为代表的革命派先后在南洋、美洲、日本、中国等创办了约 120 多种报刊，可以说报刊的创办对当时中国思想舆论的转型产生了巨大的影响，由改良变为革命，革命思潮成了 20 世纪初中国思想舆论的主流。至五四运动时期，中国报刊的发展更是风起云涌，以 1915 年陈独秀在上海创办《青年杂志》为先导，在整个五四时期以《晨报》《国民日报》《国故月刊》《湘江评论》《浙江潮》等为代表，中国短时间内涌现出了 500 余种报刊。这些报刊不仅促进了马克思主义在中国的传播，也确立了白话文在中国的主体地位，更是在思想上为国人打开了窗口。可以这样认为，从戊戌维新、辛亥革命、五四运动直至抗日战争，报刊以其迅捷、广泛的优势在其中发挥了巨大的舆论导向及思想传播作用。

在中国，报刊作为一种新媒体，最早由外国传教士创办。从深层次的原因来看，传教士创办报刊既与传教活动相关，也是为了适应资本主义市场扩张的需求，是资本主义的全球扩张相伴而来的产物。面对实行闭关政策的清朝政府，早期完成工业革命的西方列强派遣传教士来华，实际上是利用报刊进行文化渗透。

1815 年 8 月 5 日，第一份中文近代报刊《察世俗每月统记传》在马六甲创刊，该刊为月刊，开始每期印数为 500 本，其后每期增至 2 000 本，至 1819 年 5 月共印 3 万多本。流传范围主要包括"南洋群岛、暹罗、安南各地华侨荟萃之区，而中国境内亦时有输入"，主要内容"以阐发基督教义为根本要务"[1]，因此该刊有关宗教内

---

1 陈玉申. 晚清报业史 [M] . 济南：山东画报出版社，2003：3.

容占绝大多数，也有关于伦理、科学知识等方面的内容，《察世俗每月统记传》于1821年因创办人米怜病逝而停刊。

其后，1833年8月1日，中国境内第一份中文报刊——《东西洋考每月统记传》在广州创办。《东西洋每月统记传》在形式上沿袭了《察世俗每月统记传》的风格，使用雕版印刷、线装书款式，封面设计也一样。但由于在中国境内出版，受清政府教禁所桎，在内容上有了较大变化，宗教色彩开始淡化，科学文化知识成为该刊的主要内容，编者试图以此来改变中国人对邦外之人的看法。例如，从创刊之日起，连续11期刊载麦都思所撰《东西史记和合》，以中西历史相对照，意在说明中国历史与西方国家相似，不应有所隔膜。

至鸦片战争以前，这种近代化报刊并不多见，算上同时期在南洋出版的《察世俗每月统纪传》等在内，中文报刊共6种，其中，在中国境内出版的有3种[1]。鸦片战争后，教禁重开，外国传教士来华人数增多，教会报刊的数量也开始增加，1890年，据基督教会对中国报刊出版情况的调查，在先后出版的76种报刊中，"十之六系教会报"[2]。

戊戌维新前后，中国人开始大量创办报刊，从1885—1898年，全国报纸总数增加3~4倍，特别是维新变法条例公布准许自由开设报馆之后，全国新办报刊更如雨后春笋般涌现。《时务报》《知新报》《湘学报》《国闻报》等具有代表性和影响力的报刊，与其时诸多报刊一起形成了中国人创办报刊的第一个高潮。戊戌变法失败，清政府下令查禁报馆，中国报刊业遂走向低谷。

至五四时期，新文化运动蓬勃展开，报刊的创办重新进入一个新的高潮，仅1919年全国新创办的报刊就约有400种。到了20世纪20—30年代，报刊的发展逐渐步入成熟的轨道，各种带有专业性质的学术刊物大量创办。

1905年以后，报刊"分科发达之趋势"日趋明朗化，一些刊物开始向学术性过渡，其中最有代表性的是1905年创办的《国粹学报》[3]。至民国初期，以学术为主要内容的报刊已达18种[4]。

报纸杂志作为史料目前已经进入学者的研究视野，也取得了很多重要的研究成果。在国家、各省区市图书馆都有关于近代以来的报纸杂志的馆藏，其中很多被视为善本保存，其史料价值可见一斑。就数量而言，以北京、上海、天津等地馆藏最

1　方汉奇．中国新闻事业通史：第一卷 [M]．北京：中国人民大学出版社，1992：271.

2　杨光辉．中国近代报刊发展概况 [M]．北京：新华出版社，1986：2.

3　吴泽．贺昌群史学论著选 [M]．北京：中国社会科学出版社，1985：475.

4　戈公振．中国报学史 [M]．北京：生活·读书·新知三联书店，1955：186-188.

为丰富，其中，上海人民出版社 1965 年出版了由上海图书馆编订的《中国近代期刊篇目汇录》，收录了大量的报纸杂志及文章篇目，对读者有效利用报纸杂志资料作用显著。

（二）遗迹史料

遗迹是指人类历史活动在某个具体的地址上保留下来的痕迹，有埋藏于地下的，也有保存在地面上的，具体包括人类的生产工具、生活资料、武器、刑具、货币、医疗卫生用品、建筑物等，这些都可以视为有价值的史料。它使人们能更直观、感性地感知历史，深化对历史的亲和力和理解力，是一般文献史料无法替代的部分。例如，恩格斯在研究日耳曼人的古代历史时，强调食物、装饰品、家用器具、车船等生活资料遗物是"一系列更明了的史料。"[1]

"纲要"课主要涉及中国近现代的历史，因为时间距离今天较近的关系，全国各地都保留了大量有关近现代历史的遗迹。

有关"纲要"教学的遗迹史料主要包括以下几种：其一，革命遗迹。如中国共产党"一大"会址、中国劳动组合书记部旧址、上海工人三次武装起义纪念地、五卅运动纪念地、井冈山革命旧址、延安革命旧址等；其二，博物馆。如中国人民革命军事博物馆、故宫博物院、辛亥革命博物馆、苏州革命博物馆等。其三，名人故居。如孙中山故居、刘少奇故居、张闻天故居、维经斯基故居、李达故居、邓中夏故居等；其四，历史雕塑。如辛亥革命浮雕、重庆歌乐山烈士陵园纪念碑浮雕、红岩魂广场 11·27 纪念浮雕、人民英雄纪念碑等；其五，纪念馆。如鸦片战争纪念馆、侵华日军南京大屠杀遇难同胞纪念馆、新四军纪念馆、平津战役纪念馆、西柏坡纪念馆等。

具体到"纲要"课教学来说，各地可以根据自身的遗迹情况来有效利用遗迹史料。例如重庆地区，重庆作为抗战时的陪都，有着丰富的抗战遗迹史料和资源。以抗战遗址为例，"截至 2009 年 12 月，重庆市第三次全国文物普查田野调查阶段结束，该市抗战遗址共有 403 处，分布在 23 个区县。其中，万州区 13 处、渝中区 105 处、沙坪坝区 89 处、南岸区 80 处、江津区 29 处、北碚区 27 处、巴南区 15 处、合川区 15 处、江北区 14 处、渝北区 7 处、綦江区 6 处、潼南县 6 处、长寿区 5 处、九龙坡区 4 处、万盛区 2 处、酉阳县 2 处、永川区 1 处、南川区 1 处、大渡口区 1 处、铜梁县 1 处、丰都县 1 处、奉节县 1 处、秀山县 1 处，国家级 22 处、市级 163 处、区

---

1 马克思，恩格斯. 马克思恩格斯全集：第 1-50 卷 [M]. 北京：人民出版社，2017.

县级 42 处、文物点 176 处。"[1] 在"纲要"课教学中，可以通过实践的方式来参观、理解、叙述这些遗迹，这对学生切身感受中华民族的抗战精神，将学习中的理性认知与感性认知结合起来具有积极意义。

另外，有关碑刻铭文也是史料的重要来源之一。中国古代就有金石之学，近代以来学者更是将其发展壮大，就碑刻而言，一些学者进行了系统的搜集，主要有：李华编《明清以来北京工商会馆碑刻选编》（文物出版社，1980 年），《上海碑刻资料选辑》（上海人民出版社，1980 年），《明清佛山碑刻文献经济资料》（广东人民出版社，1987 年），郑振满、丁荷生编《福建宗教碑铭汇编》（福建人民出版社，1995 年），王国平、唐力行编《明清以来苏州社会史碑刻集》（苏州大学出版社，1998 年），这些碑刻史料对理解近现代史具有补充作用。

（三）数字化史料

数字化史料，是伴随着电脑网络的发展而兴起的一种数字化资料。大致可以分为两类，一类是由文字史料、实物史料和声像史料制作成的数据库；一类是公共机构或个人保存的电子资料。不管如何，数字化史料是一种文本的数据化。数字化史料的出现对"纲要"课的教学和研究都带来了新的变化。

第一，是对传统考据学的挑战。当前，史料数据库的建设使学者获取史料的途径变得更为简单有效，学者不需要如传统史家那样凭借记忆或阅读，摘抄卡片，进而获取研究和教学资料，而是只需要按照数据库的规则输入相应的关键词即可找到大量的史料，极大地推进了史料获取的速度和广度。

第二，在这一方法带来便利的同时，也存在一定的弊端，即可能导致使用者忽视上下文之间的联系而断章取义地理解文本，因此需要我们在使用时尽量地阅读和查找原文。

中国关于近现代史的数据库建设起步于 21 世纪初，目前已形成系统和规模较全的数据库体系，较为常用的有：《明清与民国档案跨资料库检索平台》《中国基本古籍库》《国学宝典》《汉籍电子文献》《明清古籍数据库》《近现代日记全文检索数据库》《中国国家数字图书馆》《瀚堂典藏》《中国数字方志库》《亚洲历史资料中心数据库》《人民数据库》《中国近现代思想史专业数据库》《中国人口地理信息系统》《清代地理资料信息数据库》《中国边疆史地研究资料数

1　刘静 . 重庆地方红色文化资源在"中国近现代史纲要"课教学中的运用研究：以重庆工商大学为例［J］. 山西高等学校社会科学学报，2018，30（8）：57-61.

据库》。

需特别指出的是，近现代以来的报纸杂志以信息量大、传播广著称，记录和参与了近代中国历史的变革，在一定程度上弥补了其他史料的空白。因此，近年来报刊数据库的建设受到重视，成果也最为突出，其中《晚清民国期刊全文数据库》和《大成老旧刊全文数据库》的建设规模最大，内容最丰富。

以"晚清民国期刊全文数据库"为例，《晚清期刊全文数据库（1833—1910）》，共收录了1833—1910年出版的300余种期刊，几乎囊括了当时出版的所有期刊，拥有众多的"期刊之最"，是研究晚清历史的专业人士必备的数据库检索工具。作为种类繁多、收录全面、主题鲜明的全文史料库，《晚清期刊全文数据库》再现了晚清时期思想激荡的峥嵘岁月：有宣扬妇女解放和思想启蒙的妇女类期刊，有晚清小说大繁荣时期涌现的四大小说期刊，有为开启民智、传播新知创办的白话文期刊，有介绍先进技术、传播科学知识的科技类期刊……读者可通过标题、作者、刊名等途径对27万余篇文章进行检索、浏览并下载全文。

另外，《民国时期期刊全文数据库（1911—1949）》计划收录民国时期（1911—1949）出版的2万余种期刊，1 500余万篇文献，以集中反映这一时期的政治、军事、外交、经济、教育、思想文化、宗教等方面的情况。作为历史档案的重要组成部分，《民国时期期刊全文数据库（1911—1949）》具有极为重要的学术价值和史料价值，它丰富了报刊数字资源，更方便了广大读者进行民国时期历史的学术研究。该数据库采用便捷的检索服务平台，读者可通过标题、作者、刊名、分类号、年份及期号等途径对文献进行检索、浏览并下载全文。同时，读者还可以使用期刊导航功能，直接浏览和下载期刊原文。

另外，海外一些数据库也对"纲要"课的教学研究有帮助。例如，根据大英图书馆和英国伦敦大学亚非学院收藏建设的《海外收藏的中国近代史珍稀史料文献库，1793—1980》，由英国著名的学术出版社AMD（Adam Matthew Digital）推出，国内由CINFO公司提供服务和支持，该数据库全面收录了海外收藏的1793—1980年中国社会、文化和历史等方面的珍贵史料，包含大量档案文献、往来公函，并附有大量地图和珍贵照片，内容十分丰富。具体包括：乔治·马戛尔尼使团访华、英国阿美士德使团访华、鸦片战争、香港的对外开放、太平天国运动、英美德日等帝国主义对中国领土的瓜分、中日甲午战争、义和团运动、日俄战争、辛亥革命、中华民国政府、军阀混战、中华人民共和国的成立、朝鲜战争、民族资本主义工商业的发展、社会主义改造、中国的外交政策、美国前总统查德·尼克松访华、英国前首相爱德华·希思访华等，是研究中国近现代史非常珍贵的海外史料典藏数据库，具有极高的文献研究和史料参考价值。

（四）声像史料

声像史料是随着近代以来摄影、影音技术的发展而形成的史料，主要通过语音、图片、视频等方式呈现出来。其中，图片史料是声像史料的重要组成部分，图片史料可分为原始图片史料和再造图片史料两种。前者是指文物、文献、人物等的照片、古画、拓片等，这些图片能真实、直观地反映历史的面貌；后者是指后人根据史料想象而作的历史图画，如人物画像、图画、漫画等，其史料价值不及前者。这里，应明确两点：第一，图片就是史料。图片史料能说明许多文字史料不能表述的内容。例如，讲述19世纪末中国被列强瓜分的形势，引出《时局图》。该图反映瓜分形势，生动形象，能起到"不言而喻""一目了然"的作用，弥足珍贵。第二，图片证实史料。文字史料已阐述清楚的问题，再用图片史料证实，更有分量。例如，在讲授太平天国耕者有其田政策时，一方面通过史料，说明在江苏吴县一带，太平天国"监军提各乡卒长给田凭，每亩钱三百六十文，领凭后租田概作自产，农民窃喜，陆续完纳。"这原本就是很具体的记录，为了进一步说明，以李秀成颁发的"田凭"图为证，能让学生对历史的感知更直观具体。又如，日本侵华战争，有大量图片直观地展现了日本的军国主义和对中国人民肆意屠杀掠夺，这些图片是作为日军侵华的最直接的证据。

声像史料还包括视频史料，这是在近现代史教学和研究中出现的一种特有的优势资源，是历史的鲜活呈现，也是史料的一种留存形式。而且相较于其他史料而言，视频史料可使教学更生动，学生的体认更直接，也更能激发学生的学习兴趣。例如，在讲授中华人民共和国成立时，1949年10月1日，首都30万军民在天安门广场集合，毛主席在天安门城楼上庄严宣告："中华人民共和国中央人民政府今天成立了！"这一历史性的时刻被视频记录下来，是一份非常珍贵的史料，在教学中将其呈现出来，必然会让学生体会到峥嵘岁月中人们的激动心情，进而使他们从心理上感受到中华人民共和国成立的伟大历史意义。

（五）口碑史料

口碑史料，又称口述史料或口传史料，主要是指以口头流传为显著特征的史料。主要包括神话、传说、故事、史诗、回忆录、遗训、俗谚、对话录、采访记、座谈录等。

就史学的发展而言，实际上，在中国古代就有瞽史之说，有专掌口传历史的史官，相传《左传》中不少史料就来源于瞽史左丘明之口。随着人类记载历史技术的进步，这种口耳相传的史学传统日渐式微。当代，随着史学研究领域的扩充和研究方法的丰富，口碑史料重新焕发生机，日渐进入史家的研究视野，口述史学成为史学的一个重要分支。

可见，口述史料的价值日益得到学者肯定，它能够弥补文献史料之不足，特别是对有文字记载以前的社会和当代社会中没有文字记录的人和事具有重要价值。其研究视角向下，对研究下层民众的日常生活具有较大优势，是当今社会史研究中经常需要用到的史料。

就"纲要"课的教学而言，由于所涉及的人和事离今天不远，还存在大量历史的见证者，故在口述史的运用上具有特定的优势。在教学过程中，可以引导学生进行口述史的史料搜集工作，并在此基础上进行探索性的学习和研究，这对学生历史研究能力和历史观的养成具有促进作用。当然，在具体的操作过程中，需要严肃主题，规范史学方法论引导，尽量避免口述史学的弊端。

第二节 "中国近现代史纲要"课程实践教学方法改革的理论探究和实践探索

"中国近现代史纲要"课程（以下简称"纲要"课）是我国高校本科生必修的思想政治理论课之一，它的教学目标是：帮助学生认识近现代中国社会发展和革命、建设、改革的历史进程及其内在规律，了解国史、国情，深刻领会历史和人民是怎样选择了马克思主义，选择了中国共产党，选择了社会主义道路，选择了改革开放。要实现这一教学目标与要求，"纲要"课在不断提升理论教学水平的同时，必须把加强实践教学作为提升教学工作生动性、实效性的重要手段，必须积极探索实践教学方法的改革。

一、"纲要"课实践教学的内涵

在具体讨论教学方法改革之前，必须先弄清楚什么是"纲要"课的实践教学？"纲要"课的实践教学与其他课程的实践教学有何区别？

"纲要"课的实践教学是为了达到特定的教学目标，学生在相关教师的组织和指导下，根据既定的教学计划，以实际操作、获得知识、认识分析解决问题、锻炼能力为主要内容的教学方式。通过实践教学，学生能够更直观地参与教学活动，更密切地接触社会，更深刻地认识问题的本质，从而深化对理论知识的认识，实现教化与内化、知与行的统一。简言之，"纲要"课的实践教学就是指在课堂理论教学之外，与课程本身相联系，由教师主导的一切教学活动。

"纲要"课实践教学应当满足以下三个条件，第一，它的实践教学活动是在课堂理论教学之外的活动。无论是在课堂上还是课堂外，只要不是教授理论的教学活动，都应该是实践教学活动；第二，"纲要"课实践教学活动必须与本门课程内容密切相关。如果与课程没有关系，或者是关系不够直接，即使是走出去的社会实践活动也不能算作"纲要"课的实践教学活动，由此区分了"纲要"课实践教学活动与一般校园文化活动和社会实践的不同；第三，"纲要"课实践教学必须是本门课程任课教师主导的教学活动。如果不是教师主导的活动，也不属于该课程的实践教学。从这个意义上，高校"纲要"课实践教学既包括了课堂上的讨论辩论、演讲、模拟讲课等活动，即课内实践教学；也包括以班团活动、社团活动等为主要内容的校园实践活动；还包括以参观考察、社会调查、社区服务、志愿者服务等校外实践活动，我们可以把校内实践活动和校外实践活动统称为实践教学活动。

加强"纲要"课实践教学，是坚持马克思哲学辩证唯物主义的必然要求。马克思主义经典作家都十分重视实践活动在人的理论学习和人的全面发展过程中的重要作用。马克思告诉我们："人应该在实践中证明自己思维的真理性，即自己思维的现实性和力量。"[1]列宁非常强调理论与实践的统一，他认为，仅仅学习共产主义理论是不够的，要把理论知识的学习和实践结合起来，否则，我们就很容易造就出一些共产主义的书呆子或吹牛家。"单从书本上来领会关于共产主义的论述，是极不正确的。"[2]青年只有"善于把共产主义由背得烂熟的现成公式、意见、方案、指示和纲领变成能把你们的直接工作统一起来的活生生的东西，把共产主义变成你们实际工作的指针，那时才能完成这个任务。"[3]毛泽东在1937年撰写的《实践论》中，对马克思主义认识论作过精辟的阐述："通过实践而发现真理，又通过实践而证实真理和发展真理。从感性认识而能动地发展到理性认识，又从理性认识而能动地指导革命实践，改造主观世界和客观世界。实践、认识、再实践、再认识，这种形式，循环往复以至无穷，而实践和认识之每一循环的内容，都比较地进到了高一级的程度。这就是辩证唯物论的全部认识论，这就是辩证唯物论的知行统一观。"[4]这些思想都指明了实践的重大意义，为我们开展"纲要"课的社会实践教学提供了宝贵

1　马克思，恩格斯. 马克思恩格斯全集：第一卷 [M]. 中共中央马克思恩格斯列宁斯大林著作编译局，编译. 北京：人民出版社，1995：55.

2, 3　列宁. 列宁全集：第一卷 [M]. 中共中央马克思恩格斯列宁斯大林著作编译局，编译. 北京：人民出版社，1995：283.

4　毛泽东. 毛泽东选集：第一卷 [M]. 2版. 北京：人民出版社，1991：296-297.

的理论指导。

进入新时代，党和国家高度重视思想政治理论课的实践教学环节。2019 年 3 月，习近平总书记在北京主持召开了学校思想政治理论课教师座谈会，他在讲话中强调，推动思想政治理论课改革创新，要不断地增强思政课的思想性、理论性和亲和力、针对性，要坚持政治性和学理性相统一、价值性和知识性相统一、建设性和批判性相统一、理论性和实践性相统一。坚持理论性和实践性的统一，就是要坚持用科学理论培养人，也要重视思政课的实践性，把思政小课堂同社会大课堂结合起来，教育引导学生立鸿鹄志，做奋斗者。2019 年 8 月，中共中央办公厅、国务院办公厅在《关于深化新时代学校思想政治理论课改革创新的若干意见》中指出，要坚持开门办思政课，推动思政课实践教学与学生社会实践活动、志愿服务活动相结合，思政小课堂和社会大课堂相结合，鼓励党政机关、企事业单位等就近与高校对接，挂牌建立思政课实践教学基地，完善思政课实践教学机制。习近平总书记的讲话为加强思想政治理论课教学指明了正确的前进方向，中共中央办公厅、国务院的指导意见为包括"纲要"课在内的思想政治理论课落实开门办课、改进实践教学方法给出了具体的工作指导。

思想政治理论课的实践教学之所以如此重要，是由于实践教学与理论教学既密切相关，又独具特点。就"纲要"课而言，它的实践教学与理论教学在教学目标上是完全一致的。两者都是以马克思列宁主义、毛泽东思想、邓小平理论、"三个代表"重要思想、科学发展观、中国特色社会主义理论体系，尤其是习近平新时代中国特色社会主义思想为指导，都是为了达到"中国近现代史纲要"的教学目标，都是为了提高大学生的思想政治素质，促进大学生的全面发展，把他们培养成德智体美劳全面发展的中国特色社会主义事业的合格建设者和可靠接班人。同时，实践教学又具有自身的鲜明特点：

实践教学过程具有开放性。实践教学以广泛的社会生活为基础，并不仅限于课堂。首先，实践教学的场地不仅可以是教室，还可以是操场、礼堂，可以是校园内的任何场所，也可以是农村、社区、风景名胜区、实践基地等，既可以面对面交流，也可以运用网络技术在线上进行；其次，实践教学的参与者不仅有教师和学生，还包含实践过程中接触的对象。通过实践教学，学生可以在"社会"大课堂中获取知识，坚定信念，完善品格，提高综合素质，实现学校教育和社会教育的有机结合。

实践教学方法具有多样性和灵活性。内容上，课堂实践教学可以采取案例分析，个人心得分享，小组讨论，模拟授课等方法；课外实践教学可以利用班团活动、社团活动、勤工助学、志愿服务、公益劳动、社会调查、社区服务等模式。组织形式上，有分散的实践活动和集中的实践活动，有面对面的交流和线上的互动。不管哪种方式方法都是为达到实践教学的目标服务，在实际教学中，可以根据教学计划、课程内容、学生情况、物质条件等因素灵活地选择实践教学的方式、规模、时间长短等，充分显示出实践教学的多样性和灵活性。

实践教学效果具有隐蔽性。课堂教学传授理论知识，通过考核可以清楚知道学生对知识的掌握情况，但由于相对枯燥和难以理解，学生容易为了应试而机械记忆，不一定能真正理解。而实践教学则是通过各种生动活泼的方式方法让学生受到灵魂的触动、思想的碰撞，让教育者的意图不知不觉地渗透到受教育者的思想中，对学生的世界观、人生观、价值观产生潜移默化的影响。

实践教学的上述特点充分表明，它是提高"纲要"课教学水平的有效途径，对实现"纲要"课的教学目标具有重要的不可或缺的作用。教学目标能否实现，关键取决于教学方法的选择是否恰当。

二、实践教学方法在"纲要"课程中的运用

自从开设"纲要"课程以来，任课教师们就在不断改进理论教学方法的同时，积极探索实践教学方法的改革，以增强课程的吸引力，提升课程的实效性。在不断探索的过程中，实践教学方法经历了由传统方法到新方法的发展历程，下面将结合我校"纲要"课的实际教学情况，对传统的实践教学方法和改革后的方法分别进行叙述。

（一）传统教学方法的运用

在传统的实践教学方法中，"纲要"课的实践教学分为课堂实践教学和课外实践教学两个部分，两个部分又分别由多种方法实现。

1.课堂实践教学的方法

"纲要"课程课堂实践教学的方法多种多样，以教学班为组织单位，主要包括模拟讲课、主题演讲、讨论、辩论、案例分析、听讲座（报告）、看专题片等。其中课堂讨论和课堂辩论是最常用的方法。

（1）课堂讨论

课堂讨论是在教师的指导下，结合课堂理论教学的中心内容，围绕某一观点、观念，组织学生进行自由讨论，相互交流，从而获得知识或巩固知识的实践教学方式。

在组织和实施过程中，必须注意以下问题：

第一，讨论主题的选取。教师在组织讨论前，要结合教学计划、课程要求、授课的实际和学生的特点选择一个讨论主题。若题目比较简单，也可以在教师讲授后随堂进行。如在"纲要"课第一章的学习中，可以选取"中国近代历次反侵略战争失败的原因和教训"作为主题。通过资料收集，学生们可以了解到从1840—1919年的近80年间，中国人民对外来侵略者进行了英勇顽强的斗争，这些斗争具有重大的历史作用。但是，历次的反侵略战争，都是以中国失败、被迫签订丧权辱国的条约告终。通过独立思考、自由讨论和教师引导，了解到中国近代历次反侵略战争失败的根本原因是社会制度的腐败，而经济技术的落后是近代中国反侵略战争失败的另一个重要原因。给学生们以启示：在近代中国，要取得反侵略战争的胜利，争取民族独立，必须要有坚强有力的领导者，必须充分动员和组织人民群众，必须摧毁帝国主义、封建势力的联合统治；必须改变中国经济技术落后的状况，实现中国的工业化、现代化。但进行现代化建设的前提是实现民族的独立和人民的解放。这需要推翻帝国主义的压迫和封建腐朽势力的反动统治。只有这样，国家才能真正强大，人民才能当家作主。

第二，讨论的要求。在组织讨论前，教师要表达希望每位学生都要发言的要求。虽然由于时间限制，不可能每个人都有机会发言，但教师明确地提出人人都要发言的要求，有助于促使每位学生在课后认真准备，发挥自我学习和自我教育的功能。如果学生准备充分，讨论就能更深入、更广泛。

第三，讨论的组织。教师是讨论的组织者和引导者，在整个讨论过程中，教师要鼓励学生认真思考，积极发言，并把握讨论的方向和思路，防止学生的讨论和交流偏离主题，避免无谓的争吵，浪费时间。积极观察学生的表现，对讨论过程中碰撞产生的一些新思想、新想法，要积极鼓励，保持宽容的态度，对一些有失偏颇的看法要加以引导分析，帮助学生走出误区。另外，教师还要特别关注表达能力相对较弱或性格内向的学生，必要时点名要求其参与讨论，避免讨论变成个别学生的"表演"。

第四，讨论的总结。学生讨论结束后，教师要针对讨论的过程和实际情况进行总结。总结决不能按照事前准备好的材料照本宣科，而是要结合讨论的情况，指出讨论的可取之处，对学生做得好的地方和个人进行表扬；对讨论中出现的错误观点要进行纠正，但要注意措辞和态度，保持理性平和，注意情理交融，以理服人。决不能生硬地批评指责，打击学生参与讨论，表达观点的积极性；对在学术界本就存在争议的观点和想法，要进行全面分析，鼓励学生钻研问题的精神。

（2）课堂辩论

课堂辩论是指围绕"纲要"课教学目标和要求，把社会实际生活中遇到的与近现代史相关且具有重大现实意义的问题引入课堂，组织学生辩论。该方法的核心在于通过辩论，激发、培养学生的理论分析能力和语言表达能力、临场应变能力，调动学生知、情、意、信、行的全面发展，引导学生运用所学的知识来思考，提高学生综合运用理论知识分析问题、解决问题的能力，从而加深学生对教学大纲阐述的基本观点的理解和认同。在组织和实施过程中，需要注意以下问题：

第一，辩题的选择。辩题的选择是课堂辩论法的重中之重，是课堂辩论分析法成功的关键。"纲要"课内容记述的都是过往的事情，其中大量的问题却能贴近当代人的生活，能照进当今的社会现实，启发人们思考，所以选择辩题时，必须确定所选问题能贴近当代学生的思想实际，并且与大学生的思想成长紧密相关，能回应当代大学生对于国家民族命运以及现实生活的真实关切。同样以教材第一章"反对外国侵略的斗争"为例，就可以将"殖民侵略对殖民地究竟会产生什么影响"设为辩题，引导学生关注这样一个既有学术价值又有现实意义的问题，启发学生深刻认识殖民侵略对殖民地人民造成的巨大灾难，从而进一步认识反帝斗争的正义性、必要性。再以教材第六章"中华民族的抗日战争"为例，本章可以将"国民党正面战场在抗战中地位和作用"设为辩题，引导学生深入探究国民党正面战场在抗日战争的各阶段发挥的不同作用，从而进一步理解国民党政权为什么在抗战胜利后会很快被人民所抛弃。课堂辩论的选题比课堂讨论的选题更考验教师的学养智慧，既要保证选题在学生中具有很高的关注度，又要确认选题在整个课程体系中确实具有重要价值，也就是是否具有辩论的必要性。

第二，课堂辩论的组织。课前，教师将事先准备好的辩题布置给学生，要求学生查阅资料、思考、形成自己的看法，准备课堂发言，并根据观点的不同，组织成两支队伍，进行队伍内部的简单分工。教师是辩论的组织者和引导者，在组织辩论时，教师不仅要鼓励学生积极发言，还要引导发言学生选择发言的方向和角度，更要引导作为听众的学生注意分析发言的技巧和水准。"纲要"课的课堂辩论与其他辩论的区别在于，必须充分运用历史事实为依据，学会用科学的历史观分析问题。

第三，课堂辩论的总结。学生辩论结束后，教师要根据学生的发言情况进行总结，对辩论双方学生发言的思路、观点、技巧等各方面进行点评，表扬优点，指出不足，并对辩题进行系统分析，阐明自己的观点。最后由学生参与投票评选出优秀辩论队、优秀辩手，这样既可以鼓励辩论者的积极性，又可以激发作为听众的这部分学生的参与热情。

2. 课外实践教学的方法

课堂外实践教学，顾名思义，即打破课堂局限，由"纲要"课专任教师指导，学生亲自参与与课程内容相关的实践教学环节。课外实践教学的方法包括参观考察、社会调查、课题调研、公益活动、校园文化活动等，其中参观考察和社会调查是最常用的方法。

（1）参观考察

参观考察是一种情景体验式教学，它是根据"纲要"课教学计划的安排，在本课程专任教师的带领下，组织学生走出校园，深入社会，到革命圣地、历史文化圣地、企事业单位、工厂、农村、社区、部队、展览馆、博物馆、纪念馆等地进行参观考察，将学生带到纪念馆等实际场景中，通过再现当年情景，使身临其境的学生产生强烈的感官刺激，从而产生犹如切身的感受，然后达到使学生理解和认同相应的观点、理论的教学方法。学生通过直观感受，获取历史知识，深化对重大历史事件的认知，从而积极主动地接受理论教学传达的观点。参观考察不仅能深化学生对历史问题的认知，还能使学生的灵魂得到洗礼，精神得到升华，能大大激发学生的学习需求和学习兴趣。

组织和实施参观考察的关键在于：

第一，确定合适的参观考察地点。首先根据课程内容，确定参观考察的地点和目的。例如，我们在讲授"纲要"课第六章"中华民族的抗日战争"的内容时，可以组织学生参观大轰炸隧道惨案遗址，让学生直观地感受日本帝国主义侵略者带给中华民族的巨大伤害和沉痛教训，理解抗日战争的历史地位及伟大意义，认识各族人民团结一致，共同对抗强敌，浴血奋战的艰苦历程，明白一个国家必须团结与强盛，否则就要受到外来势力的欺负，"落后就要挨打"，这也是我们目前谋求发展的动力与原因，教育学生珍惜当前来之不易的幸福生活，激发爱国主义热情。带领学生参观红岩革命纪念馆等爱国主义教育基地，帮助学生了解中国共产党为抗战胜利做出的伟大贡献，明确认识中国共产党是全民族抗战的中流砥柱，是中华民族争取民族独立解放的坚强领导核心。在讲授改革开放以来中国的经济建设内容时，可以组织学生参观考察改革开放以来涌现出来的先进企业、社区、村镇等，例如重庆西永的微电子工业园区，渝北的空港区、保税区等，了解党在各方面建设的政策和取得的成果，加深对改革开放以来党的基本路线和各项政策的正确性理解，树立自觉遵守党的各项路线、方针、政策的信念。其次，在选好参观考察的地点后，教师要先去实地进行考核，落实行动路线，考察选定的参观点是否与课程内容符合，是否有足够的接待能力等。最重要的是要和参观点的工作人员进行沟通交流，以参观红岩革命纪念馆为例，要求工作人员在讲解和回答学生提问时，一定要结合我们参观考察的目的，对学生进行现场引导，防止过于简单的介绍和说明，把"纲要"课的社会实践教学变成普通的旅游参观，把学生当作普通的游客，把教师当作一般的陪同人员。

第二，参观考察前的准备。在组织学生参观考察前，要向学生简要介绍参观考察的地点，对此行的意义和目的进行说明，对注意事项和安全纪律提出要求，教会学生基本的参观访问技巧。特别是要提前布置学生学习的相关资料，提出问题，要求学生带着问题进行参观、考察、访问等。

第三，参观考察的实施。在选定了参观考察地点，确定好参观考察的时间后，就要组织学生前往目的地进行参观考察。在整个参观考察的过程中，既要尊重学生理论联系实际的主体作用，又不能忽视教师的指导作用。在整个过程中，教师要引导学生朝有利于升华理论、提升思想道德素质的方向发展，启发引导学生在参观考察过程中发现问题、思考问题、分析问题并尝试解决问题。

第四，参观考察的总结。参观考察返回之后，教师要及时指导学生写出参观考察的感想、收获和心得体会，引导学生进行交流讨论，在讨论中把问题一步步引向深入，达到解决问题的目的。学生在参观考察中的表现、所写的心得体会和讨论，要按照一定比例纳入学生的平时成绩。学生参观考察的情景及体会，还可以通过文字、视频等资料保存下来，供其他未能参与考察活动的学生分享。

（2）社会调查

社会调查是指学生在"纲要"课教师的组织和指导下，利用假期等课外时间，根据课程实践教学目标，围绕某一主题开展调查活动，从社会实际中收集到丰富的第一手资料，形成调研成果的一种教学方式。社会调查的组织和实施需要注意以下问题：

第一，调查主题的确定。作为"纲要"课实践教学的方式之一，这里所说的社会调查与专业学习进行的调查最大的区别就是调查的主题必须与"纲要"课内容相关。如果教师设计的调查主题既与课程内容相关，又能与专业学习结合，且是学生关心的问题，那么学生调查的积极性和认真度会极大地增加，调查的收获就会增大。

例如，为帮助学生对教材第十一章"中国特色社会主义进入新时代"的学习，可以组织到社区村镇调查中共十九大以来我国经济社会发展状况。还可以根据专业细分调查选题，比如，法学学生调查基层法治建设状况，政治学专业学生可以调查基层政权建设状况，经济学学生可以调查乡村经济建设状况等。

第二，调查前的培训。培训内容包括调查主题的确定、调查对象（地点、人物）的选择、调查计划的拟订、调查指标的设计、调查方式和方法的选择、调查资料的整理与分析以及调查报告的撰写等最基本的社会调查方法与技能。

第三，调查过程的指导。现在很多高校一般采取集中调查与分散调查相结合的办法。集中调查即从各班抽几个人组成几个小分队由教师分别带队到联系好的单位进行调查。分散调查则是大部分学生自行联系组成团队或单人进行社会调查。这种方法会造成一种现象，即"小分队搞得轰轰烈烈，大部队却无声无息。"因此，如何加强对大部分分散学生社会调查活动的指导，是做好社会调查的重要环节。结合长期运行的大学生"三下乡"社会实践活动和大学生专业实习的经验，对那些分散调查的学生可以按照家庭所在地的原则进行分组，组成"返乡小分队"，然后根据学生人数的多少安排指导教师的人数。教师的主要职责是对学生的调查过程进行各种形式，如实地、电话、邮件、QQ、微信等的跟踪指导，并做好记录，便于总结。

第四，调查报告的成绩评定和总结。调查结束后，学生在教师指导下对调查资料进行整理和分析，撰写出调查报告，教师对学生的调查报告评定成绩。及时做好社会调查活动的总结工作，对调查的过程及时进行总结交流，认真评选出优秀调查报告，进行评奖表彰、结集成册或者推荐发表，作为以后理论教学和实践教学的参考资料。

（3）学生党团活动

高校学生党团活动，就是高校党组织以及团组织举办的针对高校学生党员、团员的活动。学生党员、团员是青年学生中的先进代表，学生党团活动的开展所展现的风尚引领着一代青年学生的价值取向，正确引导学生党团活动，使其成为高校促进中国特色社会主义建设、实践科学发展观的前沿阵地，是学校思想政治工作的重要责任。"纲要"课教师因既熟悉历史、又能正确理解和诠释国家大政方针，在引导学生党团活动中能发挥重要的作用。而且，指导学生党团活动对于教师增强实践能力、提高教学水平具有很大的促进意义。

要把学生党团活动作为"纲要"课的课外实践环节，教师在参与指导学生党团活动时必须选准工作的切入点。整个学生党团活动，包括策划、组织、开展、控制、总结五个阶段，其中活动的组织以及开展应该交给学生自己负责以锻炼学生的实际工作能力。教师参与学生党团活动的切入点应当在活动的策划、控制和总结三个阶段。

策划阶段。"纲要"课教师应通过与学校或学院的党团组织进行沟通，共同确定党团活动的主题、时间、地点、形式，实现课程教学内容与学生党团活动的有机结合。

控制阶段。所谓控制，就是根据既定目标来跟踪和修正实践教学活动，使所有的工作都按照拟定的计划和指挥来完成，实现预想的教育目标。在学生党团活动中，青年学生由于认识水平以及经验的局限，难免会出现一些意外情况，比如语言或者行为上的偏差等，这些情况如果不加以控制疏导，很容易导致活动的中断甚至是学生集体的过激行为，这就需要教师对活动的开展过程进行必要的监控，及时进行细节的调整，对错误的思想和做法予以纠正、指导，保证活动达到预期的教育目的。

总结阶段。总结，就是对活动成果及存在的不足及时进行整理反思。教师在活动结束时及时进行总结，有利于学生在获得快乐的同时回顾活动中所获取的知识，深化对活动主题的认识，并总结经验，吸取教训，促进今后的活动在更高的水平上展开。

以上是"纲要"课传统的实践教学方法，这些方法是教师们通过长期的实践教学累积而成的宝贵经验，在动员和组织学生方面具有非常有效的、不可替代的作用，所以至今依然被使用。然而，随着高校招生规模的日益扩大、学生学习习惯的变化以及科技的进步，传统方法的局限性也日益显现，主要表现在：其一，随着高校招生规模的扩大，"纲要"课教学班的规模已经由从前的数十人发展到动辄百余人，而传统方法是在小班教学的基础上诞生的，无法适应上百人的大班对学生安全保障（此处特指课外实践教学活动）、教学经费投入、教学基地等选择方面的需求。其二，传统实践教学方法是在信息技术尤其是教学信息技术欠发达的时代形成的，在如今信息技术高度发达、信息资源十分充足的条件下，学生已经不满足于从纸质媒体上获取知识，传统方法也就不能充分满足学生对信息传达、知识接收方式的新习惯和要求，不能充分发挥实践教学的影响力，因此难以取得理想的教学效果。其三，在传统方法之下，课堂实践教学与课外实践教学是截然分开的，这种分离不利于教学资源的整合，既会消减实践教学过程的贯通性，也会消减实践教学对理论教学的支撑作用。

由于传统的实践教学方法具有明显的局限性，所以在新的时代条件下，对 "纲要" 课实践教学方法进行改革是十分必要的。

（二）新的实践教学方法的运用

综上所述，传统的实践教学方法虽然积累了一些成熟的、行之有效的经验，但也有明显的局限性，为了适应新形势、满足学生的新需求，近几年我们在借鉴传统实践教学方法经验的同时，对 "纲要" 课实践教学方法进行了重大改革。需要特别说明的是，这次实践教学改革是在加强教学团队建设的前提下进行的。此前在教学方法的改革上也有过团队合作，但更多的是教师个人的独立行动，而这次改革首先是组建教学团队，我们 "纲要" 课教研室所有任课教师都进入实践教学改革团队，在团队负责人的组织领导下，实现了团队合作的常态化，教学工作由以教师个人行动为主改变为大家分工合作群策群力，依靠集体智慧进行攻关。教学团队的建立及其常态化运作，为实践教学改革提供了坚实有力的组织保障。经过团队集体讨论，决定将学生的平时成绩在总成绩中的比例从过去的 30% 提高到 50%，这就为加强师生互动、开展实践教学提供了充裕的空间。在团队合作之下，我们对实践教学方法进行了重大改革：

1. 建立课程网站，为学生提供丰富的学习资源和详细的学习指导

我们的实践教学改革是从建立课程网站开始的。团队在学校校园网建立了课程网站，网站内容分为课程介绍、教学大纲、教学计划、教学团队、课程教材、考试大纲、学习指导等板块。每个板块下面有多个子集，如在 "教学大纲" 板块对课程类别、开课学期、开课单位、使用专业、学时学分、课程性质、教学目标、学时分配、教学方法建议、课程考核及要求都作了详细说明，并列出了各章的教学大纲。各章的教学大纲则十分详细地载明了本章的教学目标、教学时数、教学内容、教学方法、考核要求。又如在 "学习指导" 板块下面设置了重难点解析、教学资源、教学资料等子集，除了给学生指出各章的重点难点还提供了大量的文字资料和影视资料供学生自主学习。

课程网站的建立，为学生提供了丰富的学习资源，极大地拓展了学生的学习空间，不仅能帮助学生详细了解整个课程的情况、克服学习的盲目性，而且培养了自主学习习惯意识，帮助学生积极主动地融入教学全过程，为做好理论教学和实践教学都准备了基础条件。

2. 借助信息化的课堂管理平台，将互动式教学日常化

近年来，越来越多的课堂管理工具的面世，为改进实践教学方法提供了十分便利的条件，笔者所在学院选购了"课堂派"这一管理平台。这是一款功能强大的课堂管理平台，教师登录平台后，通过邀请码邀请本班学生加入，由此形成了一个线上的班级教学管理空间。在这个空间内，教师可以发布公告、布置以及批阅作业、发布测试题、记录学生的课堂表现、发布以及链接课程资源、发起话题（发起人可以是教师，也可以是学生）、建立考勤记录，可以登记学生成绩，还可以与学生随时进行私信交流。借助这一平台，"纲要"课实践教学方法实现了质的飞跃——将互动式教学有机融入每一堂课，实现了互动式教学的日常化。日常化的互动教学，主要通过发布讨论话题、记录课堂表现进行。

发布"话题"，锻炼学生书面表达能力。教师在理论教学的过程中，从各章（或专题）精心选择一个既是教学难点又能激发学生兴趣的话题，在"课堂派"上作为"话题"发布，要求学生讨论。"纲要"课各章都有这样的话题，在讲第一章时可以把"如何认识殖民侵略对殖民地产生的影响"或"近代中国的反侵略战争为什么失败"作为话题，第二章可以将"中国近代化的开端为什么遭遇重大挫折"作为话题，第三章可以将"辛亥革命期间帝国主义有何表现"作为话题，第四章可以将"为什么说中国共产党的成立是开天辟地的大事件"作为话题，第五章可以将"毛泽东为代表的中国共产党人为什么能开辟出中国革命的新道路"作为话题，第六章可以将"抗日战争胜利的原因和经验是什么"作为话题，第七章可以将"抗战胜利后国民党政权为什么会迅速走向崩溃？"作为话题，第八章可以将"如何认识社会主义制度在中国的确立"作为话题，第九章可以将"如何评价毛泽东"作为话题，第十章可以将"为什么必须坚持中国特色社会主义道路"作为话题，第十一章可以将"为什么必须坚持习近平新时代中国特色社会主义思想"作为话题。

上述话题，通常都是教师当堂发布、学生当堂完成、教师当堂评讲。当堂完成的作业用时不可太长，一般是 5 分钟以内，不能挤占教师的讲课时间。也可以在上一堂课上发布，让学生在课后完成，教师在下一堂课上评讲。只要话题选择准确，学生们都有很高的参与热情，都会积极抢答。教师不可能在课堂上一一评讲，但必须选择特别好的和不太好的作为代表进行点评（当然，点评不太好的回答时不可指名道姓）。教师在课后可以给学生评分，并将评分纳入平时成绩。如果多次发布话题，没必要每次都计入成绩。无论是否计入成绩，发布的话题都应具有意义。这些话题的发布，既能帮助学生加深对重点难点问题的理解，有力地促进他们理论水平的提

升，同时又能调动他们的参与热情。

课堂提问可锻炼学生语言表达能力。由教师发布话题而展开的互动，是通过学生在"课堂派"上的书面回复来完成的，它能锻炼学生的书面表达能力，但仅仅有这样的锻炼是不够的。因此，教师在开课时就会向学生宣布，鼓励学生积极提问或回答问题，争取为数不多的课堂发言机会。教师通过安排课堂提问，锻炼学生的语言表达能力，已成为课堂实践教学的另一种方法。提问可以是教师点名要求学生回答，也可以教师不点名、要求学生主动争取答问机会，还可以是学生提出问题由教师回答。教师可以运用"课堂派"上的"表现"栏目，对学生在课堂上提问或答问的情况进行记录，以星星数标识学生的得分，然后将得分数纳入平时成绩。

开展课堂提问比发布"话题"互动更考验教师的课堂组织能力。首先是教师设问数量要适当。一堂课设问过多，课堂节奏就会散乱，就会打乱教学计划，无法圆满实现教学目标；如果一堂课设问太少甚至不设问，师生全程无交流，则学生提不起精神，课堂气氛沉闷，同样无法圆满实现教学目标。其次，教师必须激发学生的问题意识，鼓励学生发问，但如果学生在课堂上发问较多，则教师不可当堂一一作答，可留一些到课后交流，以免打乱教学计划。所以，教师在备课时必须对发问的内容、数量作认真准备，对学生可能提出的问题也要有所准备，做到这些，就能既提高学生的参与热情、锻炼他们的语言表达能力，又能完成教学计划，保证学生有实实在在的收获，大大提高课堂互动的质量。

高质量的课堂日常互动，融理论教学与实践教学于一体，实现了理论教学与课堂实践教学的无缝衔接、合二为一。

3. 组织观看电影，要求每个学生写观影体会

为了帮助学生学习历史、了解国情，提高学生的思维能力与写作能力，我们每学期都会组织课堂实践教学活动——统一观影。"纲要"课实践教学方法改革之前，是否观影、观看什么影片都由教师决定。改革以后，笔者所在教学团队在每学期的教学计划中都统一安排一次课用于集中观影。所谓"统一"，是指同一学期内，各个开课班的观影内容和观影时间（即教学周数）相同，对观影作业的基本要求相同。作为近几年课堂教学实践活动的一项重要内容，统一观影从一开始的组织策划到最终的作业评阅，全过程都进行了严格、周密的管理，具体步骤如下：

关于影片的选择。用于实践教学集体观看的影片不是随意确定的，必须经过审慎挑选，挑选影片的标准是：一要有史学意义，即必须是关于中国近现代史的内容；二要有政治意义（即有利于帮助学生理解"四个选择"）；三要有技术水准，即必

须是具有艺术感染力、能打动人的精品。按照这三个标准，我们先后安排了《建党伟业》《建国大业》《我的1919》等影片，深受学生欢迎。

关于观影的组织。观影组织是以教学班为单位进行的，观影通知由各个任课教师在观影活动开展之前一周发出，教师通过"课堂派"向学生发布个人作业通知，通知须详细载明观影后的作业要求（如题目自拟，字数要求，坚持原创，交稿方式，交稿截止日期等）。教师在影片放映前必须对影片内容以及选择该影片的原因向学生做简要介绍，以引导学生迅速进入学习状态，帮助学生理解这是教学活动而非普通的观影。观影结束后距离下课还有剩余时间（观影课连同课间休息时间一共是130分钟），教师会充分利用这段时间，趁着学生的情感尚停留在影片中，请他们现场分享观影体会。根据经验，这个时候不用教师指定发言人，学生们便会踊跃发言，与大家分享自己的心得体会。

关于作业的提交与评讲。传统方式下，学生写观影体会都是以纸质方式提交，自从使用"课堂派"以来，学生都在线上提交——在"课堂派"的"作业"页面中提交。作业的评阅由任课教师在线上完成，作业成绩按照一定比例折算计入平时成绩。学生提交作业后教师即开始评阅，在评阅一多半后即可在课堂上进行作业评讲，表扬优秀作业，并指出作业中的不足之处，以帮助学生提高分析能力和写作水平。

4. 开展以小组为单位的主题实践活动，培养学生的团队合作能力

除了组织一次观影，我们每学期还会统一安排另外一次实践教学——以小组为单位的主题实践活动。开展这次实践教学的目标，是帮助学生在学习历史、认识国情的同时，能够增强团队合作意识、锻炼团队合作能力。小组作业的完成，需要教师依序做好以下工作：

确定实践主题，提前将具体要求通知学生。作业主题的确定，其基本原则必须紧跟国家的大政方针、紧密结合具有重大政治意义的事件。例如，我们近几个学期采用的主题分别为："追寻筑梦中国足迹，昂扬奋进新时代""爱国·铸魂·筑梦，做时代新人""我和我的祖国"等。其中"我和我的祖国"，就是紧密结合庆祝中华人民共和国成立七十周年这一重大事件。与个人作业的提前一个星期发通知不同，小组作业的通知一般要提前一个月发出。团队负责人在广泛征求团队成员意见的基础上确定主题，主题一旦确定下来，各位任课教师就要尽快将作业通知包括有关具体要求通过"课堂派"发布给全班学生。之所以提前通知，是因为小组作业的完成比个人作业更耗时、更复杂，必须留给学生比较充裕的时间。

为了方便学生更好地理解活动主题、完成作业，小组作业的通知应当具体、详细。

例如，"我和我的祖国"主题实践活动的通知，不仅告知了主题，还告知了副标题——庆祝新中国诞生70周年主题活动。告知了作品最终呈现形式是微视频，微视频的艺术表现形式可以多元化：情景剧、小品、微电影、参观考察、访谈录、口述史、演讲、辩论赛等均可。告知了作品题材的选择，有三种题材供学生任选其一：一是与新中国诞生、70年历程相关的大事件中的家人故事、西政故事、家乡故事、重庆故事；二是与新中国诞生、70年历程相关的家国情怀故事；三是最难忘或最打动你或对你影响最大的与新中国诞生、70年历程相关的重大历史事件、历史人物。告知了作品时长（根据各班的人数、组数来确定）。告知了成绩评定方式：以小组成绩记入个人成绩。告知了小组组建方式：自愿组合。告知了各班的小组数以及小组的人数（根据各班总人数具体确定）。除此之外，还告知了微视频末必须要有所有小组成员的活动照，并以字幕等形式展现小组成员及分工；告知了在教学班展示时各组长需要提供一份纸质作品清单介绍，作品的名称、简介，列出小组成员姓名及分工。如此详细的通知，目的在于给学生们完成作业以具体明确的指导，从而利于提高工作效率。

全程跟踪指导，确保小组作业顺利完成。通知发出后，任课教师必须全程跟踪指导，随时帮助学生解决各种问题。第一个也是最关键的问题是在"课堂派"上建组。教师先确定组数，要求学生自愿组合，各组组长由自荐产生，组长负责在"课堂派"上录入组员姓名，以便教师将来录入成绩。教师通常要求各组人数基本相当，不可太少或太多，但由于"纲要"课普遍是大班、跨专业上课，来自不同专业的学生之间平时并不熟识，自愿建组过程中往往会出现有些组人数太多、有些学生进不了组的情况，教师就得随时关注各组的建组进程，尤其要鼓励学生们勇于突破小圈子，学会结识新朋友、尝试新事物，学会团队合作。其次就是节目题材、节目形式、具体完成方式等问题，随时给学生答疑解惑。期间教师与学生的交流，可以当面进行，也可以是电话、QQ，但更多的是利用"课堂派"平台的"私信"实现，"私信"交流经济、便捷，极大地拉近了师生之间的情感距离，融洽了师生关系。所以，指导学生完成小组作业的过程，也是增进学生友谊和师生情感，帮助学生获得更多愉悦感的过程。

根据教师的指导，各组学生将利用课余时间分工合作，根据自己选定的题材及作品的艺术表现形式，走出教室，走出校外，开展社会实践，在搜集大量素材的基础上完成微视频的创作。因此，以微视频为汇报形式的主题实践教学，实际上是课堂实践教学与课外实践教学合二为一的教学方法。

组织课堂展示，发动全体学生参与成绩评定。根据教学团队的统一安排，各教学班在同一周用一次课的时间进行小组作业的课堂展示。小组作业的展示顺序通常是由各组代表抽签决定，如果教学班规模较大、人数较多，展示时间紧张，教师就会要求各小组提前将作业（视频）拷贝到讲台的电脑上，由教师按顺序播放即可。如果教学班规模不大、人数较少，展示时间充足，教师就会要求各小组派代表自行上讲台播放，小组代表在播放前还可以对本组作品进行一个简短的介绍。教师在展示前要做好动员，调动学生们的参与热情，展示期间要认真记录，展示结束后要做好总结，教师在总结中要对完成较好的作品提出表扬，对完成得不够理想的作品指出其不足，以帮助学生们改进。但总结的关键在于肯定学生们的付出，充分发掘各组在作品质量、团队合作方面的亮点，帮助学生们建立成就感，使实践教学能给学生们留下一个印象深刻的美好记忆。

除了展示作品，还有一项重要工作——为各组作品打分。小组成绩即为组员个人成绩，教师最后按一定比例折算计入个人的平时成绩。为充分调动学生的参与热情，教师需让班上每一位学生成为评委，为各个作品打分。具体做法：每组作业展示开始后，教师在"课堂派"上发起"课件互动"（或"试题互动"），全班学生即可进入互动，为展示作品打分，"课堂派"软件会自动算出各组的最后得分并在平台上公示。为此，教师需要在展示前认真准备，制订合理的评分标准，展示开始前向全班学生公布，以帮助提高学生们对作品的鉴赏水平，并使学生们的打分有章可循。为了既保持教师的主导权、又发挥学生的主体作用，每个作品的最终得分应当由学生的打分和教师的打分加权平均而成。

改革后的实践教学方法是在以现代信息技术为支撑的基础上建立起来的，它为学生提供了丰富的教学资源、多样的学习方式、多样的实践方式，并保证了师生之间不受时间、地点限制的自由沟通，因此完全克服了传统教学方法的局限性，增强了课程的亲和力，增强了实践教学对理论教学的支撑力，极大地提升了教学效果。近几年，无论是来自我校教学督导专家的意见，还是来自学生的调查反馈信息，都表明，大家对"纲要"课教学效果的评价普遍较好，学生的满意度很高，我们团队也因此受到多次表彰。

三、"纲要"课程实践教学方法改革的体会

回顾近年来参与"纲要"课实践教学方法改革的过程，总结改革过程中的经验与教训，总体来说：要想使本门课程的实践教学方法改革取得实效，在设计教学方法时必须坚持一定的原则，在落实教学方法时必须选准着力点。

（一）"纲要"课实践教学方法改革应当坚持的原则

"纲要"课实践教学方法的改革应当遵循什么样的原则？搞清楚这个问题，是保证改革成功的前提条件。作为向学生进行思想政治教育的主渠道、主阵地，"纲要"课实践教学的目的与专业课的实践教学有所区别，它不是为了提高某一方面的专业技能，而是为了增强学生认识国情、认识社会的能力，坚定学生对马克思主义、社会主义的信仰，对中国共产党的拥护，对改革开放的拥护。这一教学目标的特殊性，决定了"纲要"课的实践教学方法改革所遵循的原则也具有特殊性。概括来说，"纲要"课实践教学方法改革应当遵循以下三个原则：

第一，政治性、思想性和科学性相结合的原则。

政治性、思想性和科学性相结合的原则是"纲要"课实践教学应遵循的首要原则，是"纲要"课的课程性质特征的直接体现。政治性是指"纲要"课实践教学必须坚持以马克思主义、毛泽东思想、中国特色社会主义理论体系，尤其是习近平新时代中国特色社会主义思想为指导，坚持社会主义方向，全面落实中国共产党的教育方针，政治上同党中央保持高度一致。思想性是指"纲要"课实践教学不是简单教授历史知识而是要关注人的精神价值和精神动力，要以理想信念教育为核心内容，着眼于对学生进行人生观、世界观、价值观的教育，帮助学生确立并坚定在中国共产党领导下走中国特色社会主义道路、实现中华民族伟大复兴的共同理想和坚定信念。科学性是指实践教学在指导思想、教学内容、实施方法上的真理性和科学性，它必须遵循教育教学规律，必须遵循学生的认知规律，真正做到以科学的理论武装人，以科学的方法教育人，实现以理服人，而非简单说教、以势压人。

第二，实效性、时代性和创新性相结合的原则。

实效性、时代性和创新性相结合的原则是实现"纲要"课教学目标的必然要求。实效性要求实践教学必须达到一定的教育效果，使受教育者认同课堂教授的理论知识，深化对理论知识的认识和理解，能够运用课堂所学的理论知识来认识历史问题，解决现实问题，使他们日常的言行能符合基本的政治规范和道德规范，在大是大非面前能保持正确的历史观，能展现良好的政治素质。时代性是指实践教学活动必须与当今的时代特点相结合，符合时代发展的要求。在经济文化政治全球化的时代背景下，随着我国改革开放的不断深入，各种观念不断碰撞，各种思想交织，人们尤其是青年学生对历史问题的认知势必遇到各种各样的干扰，"纲要"课实践教学不能一成不变，必须顺应时代的发展，坚持与时俱进，必须吸收并传达当代史学研究以及相关学科研究的最新理论成果，从当下学生的思想实际出发，对历史问题以及相关现实问题进行科学分析和解答。创新是一个民族进步的灵魂，是国家兴旺发达的不竭动力，是民族兴旺的必然要求，开展"纲要"课实践教学工作需要不断的创新，要紧密联系不断发展变化的国际国内形势、充分运用当代科学技术尤其是教育信息技术的新成果，努力贴近当代大学生的思想实际，不断创新实践教学活动的方式方法、活动载体、评价机制、教学理念。只有坚持实效性、时代性和创新性相结合的原则，才能保证"纲要"课实践教学的吸引力、感召力、生命力。

第三，同步性、代表性和可操作性相结合的原则。

同步性、代表性和可操作性相结合的原则体现了实践教学内容的具体要求。同步性是指实践教学的内容必须与课堂理论教学的内容相结合，二者必须保持一致性。学生带着课堂上没有深刻理解的理论问题开展实践，在实践中寻求理论的根源，印证理论的科学性和先进性，又带着实践得到的直接感受回到课堂，丰富理论并寻求更多的理论支持，真正做到理论联系实际，理论指导实践，实践检验理论并升华理论。代表性是关于教学资源的选择，"纲要"课实践教学可利用的资源非常丰富，但由于时间、经费、交通等的限制，必须对各种资源进行取舍，选取最能反映时代精神，包含较高思想价值、具有明确的教育意义，能产生较好的教育效果的资源，可使实践教学收到最好的教育效果。可操作性是关于教学方式，要使实践教学活动能够顺利开展，需要对其效果进行科学评估。在选择实践活动方式前，就要对现有条件进行评估，确保现有的条件能对实践活动所需要的场地、资金、人员等提供可靠保障，决不能好高骛远地选择很难做到或完成的任务，否则只能流于形式或草草了事，既浪费精力，又达不到预设的教育教学效果，甚至会让参与教学活动的学生产生厌烦情绪，对以后的教学产生抵触。

明确了上述三个原则，"纲要"课实践教学方法的改革就有了基本遵循，就能保持正确的轨迹。

（二）"纲要"课实践教学方法改革的着力点

"纲要"课实践教学方法改革的目标，无疑是为了帮助学生更好地理解"四个选择"，坚定"四个自信"，更自觉地坚持以马克思主义、毛泽东思想、中国特色社会主义理论体系尤其是习近平新时代中国特色社会主义思想为行动指南，坚定不移地坚持中国特色社会主义道路。为了更好地实现教学目标，实践教学方法改革必须找准关键的着力点，着力点可以归纳为以下三个：

一是充分利用信息技术，促进课堂实践教学与课外实践教学的有机融合。

如前所述，传统的实践教学方法之下，课堂实践教学（具体如课堂讨论、课堂辩论、课堂视频播放并做心得交流等）与课外实践教学（如参观考察、社会调查、党团活动等）作为两个不同的部分，在教学过程中是分别实施的，由此带来的问题是，如果把这两部分都充分实施，就需要投入更多的课时。而在总课时本来就比较紧张的情况下，具体实施时通常是顾此失彼，要么削减课堂实践教学的课时，要么削减课外实践教学的课时。就算二者课时都有保证，课外实践教学的成果也难以在课堂实践教学中得到充分展现。之所以出现这种状况，根本原因是：传统实践教学方法是在教学信息技术欠发达的条件下形成的。离开信息技术的支持，就无法将课堂实践教学的主旨在课外实践教学中充分贯彻，也无法将课外实践教学的成果在课堂实践教学中进行充分的、有效的展示，也就难以实现课堂实践教学与课外实践教学的相互贯通、有机融合。

我们近年的教学方法改革已经表明，充分利用现代信息技术尤其是教育信息技术在教学中的作用，能更好地促进课堂教学与课外实践教学的有机融合。学生借助信息技术的帮助，可以接受比以前多得多的知识信息，可以随时向教师提出问题、表达观点（意见）、交流思想、提交作业，可以与同学分工合作完成集体作业。教师借助信息技术，不仅可以向学生传授更多的知识，而且能够极大地拓展学生的学习空间和师生之间的交流空间，能更好地传达实践教学主旨，能实现线上线下教学资源的整合，从而将曾经界限分明的课堂实践教学与课外实践教学融为一体，最终达到理论教学与实践教学之间、课堂实践教学与课外实践教学之间的有机融合。

二是充分发掘高校所在地的教育资源，增强实践教学的鲜活性、实效性。

《中国近现代史纲要》涉及的重大历史事件，一定是有全国性影响的大事件，这些事件通常会发生在某一个或几个具体地方，因而成为既是全国性的、也是当地的重要历史资源，如鸦片战争与南京、香港，辛亥革命与广州、武汉、南京，五四运动与北京、上海，中国共产党成立与上海、浙江，秋收起义与长沙，红军长征与于都、湘江、大渡河，战后国共和谈与重庆，农村改革政策与小岗村，对外开放政策与深圳等，这些地方所拥有的与重大历史事件相关的历史遗迹、历史遗物，都是"纲要"课实践教学的宝贵资源。还有一些重大工程，如西昌卫星发射中心、大亚湾核电站、重庆长江大桥、老成渝铁路等，也都是"纲要"课实践教学的重要教学资源。如何有效运用这些资源，使学生通过接触这些资源能真正走进历史、厘清历史脉络、认清历史规律，是"纲要"课实践教学必须解决的问题。

充分发掘并运用高校所在地教学资源，是增强"纲要"课实践教学鲜活性、实效性的重要保证。发掘利用高校所在地的实践教学资源，并不是对当地资源照单全收，而是要预先研判这些资源与"纲要"课理论教学之间关系的密切程度（即这些资源能否作为全国性的重大历史事件的历史资料），只有关系密切者才能用作教学资源。我们团队在近年的实践教学中，就充分运用了学校所在地所拥有的丰富教学资源。重庆作为一座历史文化名城和现代化大都市，拥有丰富的历史遗迹、历史遗物、重大工程，还有大量的文博展品。为在渝高校的实践教学提供了丰富的教学资源，近几年我们团队在实践教学中充分运用了这些资源，例如，学习抗日战争史，要引导学生从网络了解和实地考察八路军驻重庆办事处、曾家岩周公馆（中共中央南方局办公地址）、《新华日报》旧址、重庆大轰炸隧道惨案、张自忠将军陵园、史迪威将军旧居、重庆抗战遗址博物馆（蒋介石南山官邸）、重庆建川博物馆等；学习解放战争史，要引导学生从网络和实地了解林园（重庆谈判蒋介石毛泽东会面地）、桂园张治中将军官邸（双十协定签订处）、《新华日报》旧址、沧白路旧政协遗址、渣滓洞、白公馆、红岩村等。经验证明，通过了解这些遗址遗迹，能使中国近现代史在学生的头脑中由抽象变得具体，由静态变得鲜活。

三是正确处理教学活动中的主客体关系，使教师的主导性作用与学生的主体性作用相得益彰。

在一般意义上，教师是教学活动的主体，教师既是教学计划的拟定者，也是教学内容、教学方法的选择者，教师负责教学全过程的总体安排，控制教育活动的展开，总之，教师是教育的主导者和实施者。而学生是受教育者，是教学活动的客体。但"纲要"课作为思想政治理论课，区别于普通的课程——它传达给学生的不仅是知识，更多的是世界观、人生观、价值观、历史观，而"纲要"课实践教学与普通的教学活动又有所区别——无论是课堂实践还是课外实践，它的活动全过程必须依靠学生的充分参与。基于这两大区别，"纲要"课实践课程中的学生就不能被视为一般教学活动中的客体，他们通过参与教学活动实现了自我教育，也教育了学生、影响了教师。他们的充分参与，实际上是实现了客体的主体化，使自己具有客体和主体的双重身份。因此，要使"纲要"课实践教学改革成功，在教学方法的设计过程中，在关注如何充分发挥教师主导性作用的同时，必须充分思考如何更好地发挥学生的主体性作用，把整个实践教学过程变成学生自我教育、自我完善的过程。

　　要使教师和学生的作用相辅相成、相得益彰，还是要从教师发挥主导性作用开始。以完成主题作业为例，教师在进行实践教学的设计时，其教学主题的确定必须既符合教学目标要求、又能激发学生参与热情、而且操作难度适中。例如，在中华人民共和国成立70周年之际，以"我和我的祖国"为主题布置作业，就能同时满足这三个条件。主题确定后，教师对学生完成主题的方式必须给予明确的指导，例如：这个主题适合小组作业还是个人作业；如果是小组作业，小组规模应该是多大、组长如何产生、组员如何分工，教师都应当提出参考性意见。作业最终提交的方式是什么？是由教师个人批阅，还是通过课堂展示进行评比？必须事前明确告知学生。尤其重要的一点，作业评分标准要事先告知学生，让他们知道努力的方向。如果作业最终提交的方式是课堂展示评比，则最好让所有学生都有参与评分的机会。最后，无论是个人作业还是小组作业，教师一定要在课堂上对作业完成情况进行评点、总结，帮助学生分析问题、总结经验，以促进学生今后的进步。如果教师能把上述工作做得科学、缜密，学生作为教育客体的主观能动性必然会得到调动，完成作业的积极性必然大大提高，如此一来，学生在整个过程中就不再是单单发挥客体的作用，而是实现了客体主体化，发挥了主体性作用，教育者与受教育者之间形成相互呼应的良性互动，师生之间相辅相成、相得益彰的效果就会水到渠成地呈现出来。

　　随着我国改革开放的不断深化和高等教育改革的积极推进，"纲要"课实践教学方法将不断发展。时代在不断进步，改革将永不停步，只有坚持以改革的精神积极探索"纲要"课实践教学的新方法，才能增强"纲要"课的针对性、实效性，才能更好地发挥"纲要"课在大学生思想政治教育中的主渠道、主阵地作用。

第五章

"双主体"教学理念实践
与"中国近现代史纲要"
课程教学方法创新

第一节 体验式情景教学法在"中国近现代史纲要"课程中的运用

　　教学法是实现既定教学目标，完成既定教学任务，师生共同活动的手段、方式、方法的总称。在高校思想政治理论课教学中，长期以来，占据主导地位的都是以教师为中心，以传授法为主的"填鸭式"或单一的灌输式的教学法，已成为制约高校思想政治理论课教学质量提高的"瓶颈"。以发挥教师、学生两个主体的交互作用的"双主体"教育理念引领，改进和创新高校思想政治理论课教学法，形成符合现代教育理念的教学法，是提高高校思想政治理论课教学针对性、实效性的有效途径。体验式情景教学法是20世纪80年代以来，自国外传入中国的"以人为本"的新的教学法，近年来主要在中小学教学中得到较广泛应用，而在高校，尤其是高校思想政治理论课中的应用，尚处于发展完善阶段，从总体上看，面虽广，但多流于形式。我们通过认真总结多年来的教学经验，在深入调研教学现状及其成因，深入分析课程性质、特点，深入研究学生心理特点的基础上，认为提倡建立在"以人为本"教育思想基础上的"体验教学法"，是加强和改进高校思想政治理论课教学的必要的和有效的教学方法。为此，我们依托重庆市丰富的爱国主义教育资源，充分发挥师生双主体作用，在"中国近现代史纲要"课程教学中引入体验式情景教学法，探索出"一个依托""两个主体""四种体验式情景教学方式"的教学模式，收到了良好效果，为思想政治理论课教学改革进行了积极有益的探索。

一、体验式情景教学法的内涵、特征

所谓体验式情景教学法就是在教学过程中，为了实现既定的教学目标，在教师主导下，发挥学生主体作用，通过创设情景，引导学生凭借自己直接的、直观的感受、体味、领悟，由被动到主动、由依赖到自主、由接受性到创造性地对教育情景进行体验，产生情感、生成意义、理解并建构知识、发展能力、健全人格的教学方法。学生在体验中，实现人类经验和学生个体经验的融合，情感和理性的直接对话，知识、经验真正变成学生个体的"精神食粮"。体验式情景教学法将以教师为中心灌输知识转向以学生为中心主动学习；以注重单纯的知识传授转向注重综合能力的培养；以课堂讲授为主转向以引导为中心自主学习；以终结性评价转向过程性评价。具体而言，体验式情景教学法以培养学生具有独立、自主、创新等主体精神为目标，以营造教学氛围、激发学生情感为主要特点，以学生自我体验为主要学习方式，力求在师生互动的教学过程中达到认知过程和情感体验过程的有机结合，让学生在体验教学中学习有关的知识内容，领悟做人的道理，选择行为方式，实现自我教育。在整个教学过程中，学生主动参与、主动探索、主动思考、主动操作、自主活动。体验式情景教学法具有如下特征：教师主导性、学生主体性和亲历性、师生互动性、活动生动性和情感性。

体验式情景教学法的理论基础是罗杰斯的人本主义教育思想，贯穿双主体教育理念，它强调学生的主体作用，不仅关注教学中认知的发展，更关注教学中学生情感、兴趣、动机的发展规律，注重对学生内在心理世界的了解，以顺应学生的兴趣、需要、经验以及个性差异，达到开发学生的潜能、激发其认知与情感的相互作用，重视创造能力、认知、动机、情感等心理方面对行为的制约作用。主要内容包括：

第一，强调学生的个人参与，做到整个人（包括感情和认识两方面）都投入学习活动。

第二，强调学生学习的自我发起，要求发现、掌握、获得、领会的感觉来自学生个体的内部。

第三，强调学生学习的渗透性，才能促使学生行为、态度、个性发生变化。

第四，强调学生学习的自我评价，使独立性、创造性、自主性得到促进。

二、在"纲要"课程中实施体验式情景教学法的依据

（一）实施体验式情景教学法的内在根据

课程性质决定教学方法，只有认清课程性质后才能找准可实施的方法，取得预期的教学效果。纵观所有教学课程，从其性质来看，主要分为三大类：知识型、思想型、实践型。知识型课程重在传播知识，思想型课程重在转化思想，实践型课程重在培养操作能力。类型的不同决定了教学方法的差异性。"中国近现代史纲要"是全国高校本科生必修的一门思想政治理论课，主要讲授中国近代以来一代又一代的仁人志士和人民群众为救亡图存和实现中华民族的伟大复兴而英勇奋斗、艰苦探索的历史；尤其是全国各族人民在中国共产党的领导下，进行艰苦卓绝的斗争，经过新民主主义革命，创建了中华人民共和国，赢得了民族独立和人民解放；经过社会主义革命、建设、改革，把一个极度贫弱的旧中国逐步变成一个持续走向繁荣富强、充满生机和活力的社会主义新中国，帮助学生了解国史、国情，深刻领会历史和人民怎样选择了马克思主义，怎样选择了中国共产党，怎样选择了社会主义，怎样选择了改革开放。显然，作为思想政治理论课的"中国近现代史纲要"，属于思想型课程，通过教学旨在实现由知识体系向价值体系和情感认知体系的转化，即：一方面通过教学让学生对国家的意识形态理论有深刻认识，并加强学生对这些理论的认同感；另一方面是提高学生的思想认识水平和道德水平，使之成为中国特色社会主义的合格接班人和建设者。因此，在选择教学方法时，必须以有利于学生思想塑造和转化为出发点和归宿，而体验式情景教学法正是符合这种理念的优化方法。

体验式情景教学法将体验作为学生主体学习和发展的基本途径，借助体验来真正确立学生在教学过程中的主体性，使学生享有更充分的思想、行为的自由和发展、选择的机会，最大限度地获得身心解放，使学习主体化、主动化。苏联心理学家瓦西留克曾指出："体验活动的结果总是一种内部的、主观的东西——精神平衡、悟性、心平气和、新的宝贵意识。"由此可见，只有以体验为核心的教学才能实现学生思想素质的真正提升。

（二）实施体验式情景教学的必要性

在"中国近现代史纲要"课程实施体验式情景教学法，既是学生的要求，也是课程特点决定的。

第一，这是基于调查研究的改进举措。由李光辉教授主持的"重庆市高校思想政治理论课教育教学现状调研组"公布的调查结果显示，在重庆市高校思想政治理论课教学中，学生反映较强烈的问题之一就是对教学方法普遍不满意，认为最突出的问题就是教学形式陈旧、缺乏新意、课堂教学灌输多、与学生交流少。52%的学生认为教学中较多采用了单纯灌输法；23%的学生认为教师在教学中"照本宣科，没有进行理论的深化和与现实的联系"，未能满足学生的现实需要，未能在内容上消除学生存在的思想困惑；21%的学生认为"教学方法单一"是造成当前大学生普遍不重视思想政治理论课的最主要原因。学生呼吁教师采用现代教育理念中的民主、平等理念，师生互动，双向交流。他们最喜欢的教学方法是：案例教学法、体验教学法，占调查总数的58.2%。因此，调查结果使我们强烈地意识到，作为思想政治理论课的"纲要"课，要提高教学质量，必须着力改进教学方法，提高学生的学习积极性和接受知识的主动性，实施体验式情景教学有着极大的现实需要。捷克著名教育学家夸美纽斯说过，求知与求学的欲望应该采取一切可能的方式在孩子们身上激发起来。在教学中根据教学内容创设情景，运用情感教学，可以激发学生的求知欲望，引导学生运用知识去分析问题、解决问题，促进学生的心理健康发展，使学生的认知、智能与情感达到和谐统一。

第二，也是基于课程内容特点的创新举措。通过对学生的调查我们发现，在思想政治理论课中学生普遍喜欢离现实近一些的课程，就课程本身而言他们对"纲要"课学习兴趣不高的原因之一就是，这是一门不贴近现实的课，讲的内容都是"过去的事"，与当前的社会现实关系不大，与自己立身处世没有直接关系。从课程内容来看具有较强的理论性，但教材又多是结论性表述，学生觉得这些东西枯燥、难懂，学了也没什么意义，缺乏学习积极性。因此，如果依然采用传统教学法，单方面地发挥教师的主体作用，重书本、重学生知识的传授，很少注重学生是具有生命和情感体验的个体，忽视学生在学习思想政治理论中的认知、接纳、反省"体验"的思想转化过程，那么，学生不易接受知识，更难以达到影响和改变其心理和行为的要求，难以培养科学的世界观、人生观与价值观，难以实现具有运用马克思主义思想政治理论解决实际问题的能力，不能满足社会对高级专门人才所必需的思想政治素质的要求。体验式情景教学的模式是由教师创设情景，引导学生直接体验，即情境—活动—体验：精心设计激发兴趣、调动思维的情景；构建多元互动、学生自主的学习活动；让学生获得体验。借助体验在认识中融入情感因素，以情载理，促成明理目标的达成。

（三）实施体验式情景教学法必须遵循的思想政治教育的基本原则

1. 理论与实践相结合的原则

理论与实践相结合的原则，揭示了实践教育与理论教育相辅相成、不可分割的关系。通过理论学习指导实践，通过实践教育加深对理论的认识，这是一个循环往复不断深化的过程。理论与实践相结合也是实事求是思想路线的要求，是马克思主义学风的具体体现。"纲要"课程作为一门思想政治理论课，既要实现思想政治理论课的知识目标，又要帮助学生树立正确的历史观，掌握科学的方法论，从能力、态度、情感、价值观角度出发实现更高层次的价值追求。在"纲要"课程中实施体验式情景教学法，教师必须指导学生用马克思主义的历史观和方法论，运用历史唯物主义和唯物辩证法，扭住"参与实践"这一"牛鼻子"，通过亲身体验的实践过程，正确地认识和分析历史事件、历史人物，把握历史趋势、内在规律，明辨是非，并逐步实现从思想的认知到情感的认同再到实践行为的转化，真正做到内化于心、外化于行。

2. 学校教育与社会教育相结合的原则

学校教育与社会教育相结合的原则，是围绕思想政治理论课教学的目标要求，处理内外因关系、学校教育系统与外界环境关系，充分调动各方面积极性所应遵循的规则。这一原则要求思想政治理论课教学，既要发挥教师的主导作用，充分调动学生的主观能动性，主动而非被动地参与思想政治理论课教学；同时，思想政治理论课教学还要善于利用社会资源，使学校教育与社会教育相结合，共同完成立德树人的人才培养任务。就其内涵而言，包括学校教育的作用和社会教育的作用，这两方面因素的相互作用及学校与社会的辩证关系。

马克思曾指出："人创造环境，同样环境也创造人"。[1] 社会教育较之学校教育，是一种更广义的教育，包括除学校教育以外的其他所有教育。其中主要指各级社会组织、各种社会团体、社会传播媒体、社会舆论习俗、社会文化环境以及家庭教育对人的教育影响和熏陶作用。随着社会现代化和开放程度的提高，社会向信息化、网络化方向发展速度的加快，当今社会环境对大学生主观世界的影响越来越复杂和突出，具有极强的辐射和渗透作用。要培养当代大学生形成正确的思想政治观念，思想政治教育不能脱离整个社会大环境，学校教育应充分发掘、利用社会教育资源，提高教育效能。必须将社会教育与学校教育有机地结合起来，否则，脱离了社会，

---

1 马克思，恩格斯. 马克思恩格斯选集：第一卷 [M]. 中共中央马克思恩格斯列宁斯大林著作编译局，编译. 北京：人民出版社，1995：92.

学生所学的知识就不能运用于将来的生活和工作，也不能形成完整的、正确的人生观和价值观。在"纲要"课程教学中实施体验式情景教学法，就是利用社会资源，增强教育活力和效果的有效方法。但是，社会教育的影响作用，有自发与自觉、有组织与无组织、正面与负面、显性与隐性的区别，相对于学校教育而言，其中大量的是无组织、无意识、隐性的教育，而这种性质的教育往往具有相当大的负面影响，这就要求"纲要"课程在教学中注重学校教育，充分发挥教师的主导作用，充分调动学生的主体作用，自觉克服消极影响，达到学校教育与社会教育的协调统一和互补。就社会教育方面而言，各个社会组织和社会成员增强教育意识和责任感，提高自身素质和自我教育能力，注重社会效益和社会形象，这对消除社会教育的负面影响甚为重要，尤其要善于利用社会教育自身的力量克服社会教育的消极因素。采取学校教育与社会教育相结合的做法，有利于大学生将外在的教育因素向内在转化，促进学生的自我教育，通过整合各种教育资源，形成思想政治教育的合力。体验式情景教学法必须遵循这一原则要求，坚持在抓好学校教育的同时引入社会教育，带领学生沉浸式体验社会生活，感受社会变化，认识社会发展过程中社会主义制度的优越性，同时也可发展他们的社会适应能力，进而提高他们的政治素养，促进他们的政治社会化。

3. 指导性教育和自我教育相结合的原则

指导性教育是教育者通过一定的教育方法，把社会所要求的思想道德规范转化为教育对象的自觉行动的实践活动；自我教育就是教育对象自己教育自己，通过自我认识、体验、控制，完善自己的思想品德的行为。两者之间是相互联系、相互促进的关系。通过学校、社会和家庭的指导性教育，人们进行系统的学习，思想道德水平得到不断提高，但思想政治教育价值的最终实现还必须通过受教育者的自我教育才能得到内化和接受。自我教育是衡量教育是否有效的一个标志，是思想政治教育最终落实的归宿。体验式情景教学法作为一种建立在"以人为本"理念上的教学法，旨在发挥教师主导作用和学生主体作用的"主导—主体"模式，实施过程必须包含指导性教育和学生自我教育两方面的内容：首先，前期的准备要进行有针对性的设计，紧扣教学目标、重难点确立体验主题、对象、方式，布置相关的思考题，让学生带着问题开展活动；其次，体验活动中注意启发、引导学生如何发现问题、联系问题、思考问题、分析问题，并做好记录；最后，活动结束后指导学生将整个过程中的体验和收获进行自我总结、提炼，这是将所学知识进行自我内化的过程。

三、依托本土爱国主义资源,发挥师生双主体作用,实施体验式情景教学法

（一）构建"一个依托""两个主体""四种体验式情景教学方式"的教学模式

我们在"纲要"课教学中引入体验式情景教学法,探索出"一个依托""两个主体""四种体验式情景教学方式"的教学模式,基本做法如下:

1."一个依托":依托本土爱国主义资源

重庆市是一座具有光荣革命传统、革命文化资源极为丰富的历史名城,红岩联线文化发展管理中心包括的文物遗址资源除歌乐山烈士陵园和红岩革命纪念馆外,还有陈独秀旧居、抗战教育博物馆、郭沫若旧居、冯玉祥旧居、城口红军纪念馆、万盛刘子如纪念馆、陶行知纪念馆、杨闇公、杨尚昆旧居纪念馆、中国民主党派历史陈列馆等。文化史料资源有:抗战文化、抗战教育、抗战外交、抗战交通、抗战经济、抗战人物等;重庆也是一座记忆之城,承载着丰富的近现代历史记忆,包括近代的重庆开埠史、抗战时期的陪都史、现代的重工业和军工建设史、三峡移民史、西部大开发和直辖史,这些丰富的爱国主义教育资源有的本身就是课程内容,有的则是认知相关知识、把握相关理论的直接素材,便于教师创设情景进行体验式情景教学。因此,我们把本土爱国主义教育资源作为实施体验式情景教学法的依托。

2."两个主体":教学中教师、学生是两个主体

根据双主体教学理念,在教学活动中,存在"两个主体",一是教师,成为学生体验活动的引导者、合作者;二是学生,成为学习活动的主体、知识的主动建构者。

本教学法创设的目的:改变思想政治理论课教学中以封闭式、灌输式为特征的说教型传统教学模式,发挥教师、学生在教、学中的主体作用,在教师的引导下,学生通过自觉的体验,认知、内化知识,切实提高教学实效性。

3."四种体验式情景教学方式":实景体验式、情景剧再现体验式、案例—情感体验式、角色转换体验式

主要做法:以教育部公布的"纲要"课程教学基本要求为依据,深入挖掘本土爱国主义资源与教学重难点的内在关联性,以"体验"为核心,灵活运用四种体验式教学方式。

（1）实景体验式情景教学方式

所谓实景体验式情景教学方式就是教师根据"纲要"课程中特定的教学内容

和学生实际，通过将学生带到纪念馆、遗址等实际场景中或创设情景，使身临其境的学生产生强烈的感官刺激，并调动各种感官去体验当时的事实、情感，开动脑筋去思考相关的问题，从而产生切身的感受，然后达到理解和认同相应问题的教学方法。它使学生的思维在体验中得到升华，从而实现从现实生活的感性认识升华到符合现实生活的理性认识的飞跃。这种教学能激发学生的学习需求、动机和兴趣，使之在体验和交流的过程中产生情感、生成意义、理解并建构知识、发展能力、健全人格。

"纲要"课作为思想政治理论课不仅要传授知识，更重要的是要帮助学生形成高尚的道德情操，树立科学的人生观、世界观和价值观。这是用简单的说教难以达到的，而身临其境的情感共鸣，以境激情，以情激趣，情"境"交融，则会强化、深化正确的认识。如在学习"第四章 开天辟地大事变"时，为了让学生认识到"党的初心和使命"，我们把课堂移到渣滓洞、白公馆，通过一个个理想、信仰坚定的共产党员形象，英勇不屈的感人事迹，使学生经受一次心灵的洗礼，使其真切地感受到共产党人的初心和使命，为什么必须"不忘初心、牢记使命"。学习"第七章第三节 中国共产党与民主党派的合作"时，为了让学生认识民主党派的历史作用，以及了解中国共产党领导的多党合作、政治协商制度的形成，我们组织学生参观了中国民主党派历史陈列馆、红岩革命纪念馆。

由于课时、经费等的限制，亲临现场，置身于实际场景的情境体验式教学法，所能采用的次数和使用的学生人数都十分有限，因此，我们在教学中大多采用创设情景的体验式教学法，使用视频、现场图片等再现当年场景。如学习"第七章第三节 中国共产党与民主党派的合作"时，未赴民主党派历史陈列馆、红岩革命纪念馆参观的班级，我们通过展示有关图片、播放电影片段等方式为学生再创当年情景，让学生置身于过去的岁月，让教师的讲授带领他们穿越时空的隧道，与历史握手。

（2）情景剧再现体验式情景教学方式

所谓情景剧再现体验式情景教学方式就是"纲要"课程教师根据教学任务，围绕党和国家该年度的重大纪念活动确定主题，以学生为主体，从重庆本土爱国主义资源中选取素材，分组进行自编、自导、自演完成一段情景短剧，利用拍摄器材拍摄并制作短视频，在课堂上与师生分享与讨论，通过"表演"这一生动活泼的形式让历史人物、事件在课堂上重现，在再现历史的过程中，由亲历感激发学生的情感体验，产生思想的共情共鸣，以期加深对历史人物和历史事件的认识与理解的教学方法。这一教学方式是以人本主义、合作学习、体验式学习理论为支撑，以学生为本，把教学过程设计为师生互动、生生互动的学习过程。即教师"从培养学生的学习能力、理解能力、创新能力和实践能力等角度出发，通过组织学生对相关教学内容进行分析思考、选题、研讨、编剧、角色分配、排练、表演的过程，激发学生的创作热情和主观能动性，使学生最大限度地参与教学过程并从中获得深刻体验和感悟的教学活动。"[1]

在"纲要"课程的实践教学中，我们通过以下步骤开展情景剧再现体验式情景教学：

第一步，由教师确定本次情景剧活动主题。确定的依据是，与本课程教学目标、重难点密切相关的本年度党和国家重大节日、纪念活动。

第二步，由教师指定或学生自愿选出活动总指挥，负责整个活动的组织、协调；学生自由组合成小组，以8~12人为一组，选定组长。

第三步，各小组选定题材，上报教师审定，编写剧本。教师应给予每个小组针对性的建议，确保情景剧不偏离主题、符合逻辑、价值取向正确。

第四步，小组成员通过分享和交流，设定剧情、编写剧本；组长根据组员的意愿与特长分配具体任务，明确导演、编剧、主演、群演、灯光、音乐、美工等角色，各司其职，责任到人。

第五步，分配角色，反复排演，完成拍摄和剪辑。作品表演时间控制在10~15分钟。

第六步，在实践教学活动周进行班内课堂展播并进行初评。初评由学生评委组、评委之外的本班学生、教师三方按一定权重构成此次活动平时成绩，再选出1~2个优秀作品参加全校"纲要"课程主题实践活动展播评比。在此过程中小组代表发言讲述他们在排练过程中的体会和对主题的感悟，并邀请其他小组的同学发言谈观摩感受，各组之间相互启发、取长补短。教师对作品进行深入点评、剖析，使学生的认识不只停留在情景剧的娱乐层面，还要上升到精神层面，实现知识把握到情感体验再到行为养成的逐步升华。

第七步，举行全校"纲要"课程主题实践活动展播评比。由学校教学督导专家、本课程专家组成专家评委组，由各参赛小组成员组成大众评委团，按一定权重构成评分，评出一、二、三等奖和"最具人气奖"，并进行现场颁奖。展示活动由专家评委进行点评。

总之，这一教学方式是通过师生共同运用良好的教学情景和本土爱国主义教育

---

1 魏景荣.简论思想政治理论课引入情景剧教学活动的设计与实施［J］.长春理工大学学报，2012，7（11）：170-171.

资源，营造良好的课堂氛围，在情景剧教学过程中综合性地认识、理解教学内容，从而获得良好的学习效果，提高"纲要"课程的教学实效性。近三年，我们先后围绕庆祝长征胜利80周年、中共十九大召开、纪念建军90周年、纪念改革开放40周年、纪念五四运动100周年、庆祝中华人民共和国成立70周年，开展了六次情景剧再现体验式主题实践教学活动，学生制作完成了近1 000个微视频。

（3）案例—情感体验式情景教学方式

所谓案例—情感体验式情景教学方式就是教师在教学过程中，把"纲要"课程教学中的知识点与红岩联线等本土爱国主义资源相结合，将其中具有强烈情感色彩的史料梳理成若干案例，以生动的案例激发学生的情感，唤起学生的积极体验，从而帮助学生理解教学内容，并使学生的知识、情感、意志、信念、行为等方面得到全面发展的教学方法。其核心在于通过案例，从激发、培养学生的情感入手，调动学生知、情、意、信、行的全面发展。该教学法的优点：一是以历史场景为依托，使人信服；二是教师可以深度挖掘，容易深化；三是教师可以自由联系现实，有所发挥，容易贴近学生、贴近现实，拉近师生距离。有目的地引入或创设具有强烈情感色彩的、以形象为主体的生动具体的场景。

苏霍姆林斯基指出：学校里的学习，不是毫无热情地把知识从一个头脑装进另一个头脑里，而是师生之间每时每刻都在进行心灵的接触。"纲要"课作为思想政治理论课，其教学是一种规范教育，教师在教学中必须要对受教育者的意志产生一定的约束力，这就使得学生在接受教育时有一定的被动性。因此，尤其需要在教学中创设一定的情感氛围，从感情上叩击学生的心灵，开启学生感情的心扉，使学生在"情感共鸣"中理解知识，明白道理，受到教育。例如在"第六章 中华民族的抗日战争"的教学中，以"重庆大轰炸"为例，激发学生对日本军国主义的仇恨，认清日本帝国主义反人道的凶残本性和中国人民抗日战争的正义性；为了使学生更加直接地认识抗战是全民族抗战，我们为学生展示"精神堡垒"的图片，简介解放碑的历史沿革，展示重庆空军墓、张自忠将军墓，与学生共同朗诵表现重庆人民不屈不挠精神的诗歌。

（4）角色转换体验式情景教学方式

角色转换体验式情景教学方式，即在教学过程中，让学生体验教师角色，体验教师从备课到讲课的全过程。通过这种途径使学生深层次熟练掌握该学科知识，熟练掌握该学科技能，使学生由被动学习变为主动探究，从而掌握自学方法，养成严谨治学习惯，为学生终身学习打下坚实基础；同时培养学生的语言组织和表达能力、临时应变能力；进一步培养学生创新意识，推进素质教育发展。

"纲要"课程中有些知识点学生在中学即已学过，并掌握得较好，而本土爱国主义教育资源中又有生动材料可以活化相关知识点，为了培养学生的自主学习能力，并锻炼其他方面的能力，我们在教学中采用了角色转换体验教学法。如 "第七章为了新中国而奋斗"第一节有一重大事件：重庆谈判，此事件学生一般都能正确回答，而重庆谈判就发生在重庆，至今保留着大量旧址、遗迹，如桂园（1946 年 8 月 28 日，毛泽东在周恩来和王若飞的陪同下亲赴重庆。素有 "和平将军"之称的张治中先生将桂园让出，作为毛泽东、周恩来白天在城内的办公会客场所和国共双方代表谈判地点之一。毛泽东在重庆 45 天，白天常在此会客办公，国共双方代表也在此数次商谈。谈判结果——著名的《双十协定》就是在桂园客厅签订的）。我们要求学生围绕重庆谈判设计若干主题，自己收集资料，备课，策划，在课堂上演讲。学生非常感兴趣，备课、查阅资料远远超过平时听课，多媒体课件水平超过教师，大大加深了对课程的理解程度。

（二）坚持做到"四个结合"

为了做好体验式情景教学，我们坚持做到"四个结合"，即：

1. 教学形式与教学内容的有机结合

明确树立形式是为内容服务的思想，不能本末倒置。我们通过深入钻研教材，上网收集资料，经过教研室全体教师的集体备课，确定采用体验式情景教学的教学内容、教学环节，进而共同研究实施方案，精心挑选各种素材、资料，论证确定实景教学的旧址、遗迹。不流于形式，不走过场。

2. 教学过程与情感体验有机结合

知识不是通过教师传授就能得到的，需要学生在教师引导下，通过自己实践获得。即学生在开放的情景中，在教师的引导和学习伙伴的合作帮助下，利用必要的学习材料，通过自己亲身实践的方式建构知识意义，实现思想深化。我们在实施体验式情景教学时，强调学生学习的自主性，师生之间平等、民主的交流，注意在"情"字上下功夫，激发、调动学生的情绪、情感。

3. 教师讲授与多媒体教学手段有机结合

要在课堂上创设情景、调动学生情感，仅靠教师的讲授是难以做到的，因此，我们十分注意购买、收集各种影像资料、图片材料，充分运用多媒体手段辅助教学，使教学效果大大增强。

4.体验式情景教学法与其他教学方法有机结合

教学方法是为教学目的、教学任务服务的，采用何种教学方法需要从教学对象和教学内容的实际情况出发，因此我们在注重体验式情景教学，引入此教学模式的同时，我们既不机械地使用它，也不生硬地拒绝其他教学方法，而是因材施教，合理使用课堂讨论、专题教学、案例教学等方法。

四、体验式情景教学法对提高"纲要"课程教学实效性的意义

（一）有利于实现从抽象的理论灌输到具象化的感悟内化的转化，增强"纲要"课程的亲和力、针对性

在传统的课堂教学过程中，"纲要"课程的教学基本上是以单纯的理论、课堂、书本、老师为中心的一种教学形式，教学内容脱离学生和社会实际，教学方法呆板、教学环节单一、课堂缺乏活力、理论教学缺乏应有的感染力和吸引力，很难调动学生学习的主动性和积极性，甚至一部分学生产生了抵触情绪，教学效果不理想。苏格拉底曾指出，一切知识都不是从外面灌输进去的。体验是学习的一种方式，也是一种生命的存在模式。什么是体验？现代心理学认为，体验是指由身体性活动与直接经验而产生的感情和意识，换言之，就是指人们在实践中亲身经历的一种内心情感活动，一种对感情的感知方式。在传统的"纲要"课程教学方式中，历史作为过去的事，学生认为离自己的生活太远没有兴趣，又因与中学历史存在部分重复而觉得缺乏新鲜感，以历史内容为承载的爱国主义教育使命的完成就会大打折扣。多年的说教容易使学生产生麻木的心态，体验式情景教学法的优点如下：第一，它具有亲历性，要求学生参与到学习中来，亲身经历与感受，获取直接经验。虽然历史事实是一次性的，是过去的事情，不可以重演。但历史情景可以构建，历史经验可以总结。历史的体验不是、也不可能要求学生参与到当时历史事件的发生、发展过程中去，而是通过各种方式体验重构的历史情景，体验历史留给今天的遗迹，体验思考过去事件的过程，体验探究历史规律、发现历史问题的过程，体验历史学者研究的过程等。一旦有了这种亲历性，将有助于消除学生对历史的误解，体验历史本身的鲜活、生动，才能真正体会到大学历史学习与中学历史学习的不同之处。第二，它具有情感性，学生在参与过程中，唤醒内心的情感共鸣，从而调动学生的情感参与和情感体验。这种情感的生发不是外在灌输的，而是在体验过程中自动引发的，来得更加真实与深刻，使教学活动寓教于文、寓教于情，从而极大地提高教学实效性。

与传统的课堂教学相比，教学内容和形式不是僵硬死板的概念、判断、推理等逻辑形式，而是真实的有血有肉的本土爱国主义资源，是鲜活的事实、社会历史、现象；学生不再是被动的接受者，而是积极的参与者，全程积极参与可以触发学生的思维，有利于学生在实践中体会到理论的指导作用，激发学生学习理论的兴趣和热情；有利于典型事例印证理论的科学性和重要性，使学生对理论教学中的重点难点问题得到更深刻的理解；有利于了解和发现教学过程中教与学双方的薄弱环节，使理论教学与实践教学形成良性互动；有利于缓解不可避免存在的某些教育教学内容与现实生活脱节的矛盾，帮助学生有效适应充满迷惘和快速变化的社会生活。

（二）有利于发挥学生主体性，在自主参与活动的过程中，通过自我教育、自我提高，实现"纲要"课程的教学目标

体验式情景教学法改变了传统教学模式，以教师为主体的范式，体现为学生主体—教师主导的模式。体验过程是主体积极主动地获得新的自我认识、自我构建，提升主体性的过程。在体验式教学中，学生亲自参与知识建构的过程，并在过程中体验知识和情感。只有亲自体验得来的知识和情感，才是难以忘怀的，才能真正深入内心，这是单纯依靠教师"传授"所不能达到的效果。体验式教学是学生"自主"参与学习的过程，根据已有体验产生内心的感受和体悟，并积极主动地形成自己的价值认同，知情融合，知情统一，从而实现由知到行的转化，最终达到思想政治理论课的育人目标。

"纲要"课程不是对历史进行专业的理论研究，而是力图通过该课程的学习使当代大学生理解中国近现代历史的发展历程和内在规律，了解国史、国情，学习和发扬中国近现代历史中凝结的爱国主义和革命主义的情怀与传统，进而坚定走中国特色社会主义道路的自觉性，增强自觉担当中华民族伟大复兴的责任感和使命感。也就是说它不是要求大学生死记硬背每一个知识点和每段历史过程，而是要求学生真正理解历史的演进规律、理解中国的道路选择，理解中国发展到现在的原因和过程。因此，如果学生在具体的历史情境和空间中感受到历史的细节和脉络，将显著提高学生的学习兴趣。在"纲要"课程教学中引入体验式情景教学法，通过学生的自主参与，建构学生的历史主体性，在情景化的时空里理解历史，进而建构学生的历史坐标感和历史真切感，把历史知识的学习转化为历史感和历史观的建立，理解历史演进的逻辑和规律，传承历史凝结的精神与气质。使学生真正将历史知识和逻辑内化于心、外化于行，真正以历史细节和历史精神触动心灵，在情感上与历史事件、历史人物

产生共鸣。总之，体验式教学使学生在自主学习的主动性和场景化的历史再现中，加深了对历史的体验和感悟，在触摸历史真实中触动灵魂，在打磨历史剧情中打动心灵，从而大大增强教学实效性。

（三）有利于激发学生的学习兴趣，提升学生的综合能力

高校思想政治理论课既要强调理论知识的学习，培养大学生良好的道德素质，还要帮助学生培养必要的适应当代社会发展需要的综合能力，特别是实践动手能力、语言表达能力、人际交往能力、创新能力等。各种形式的体验式情景教学不仅契合学生的年龄特点和兴趣特点，而且可以活跃课堂氛围，寓教于乐，在多种学习形式中感受历史的乐趣、传承历史的精神，有效提升大学生自主学习的积极性，显著改善被动学习的氛围。同时，体验式情景教学有效地解决了学生在"纲要"课程学习中，片面注重知识学习，忽视能力培养的问题，使学生得到多方面锻炼，提升了综合素质。各种形式的体验式情景教学实践活动的开展，使学生的观察能力、语言表达能力、逻辑思维能力、组织领导能力、团队协作能力、协调沟通能力、动手制作能力等得到全面培养和提升。以情景剧再现体验式情景教学为例，学生在确定题目、组成小组、剧本编写、演出排练、道具准备、视频制作、表演、评比过程中，培养了动脑，积极思考，查阅资料，收集、分析和处理史料的能力，增强了学生自主学习、团结协作、创新实践的意识，提高了学生的写作能力、思维能力、动手能力、语言表达能力、组织领导能力、协调沟通能力，加强了学生的集体观念、集体荣誉感和团队协作精神。

（四）有利于促进教师加强学习，提高自身素质

体验式情景教学法是一种教师主导—学生主体的实践过程。在这一实践过程中，学生虽是参与过程的主体，但教师在整个活动中始终居于主导地位、发挥主导作用，引领学生进行体验，把握体验的大方向与原则，并在最后的升华环节起着至关重要的作用。离开了教师的设计、推动和引导，学生很难进入体验环节，难以进行有效的体验。没有教师的点拨，学生的体验过程很容易变成一种单纯的活动，从而难以达到更深刻的反思以及人生观和价值观的升华。体验式情景教学法把教师推到了整个活动的重要位置，因而对教师提出了更高的要求，也给教师带来了新的挑战，需要不断加强学习，完善知识结构，转换传统的教师角色定位。一方面，体验式情景教学法给教师带来了知识结构的挑战，教师仅具备专业知识以及学习方法是不够的，还要掌握教育学、心理学、管理学、社会学等其他方面的知识及能力，对整个教学

过程需要有足够的掌控能力。另一方面,体验式情景教学法对教师的传统角色定位构成冲击。传统教师的角色是教授者、传道者,从某种角度来讲,在师生关系中就是权威。但在体验式教学模式中,教师与学生是平等的,是需要对话的。教师要容许学生有各种各样的感受以及表达。教师是引导、指导以及帮助的角色。教师需要转变理念,成为学生学习与体验的协助者。总之,为了保证体验式情景教学法在"纲要"课程中的实施,切实提高教学效果,教师必须不断地学习新的知识,转变旧的教学理念,提高自身素质。

第二节　探讨式教学法在"中国近现代史纲要"课程中的运用

一、探讨式教学法概述

众所周知，课程教学是学生学习知识、获取能力的主要途径，教师则是课程教学的主导因素。但是，目前相当一部分教师只会照本宣科，依旧给学生灌输教条思维，课堂气氛压抑而没有活力，教学成了程式化的知识灌输、机械式的记住结论，而不是智慧的启迪、创新性的开发。这对提升大学生的素质、培养他们的自主学习能力产生了一定的负面作用。一位西方教育家讲过，大学的本质在于把一群优异的年轻人聚在一起，让他们的创造力互相激励，产生使他们终身受益的智慧。因此对现有的教学方法进行改革和探索尤为迫切。

（一）探讨式教学法的概念

探讨式教学法是将学生置于教学过程的中心，与教师的研究性教学和学生的研究性学习相结合，注重在教学过程中融合学科知识与研究方法，指导学生围绕某一学科问题进行发现问题、分析问题和解决问题的能力训练，强调学生对所学知识的实际应用，注重学生参与学习的过程和亲身体验与实践，充分发挥教师的主导地位和学生的主体地位。它关注的是理论知识在该理念下学习内容的丰富性，强调学生学会收集、分析、归纳、整理资料，学会处理信息，更加注重获取知识的过程。

（二）探讨式教学法的特征

1.主体性与合作性的统一

探讨式教学是在一种平等、交流、互动、合作的教学与科研结合的氛围中进行的强调师生互动、小组合作的教学方法。学生在各自独立思考与探究的基础上，通过互相交流来共同解决问题。这样既活跃了学生的思维，增强了学生的主体意识，又有利于培养学生的团结协作意识和人际交往能力。

2.体验性与探究性的统一

有教育家提出，我们的教育应当把人放到人的环境中培养成现实的人。探讨式教学就是结合教学内容，确定研究主题，使师生与教学内容的互动建立在体验的基础上，通过让学生亲身体验知识或问题背景来理解教学内容。探讨式教学尤其注重知识的形成和发展过程，因而能够大大激发教师和学生的创造热情和积极主动性。教师注重的不再是知识的简单复制、粘贴，而是在教学内容和教学活动的设计、安排、组织、实施过程中体现出知识的再发现、再创造。学生注重的不再是死记硬背或是从书本中寻找现成的答案，而是经过思考、探究，综合运用相关理论知识充分发挥自己的想象力、创造力，寻求带有主观能动性的解答。

二、探讨式教学法在"纲要"课中的应用

我们在课堂教学活动中一直重视激发学生的学习热情，培养学生的学习习惯，不断地摸索思想政治理论课教学新模式。下面即对探讨式教学法的实施过程作全面讲述。

（一）选题：由教师事先确定

1.题目的选定要求

能否找到一个合适的题目，既影响课程教学任务的完成，也影响学生参与研究性教学的积极性。一个"合适"的探讨题目，应当既符合"纲要"课程的教学目的，又要有现实性和针对性。具体而言：第一，选定的题目应当是教材中出现过的知识点，而且属于教学内容中的核心问题或教学重难点问题。①"纲要"课程的教学任务决定了课堂的师生讨论必须是教材中所规定的内容，不能离题万里；②探讨问题的目的有助于学生有效掌握"纲要"课程的重难点，选题必须具有典型性；③要符合"纲要"课属于思想政治理论课的课程定位，解决思想认识问题，选题应当具有一定的导向性。第二，选定的题目要有一定现实性和针对性。要么是与课程内容相关的社会热

点问题、学界争鸣问题；要么是令学生困惑，难以把握的问题。这样才能有效调动学生积极性，愿意参与讨论、愿意在课后花力气去查资料，通过课堂研讨，解疑释惑。第三，选定的题目应当具有开放性，便于学生发散思维，而问题涉及面、难度应当适中，问题太专、太深则不适合学生的实际情况，不利于学生进行资料的收集、整理与拓展，也会影响课堂讨论的效果，至于那些过于简单、浅显的问题，则难以引起学生的兴趣。100多年的中国近现代历史，给我们留下了太多的话题可以讨论。如在2018年的"纲要"课程教学中，我们曾选取"从大东亚共荣圈到东亚共同体"这一选题。选题依据：在抗战中多次出现有关大东亚共荣圈的叙述，而当代东亚国际关系中，包括中国在内的多国领导人也在多个国际会议的重要场合提到东亚共同体这一话题。而党的十九大后美国斯坦福大学胡佛研究院学者维克托·戴维斯·汉森在国家评论（*National Review*）发表文章，称所谓"中国社会主义的成功经验为其他国家的道路选择提供了中国智慧和中国方案"是20世纪30—40年代日本"大东亚共荣圈"的再现，是中国在承诺为邻国提供保护，取代式微的西方势力。大东亚共荣圈与东亚共同体，这二者之间是一种什么样的关系？中国智慧、中国方案的宗旨、目的、实质是什么？这些问题不是每个学生都清楚的。以大东亚共荣圈与东亚共同体为例，二者既是"纲要"中的重要内容，又是一度令人关注的热点问题。以此为题，有助于调动学生自身参与知识构建的自觉性、主动性，逐步实现真正的研究性学习。

2. 安排

教师选定题目后，于开讲前6~7周采取学生自主报名的方式将选题布置给学生。学生参与讨论有多种方式，既可以一个人进行准备，也可以组成团队进行准备。一般来说，每堂课讨论，以4个小组为宜。针对"从大东亚共荣圈到东亚共同体"这一选题，根据讨论的发展，4个小组要有所分工，例如，第一个上台的小组发言重点为有关大东亚共荣圈的叙述，第二个上台的小组主要是讨论东亚共同体理论，第三、四上台的小组主要是发表对两者的看法。学生受领任务后，根据选定的题目准备相关材料并制作PPT，且于开讲前一周将PPT交教师审查，以确保课堂自主讲述与辩论的顺利进行。

（二）课堂组织

在一堂课45分钟的时间内，由4位事先自主报名的学生根据准备的相关材料进行讲述、总结、提问并相互辩论。每位学生须把时间控制在7分钟以内，以便其他同学随时提问以及教师的总结与点评。

刚才说了 4 位学生分工各有不同，前两位主要负责基础知识的介绍，以便其他同学对该选题有一个初步的认识与了解；在第三位自主讲述之后，须总结前两位同学的观点并提出自己的观点；第四位则是总结前三位同学的观点，进行辩论或者提出自己的观点。这种组织方式不仅继承了西南政法大学的辩论传统，有助于西南政法大学辩论精神的传承和发扬，而且充分调动了学生的学习兴趣，使学生由传统的被动学习方式向主动探究性学习方式转变。

（三）评价考核

一方面，对学生的评价考核，改变了"一张考卷定全局"的终结性评价模式，实行过程性评价和结果性评价相结合、课内教学与课外自主学习相结合的全程评价模式。学生成绩的计算主要由平时成绩和期末成绩组成。其中平时成绩占总成绩的70%，包括自主讲述（30%）、课堂讨论（10%）、发言提纲（10%）、作业（20%）；期末考试占总成绩的 30%。另一方面，对教师的评价考核，重点在教学实施过程中的组织情况、指导频率、课堂的参与程度、选题的实际关联性和创新性。

三、探讨式教学法对提高"纲要"课程教学实效性的意义

首先，探讨式教学法为改革传统教学提供了新模式、新途径。在过去的思想政治理论课教学中，教师一人唱独角戏的满堂灌，学生一味地埋头记笔记，被动地接受教师的鸿篇大论而常常处于不思考、不发言、不争论、不求新的状态中。探讨式教学无疑打破了这一被动局面，通过对本学科重点难点、理论前沿等相关问题进行讨论、提问，鼓励学生独立思考，大胆质疑，大胆提问，大胆发言，在尊重学生兴趣及个性的基础上，对学生提出的观点给予分析、引导，营造民主宽松的学习氛围。同时师生之间互相启发，形成良好的交流氛围，优化课堂教学效果。

其次，探讨式教学法有助于教师转变教育观念，培养学生的创新思维。过去思想政治理论课教师往往迫于教学的压力，没有精力和时间进行科学研究，个别教师存在重教学轻科研的错误倾向。许多学校的管理部门也存在轻视思想政治理论课的现象。探讨式教学对提高中国近现代史纲要课程的实效性是非常有意义的，它是一种现代化的教学方式，要求教师不仅是知识的传授者，而且还要求成为学生创新性学习的指导者，熟悉本学科的前沿理论和本专业相关交叉学科的基本知识，善于将最新的科研成果运用到教学中。这些要求有助于促进教师转变传统的思想观念，全方位地培养学生的创新思维。

最后，探讨式教学法有利于改变以往传统教学中对学生评价的片面性，提出了全过程评价的参考方向。传统的思想政治理论课考试只注重考查学生的识记能力，忽视了学生综合素质的培养。有些学生平时课堂上不听课，临近考试时，背一背知识点基本上可以顺利过关。传统的考试方式显然不适应探讨式教学的需要。探讨式教学评价学生的标准实行知识与能力并重，理论与实践结合，重点测试学生理解、掌握、灵活运用所学知识的能力，在传统考试的基础上，采取书面答卷与课堂表现等相结合的方式，做到既考知识，又考能力和综合素质，以促进大学生积极主动提高自己的创新能力。

附：战"疫"期间的"中国近现代史纲要"课

"四个一"线上参与——体验式教学

话题讨论：

中华民族历史上经历过很多磨难，但从来没有被压垮过，而是愈挫愈勇，不断在磨难中成长、从磨难中奋起。我相信，有党中央的坚强领导，有中国特色社会主义制度的显著优势，有强大的动员能力和雄厚的综合实力，有全党全军全国各族人民的团结奋斗，我们一定能够战胜这场疫情，也一定能够保持我国经济社会良好发展势头，实现决胜全面建成小康社会、决战脱贫攻坚的目标任务。

——习近平：《在统筹推进新冠肺炎疫情防控和经济社会发展工作部署会议上的讲话》（2020年2月23日）

结合习总书记的讲话，请谈谈，面对疫情，我们应当从历史中汲取哪些智慧和力量，打好、打赢这场疫情防控的人民战争、总体战、阻击战？

这是"中国近现代史纲要"课（以下简称"纲要"课）疫情防控期间第一课导言的线上话题讨论。该话题，结合当下战"疫"，在历史与现实的观照中，旨在使学生领悟学习历史、学习本课程的意义。本学期上课的2 900多名学生参与了热烈讨论，从历史给予战疫必胜信心、提供的经验和教训，以及如何从我做起等方面，发表了10 000多条讨论帖子。

"疫情就是命令，防控就是责任"，在疫情防控期间，线上教学如何有效发挥思想政治理论课立德树人、铸魂育人关键课程作用，这既是对高校思政课教师的挑战，同时也蕴含着新的教学探索的机遇。本次抗击疫情，全国人民在党的领导下众志成城战"疫"，尽显中国力量、中国精神、中国制度优势，充分彰显和诠释了家国情怀、使命担当。为了用好这一思政课最鲜活的教材，讲好疫情防控期的思想政治理论课，"纲要"课教研室结合战"疫"，依据课程性质、特点和教学任务，遵循线上教学规律，经过集体备课、专题研究，拟定了使学生"形成历史思维，厚植爱国情怀，激发使命担当"为主题、主线的"四个一"线上参与——体验式实践教学方案。即：

一个话题讨论：结合学习习近平总书记《在统筹推进新冠肺炎疫情防控和经济社会发展工作部署会议上的讲话》精神，通过一个话题讨论，帮助学生认识学习历史、学习本课程的意义，以及当下应有的态度和举措。话题依托现实的关切，透视史学的价值，引发学生深入思考，形成热烈讨论。

一个史例收集与整理：以中国近现代历史上的抗灾防疫为主题，通过收集和整理一个案例，帮助学生学习史料收集、整理的方法，了解近现代中国人民抗灾防疫的历史，总结其间的经验教训；并引导学生通过对历史和现实的比较，坚定"四个自信"。

一个故事汇：以家乡的人和事为题材，通过讲好一个战"疫"中的家国情怀故事，引导学生体认民族精神，凝聚家国情怀，养成爱国主义、集体主义价值观，勇担时代重任。这次疫情，全国各地都涌现了许多感人的防疫、战"疫"的人和事，每个学生都是历史的亲历者，也是一次实践化的家国情怀体验，通过引导学生讲述发生在自己身边的感人故事，将书本教育与实践教育有机结合，促进从知识体系向价值体系的教学转化。

一个记录：以口述史为体例，通过完成一份新冠肺炎防控亲历记，养成学生获得基本的历史书写素养，引导学生通过记录亲身经历，留住国家民族记忆，并在回望和审视这段亲身经历中收获成长。同时，通过这一活动帮助教师了解当代青年大学生面对这一特大疫情的所思所想、所作所为，为进一步认识青年学生的思想状况，提升思政课教学针对性、亲和力提供支撑。

谋篇布局，落子有声。"四个一"线上参与——体验式教学，作为"纲要"课教研室在疫情防控特殊时期，着眼于上好线上思政课而进行的一种教学改革探索，将战"疫"的生动实践转化为鲜活课堂，使学生在历史与现实的观照中思辨、明理，在真切的体验中铸魂、悟道，打造育人新阵地，引发师生共鸣，正发挥着显著的作用。